国家自然科学基金资助项目（51678085）

巴蜀摩崖石窟寺建筑环境研究

冯 棣　张兴国　文 艺　查红叶　著

科学出版社
北　京

内 容 简 介

佛教建筑的中国化可以从佛教寺院和石窟寺两个线索谈起。佛教寺院在中国推广初始因"舍宅为寺"形成的园林化建筑群发展观念，引起了人们以环境为视角对佛教建筑的整体性研究。而将这个观念投射到西南石窟寺的研究中，可以从巴蜀石窟寺的文化土壤、政治事件、宗教背景等开启研究之门，具体对石窟寺在巴蜀地区的分布规律、窟龛形制、建造技术、历史阶段特点以及石窟中反映的唐宋建筑形态特征等展开研究。研究为巴蜀地区摩崖石窟提供了一个建筑视角，探索了摩崖石窟的整体建筑文化意义。而其中对巴蜀石窟寺中唐宋建筑形式风格的总结和分析，对西南地域建筑史的研究起着积极的推动和拓展作用。

本书适合对中国建筑史研究及地域建筑史研究感兴趣的建筑学领域的学者、师生，关注宗教建筑、石窟寺建筑类型研究的学者，以及广大史学、哲学、宗教学科的爱好者阅读。

审图号：图川审(2018)84号

图书在版编目(CIP)数据

巴蜀摩崖石窟寺建筑环境研究 / 冯棣等著. ——北京：科学出版社，2020.9

ISBN 978-7-03-057944-7

Ⅰ. ①巴⋯ Ⅱ. ①冯⋯ Ⅲ. ①佛教-寺庙-古建筑-建筑艺术-研究-四川 Ⅳ. ①K928.75②TU-856

中国版本图书馆 CIP 数据核字 (2018) 第 131564 号

责任编辑：张 展 朱小刚 / 责任校对：彭 映
责任印制：罗 科 / 封面设计：陈 敬

科学出版社 出版

北京东黄城根北街16号
邮政编码：100717
http://www.sciencep.com

四川煤田地质制图印刷厂印刷
科学出版社发行 各地新华书店经销

*

2020年9月第 一 版　开本：787×1092 1/16
2020年9月第一次印刷　印张：15 1/4
字数：350 000

定价：149.00 元
(如有印装质量问题，我社负责调换)

前　言

摩崖石窟是集雕刻艺术、宗教文化、空间处理为一体的特殊建筑类型。对这种建筑类型的研究，可以从印度佛教及印度石窟寺谈起。原本没有造像内容的佛教和西边传来的雕塑技艺相结合，在犍陀罗地区形成佛教造像艺术并传入中国。佛教在中国传播的过程中，除了佛教教义与中国本土文化结合形成汉传佛教外，其所依附的物质载体——寺院和石窟寺也因文化的交融发生了一系列变化。佛教传入之初频频发生在贵族阶层的重要事件——舍宅为寺，使寺院一开始就和中国传统居住空间相结合，发展成为与宫殿、民居拥有同样形制的佛教寺院。佛教寺院中国化带来的影响主要有二：其一是塔逐渐独立出来，不再成为寺院的核心；其二是寺院环境受到中国传统住宅园林的影响而走上寺院园林化的道路。其中寺院园林化的做法直接影响了后期寺院选址包括摩崖石窟寺的选址。

石窟寺从印度的以塔为核心空间的形制，转变为与"造像"内容相结合，形成新型空间模式的中国石窟寺。这个转变过程随着石窟寺在国内不同文化线路和文化领域的传播中，又呈现出不同的风格特征。但总体来说，石窟寺中国化过程主要体现了两个特征：其一，塔殿窟形式转变为塔柱窟或中心柱窟，并和佛教寺院中国化过程类似，逐渐取消塔柱形式而形成佛殿窟；其二，石窟寺逐渐从深邃洞窟演变为在崖壁上开凿毗邻浅龛的摩崖石窟形式。巴蜀摩崖石窟寺集中地反映了石窟寺中国化的这两个特点，并有着独特的发展规律和明显的地域造像特征。石窟寺的空间发展和寺院的空间形制形成互为显隐，体现出不同时期佛教建筑空间的发展特点。

从另一个线索来讲，西南地区的古建筑研究，如同营造学社在抗日战争时期进入西南时刘敦桢先生所总结的那样：唯有崖墓、汉阙和石窟寺最有价值。其中石窟寺的研究价值不仅仅在于其是最为典型的宗教建筑类型之一，更为重要的是，西南石窟寺沿袭了西南地区自古以来善于取石营室的古老哲学和空间观念，和东汉时期兴起的崖墓共同形成了西南地区历史上两大石构建筑历史高峰。其中在东汉崖墓中作为装饰形象出现的佛教造像（出现于崖墓龛楣或墓中陪葬品如摇钱树底座等），与唐宋时期在巴蜀地区出现的密宗石窟造像有没有直接的传承关系，以及东汉时期营造大型石室的建构技术和雕刻技术与唐宋时期摩崖石窟寺的开凿有没有技术关联，对这些关键的话题都可以进行更深入的探讨。

而最为关键的是石窟寺与中国建筑史研究的关系。在缺少实物研究对象的情况下，建筑史构架通常借助于文献典籍记载、建筑考古发掘，以及对历代宫殿遗址、陵墓进行研究或理论复原等一般方法。由于历史发展的时代性差异，所遗留的物征不尽相同，建筑史历代研究对象的侧重也有所变化，尤其是对记载较少、实物不多的唐及唐前的建筑。例如，对汉代建筑的研究主要是通过汉代的画像石、画像砖、明器陶屋、汉阙崖墓等表现的建筑形态来推测。到魏晋南北朝时期，画像砖、画像石风俗更易，唯有从石室、石窟中窥得一二，此时期宗教建筑如石窟寺的崛起和发达，为建筑研究补充了研究对象。由于中国古代的宗教建筑和住宅在建筑形态和建筑组群上无绝对性差异，因此可以从宗教建筑中推测建筑形态及布局的一般特征。例如,大同云冈、敦煌莫高窟、麦积山、天龙山等,都被赋予了中国建筑式的处理,为这个历史时段的建筑研究提供了帮助。唐代的建筑所幸有几个实例,除实例外,目前的唐代建筑研究多佐以文献、石窟里的壁画等研究资料来梳理形态特征。宋及宋后除了实例逐渐增多外,图画、文字记载乃至建筑工具书的出现极大地方便了建筑史的研究。多方面研究资料的综合利用有助于研究成果更加接近建筑发展的历史真相。

从唐及唐以前的建筑史研究对象的区域性来看:巴蜀地区各个时期的建筑遗存为建筑史研究提供了丰富的研究资料。如汉代的画像石、画像砖、汉阙、崖墓等建筑遗存,为目前的汉代建筑史研究提供了扎实的基础资料;巴蜀地区摩崖石窟寺中出现的大量的建筑形象引起了学者的重视。梁思成、刘敦桢、辜其一等老一辈建筑史学家曾多次提出巴蜀摩崖石窟寺在建筑史研究中的重要性,并亲自前往调研。新近的建筑史研究在石窟寺章节中对巴蜀地区摩崖石窟的开凿方式、独特的摩崖造型和窟龛中丰富的造像题材内容有所提及和关注。巴蜀唐宋摩崖石窟寺内丰富的建筑形象为目前缺乏实例的地方建筑史研究起着很好的补充作用。但由于巴蜀地区摩崖石窟分布较多且广,加之舟车不便、调研难度大,本该受到更多重视的巴蜀摩崖石窟至今还处于"养在深闺人未识"的状况中。

在建筑史研究领域,宗教建筑是一个重要的部分,自古至今流传下来的建筑,多与信仰有关,中国建筑史亦是如此。目前保留年代最古老的建筑多是石窟寺、佛塔和佛殿宫观。石窟寺是一种独特的宗教建筑,除了其本身的建筑形态需要研究整理外,石窟寺内反映的建筑形态特征以及运用的建筑技术手法,对同时期的建筑研究有很强的借鉴和支撑作用。石窟寺遵循着一定的地域发展规律,自北而南,沿途一直变化、应和,到巴蜀地域,已经进入其文化使命的最后蜕变期,无论是形象表达方式还是文化核心内容,都已经逐渐脱离早期骸体,形成一个真正的"新"事物。孕育石窟寺中国化最后一个阶段的母体——巴蜀地域的文化成分,给予了石窟寺最后破茧而出的力量。巴蜀摩崖石窟寺充分反映了石窟与寺庙分离、石窟的形制变换、中心柱窟到佛殿窟再到佛坛窟发展变化等过程。在文化意义上,摩崖从早期佛教自立窟龛,到道教大量开龛,再到儒释道三教合一,皆于这一小方龛中展示着文化巨流的轰然汇聚。因此,巴蜀摩崖石窟的建筑演变形式、摩崖石窟内反映的建筑的时代特征都是建筑史上非常有意义的研究课题。巴蜀地区摩崖分布规模大、数量多。唐宋两代大量开凿摩崖,元明清亦有延续。这些从历史线索上都需要做进一步研究:其一是摩崖石窟这种特殊的建筑形式自身的发展演变;其二是摩崖石窟中雕刻的唐宋建筑在建筑史研究中的作用。从这两个线索可以生发出以下问题:为什么在唐宋时期北方石窟逐渐衰微的同时,巴蜀地区却出现如此大规模的摩崖石窟?这些石窟和北方石窟有什么渊源关系?为什么北方的石窟寺以石窟为主,而巴蜀地区却多以浅龛摩崖形式出现?摩崖石窟题材和主流文化、地域文化走向之间的关系如何?巴蜀地区的摩崖繁荣兴起,是政治形势使然,是乱世导致,是地域文化吸引,还是宗教生命的自动前行穿越?摩崖石窟的分布是偶然的、随意的,还是有规律可循的?摩崖窟龛的发展是一成不变的,还是有它自己的演变过程?以上有关这个特殊的建筑形式的问题都需要得到真正的解答。

因此,巴蜀摩崖石窟建筑文化观的提出具有解决相关建筑史问题的实际意义。巴蜀摩崖石窟建筑文化观的提出,主要有以下几个方面的考虑。

(1)摩崖石窟中保留了大量的唐宋时期的建筑形式,可弥补地方建筑史研究资料的不足。中国古代建筑由于多为木构,遗留下来的唐及唐以前的实物不多。尤其是西南地区,气候潮湿，兼有兵火，因此古代建筑实例更少，目前发现的巴蜀地区最早的木构建筑只有江油窦团山云岩寺内所藏宋代转轮藏，属于小木作。因此，在建筑史尤其是巴蜀地域建筑史上，对古代建筑佐证资料的收集就显得非常重要，除了古代典籍文献的记载、画家所存遗墨外，摩崖石窟内反映的建筑是最重要的研究资料，对于我们更系统、更接近真实地了解唐宋时期巴蜀摩崖石窟建筑文化特点有着重要意义。

（2）摩崖石窟是一种特殊的建筑形式。其在巴蜀地区分布数量大、范围广，造像数量在全国最多，分布也较为集中。经调查，四川省将近 50 个县市有比较集中的摩崖造像，窟龛在 10 个以上的分布地点有 120 多处，而以往对于如此"巨大的存在"的研究却远不够系统、深入。

如何在从建筑视角切入摩崖研究的同时，亦能致力于提高研究深度、开阔研究视野是研究难点。研究视野的开阔可以从巴蜀摩崖石窟的传播途径到传播方式，以及选址布局特点等进行拓展并形成有逻辑的系统研究。研究的深度表达则试图在现有研究成果的基础上，从建筑角度入手，对巴蜀摩崖进行较为全面而系统的研究，力图从摩崖选址、规划布局中寻找其总体布局的基本规律和一般特征，并分析其与景观环境、寺院园林的关系。同时对于已经引起建筑史学研究者注意的摩崖内反映的唐宋建筑，做进一步的研究，对巴蜀地域内部各地摩崖所表现的建筑进行比较研究，找出地域间的建筑风格差异以及摩崖与主流文化、地域文化、地址环境、宗教传播等之间的关系。

冯　棣

2020 年 4 月 24 日

目　录

第一章　佛教建筑的本土化与地域化 …… 1
第一节　佛教寺院的本土化进程 …… 1
一、寺院格局形成之大事件——舍宅为寺 …… 1
二、中国佛塔的形制变化 …… 5
第二节　石窟寺的发展演变与地域化 …… 9
一、中国石窟寺的空间形态变迁 …… 9
二、佛教传播途径与石窟分布特征 …… 14
三、巴蜀摩崖石窟发展的阶段特色 …… 19
第三节　巴蜀摩崖石窟与宗教文化特色 …… 22
一、佛教流派与巴蜀摩崖石窟 …… 22
二、本土道教与巴蜀摩崖石窟 …… 26
三、三教合一与巴蜀摩崖石窟 …… 29
四、世俗文化与巴蜀摩崖石窟 …… 31

第二章　巴蜀摩崖石窟兴起的文化技术背景 …… 33
第一节　巴蜀摩崖石窟兴盛的文化背景 …… 33
一、巴蜀摩崖石窟兴盛与时代政治背景 …… 33
二、巴蜀摩崖石窟兴盛与社会文化背景 …… 35
三、巴蜀摩崖石窟与地方社会经济 …… 36
第二节　巴蜀摩崖石窟兴盛的技术力量支撑 …… 40
一、早期崖墓开凿对摩崖石窟的影响 …… 40
二、崖墓取石营室的技术支持 …… 42
三、世袭工匠与摩崖技术的延续发展 …… 43
第三节　巴蜀摩崖石窟兴盛与文化艺术影响 …… 46
一、雕刻艺术的经验积累与摩崖石窟的兴盛 …… 46
二、地方绘画艺术对摩崖石窟的影响 …… 49

第三章　摩崖石窟分布规律与选址布局 …… 54
第一节　巴蜀摩崖石窟的分布规律 …… 54
一、摩崖石窟分布与交通环境 …… 55
二、摩崖石窟分布与地质地貌 …… 58
三、摩崖石窟分布与行政区划 …… 61
第二节　摩崖石窟选址与区位环境特色 …… 65
一、摩崖石窟营造环境与山水格局 …… 65
二、摩崖石窟的选址类型及特征 …… 70

  三、摩崖石窟选址与城镇关系 ··· 72
 第三节 摩崖石窟布局与空间环境特色 ··· 74
  一、以寺院为核心的放射状空间布局 ··· 75
  二、顺应崖壁延伸的线性空间布局 ··· 76
  三、利用地形的垂直转换空间布局 ··· 79
  四、自由灵活的分散式空间布局 ··· 80
 第四节 巴蜀摩崖石窟与环境景观塑造 ··· 83
  一、摩崖石窟与自然环境 ··· 83
  二、摩崖石窟的人文环境 ··· 88
  三、摩崖石窟的组景要素 ··· 92
  四、摩崖石窟与环境意境 ·· 101

第四章 巴蜀摩崖石窟的建筑空间构成 ·· 104
 第一节 龛窟的空间组合特征 ··· 104
  一、龛的基本形制 ··· 104
  二、窟龛的空间艺术 ··· 109
  三、窟龛的装饰艺术 ··· 116
 第二节 窟檐与摩崖空间形态 ··· 125
  一、自然崖体构成的窟檐 ·· 126
  二、木构窟檐的构筑形式 ·· 127
  三、仿木构窟檐的空间特色 ·· 132
 第三节 崖壁、造像与靠崖佛殿 ·· 135
  一、佛像崖壁与佛殿的空间组合 ·· 136
  二、佛殿建筑采光与视线设计 ·· 142
  三、窟前建筑的空间处理 ·· 148
  四、摩崖与寺院环境的关系 ·· 151

第五章 摩崖石窟中反映的唐宋建筑 ·· 156
 第一节 石窟中反映的建筑类型 ·· 156
  一、殿宇与楼阁 ··· 157
  二、佛塔与经幢 ··· 162
  三、其他类建筑 ··· 170
 第二节 建筑组群模式及院落布局 ·· 172
  一、轴线与主从空间秩序感 ·· 172
  二、通透灵活的廊院式布局 ·· 175
 第三节 建筑详部及构件类型特征 ·· 182
  一、台基勾栏的构筑形态 ·· 182
  二、梁柱斗栱的组合艺术 ·· 186
  三、屋顶形式与装饰艺术 ·· 190
  四、门窗家具的艺术特征 ·· 195
 第四节 巴蜀的唐宋建筑风格探析 ·· 197

  一、建筑组群的空间特色 …………………………………………………………… 197
  二、建筑形态的风格演变 …………………………………………………………… 199
  三、唐宋建筑地域风格演变 ………………………………………………………… 209
主要参考文献 …………………………………………………………………………… 213
附录 ……………………………………………………………………………………… 221
  附表1 巴蜀摩崖造像大事纪年年表 ………………………………………………… 221
  附表2 巴蜀摩崖造像的地理分布 …………………………………………………… 224
  附表3 摩崖中反映殿阁的窟龛 ……………………………………………………… 228
  附表4 巴蜀摩崖内反映塔的窟龛 …………………………………………………… 230
  附表5 巴蜀摩崖内反映石窟经幢的窟龛 …………………………………………… 232
  附表6 巴蜀地区大像窟一览表 ……………………………………………………… 233

第一章　佛教建筑的本土化与地域化

　　石窟寺不是源于中国本土的产物。它的产生，伴随着几件非常重要的历史事件。其一是印度佛教文化的产生；其二是犍陀罗地区希腊雕塑艺术与佛教文化结合产生佛教造像并传入中国；其三是佛教在中国的传播和中国化。尤其是在佛教中国化这一重要的文化推演过程中，我们可以看到这一外来文化渗透于中国传统文学、哲学及艺术中，为其带来新鲜血液，促进了新的文化形态的形成。从建筑史学领域来看，佛教的传播不仅和中国传统建筑形式结合，形成佛殿、塔、经幢、石窟寺等新型建筑形式（其中前三者和中国传统建筑共同穿插发展，逐渐发展成为与中国宫殿、民居布局相似的组群建筑——佛教寺院）。其中最主要的建筑类型之一——石窟寺，是融建筑、雕塑与绘画于一体的特殊建筑形式。石窟寺在中国的发展，不仅有着其内部自身发展演变的轨迹，还伴随着寺院、塔和经幢等佛教建筑的本土化与地域化共同演化。因此，对石窟寺的研究，可以从厘清佛教建筑大背景的本土化与地域化这一重要历史脉络开始。

第一节　佛教寺院的本土化进程

　　佛教于东汉时期传入中国，与中国文化习俗结合，逐渐发展形成中国式佛教。佛教在中国的传播过程就是其中国化的过程。其中，佛教建筑中国化的痕迹是佛教中国化最明显的特征。寺院命名、寺院布局，以及塔的形制、塔在寺院中的地位等，都是佛教寺院本土化在不同阶段中呈现出来的不同变化。在佛教中国化的过程中，佛教寺院汉化有两个最关键的特征：其一是寺院与中国传统院落相结合，并传承住宅园林景观，形成园林化的佛教寺院；其二是早期寺院的核心建筑——塔与中国楼阁结合形成新的塔形制，并围于住宅建筑的形制，从体态、构造和在寺院中的位置都发生了相应的变化。

一、寺院格局形成之大事件——舍宅为寺

　　中国的佛教寺院，其内部空间遵从于中国传统居住的院落空间，而且外部环境呈现世俗园林化的特色，这与早期的佛教寺院建构有关。早期的佛教寺院建构中，佛门自身出资建造的寺院属于少数，主要由国家出资建构或者私人建构。汉时佛教刚入中土，寺庙较少，魏晋南北朝时数量突增，国家建构寺院和王公贵族私人建寺纷起。建寺有两种：其一是新建寺院；其二是把现成的居住住宅改为寺院，即舍宅为寺。其中"舍宅为寺"是寺院数量增长的突出原因。

　　舍宅为寺最直接的诱因是随着佛教的发展，需要有建筑物提供参佛空间和容纳僧团。汉之寺庙，因汉人不得出家，皆为胡僧所建，直到西晋后赵石虎时代，才废此令。至此，佛教迅速发展，僧人逐渐形成僧团，需要集中修行、食宿的空间。佛教多在上层知识分子

中流传，故为舍宅为寺奠定了一定的文化基础。自魏晋时期，舍宅之风已有，梁侍中何敬容"又舍宅东为伽蓝……"①，北魏黄门侍郎尚书令李裔"舍山第之所立"②隐觉寺。晋安帝时太傅安定公舍宅为和安寺，夫人舍西庄置五福③。南北朝时期，经营家寺之风兴盛，豪门大族皆自立寺或舍宅为寺。至隋唐，更是舍宅者众。

舍宅为寺是当时社会的普遍行为，所涉阶层范围很广，从皇亲国戚、高门士族、官员到地方富户乃至庶民百姓等，都有不同规模的舍宅为寺行为。《洛阳伽蓝记校笺》中记载了王族舍宅为寺者，如广平武穆王舍宅为平等寺④、太傅清河王怿舍宅立冲觉寺等⑤；官员舍宅为寺者有太保司徒公杨椿分宅为景宁寺⑥、中书侍郎王翊舍宅立愿会寺⑦等；平民百姓舍宅为寺的有刘胡兄弟四人舍宅为归觉寺⑧、韦英妻梁氏舍宅为开善寺⑨等。

此外，逢天下战乱之际，众生惶惶，舍宅为寺以求平安者更多，《洛阳伽蓝记校笺》载："经河阴之役，诸元歼尽，王侯第宅，多题为寺。寿丘里间，列刹相望，祇洹郁起，宝塔高凌。"⑩另《魏书·释老志》亦云："河阴之酷，朝士死者，其家多舍居宅，以施僧尼，京邑第舍，略为寺矣。"

从《长安志》记载的隋唐时期长安城各寺院简况可以看出舍宅为寺所占比例：其中皇家寺院共53处(张弓，1997)，其中14处为皇族成员舍宅而建，占总数量的四分之一；贵族功臣所建寺院19处，其中舍宅者12处，约占总数量的三分之二(表1.1、表1.2)。除了皇家贵戚外，官员百姓舍宅者逐渐增多。《长安志》还记载官员建寺49处，其中，舍宅为寺18处；民间建寺51处，其中舍宅为寺者26处。舍宅成为寺院营建的主要方式之一。舍宅为寺占寺院总数的比例较高，说明改造或沿用居住建筑为寺院的情况比较多见。

表1.1　隋唐皇族舍宅为寺表

时间	寺名	舍宅人
开皇五年	净域寺	窦氏（唐高祖皇后）
开皇五年	宣化尼寺	周昌乐公主及驸马王安
开皇八年	真心尼寺	宦者宋祥
开皇十年	辨才寺	李神通（唐淮安王）
开皇中	崇圣寺	秦孝王杨俊
文帝时	资善寺	兰陵公主
贞观一年	兴圣寺	太宗

---

① 姚察、姚思廉：《梁书》卷37《何敬容传》，北京：中华书局，2005年。
② 沈涛：《常山贞石志》卷4著录唐开耀二年(682年)所立《大唐开业寺李公之碑》，见《石刻史料新编》（第一辑）第18册。
③ 邵朗：《全唐文》卷806《兜率寺记》，北京：中华书局，1983年。
④ "平等寺，广平武穆王怀舍宅所立也。在青阳门外二里御道北，所谓孝敬里也。"杨衒之著，杨勇校笺：《洛阳伽蓝记校笺》卷2，北京：中华书局，2006年，第108页。
⑤ 杨衒之著，杨勇校笺：《洛阳伽蓝记校笺》卷4，北京：中华书局，2006年，第163页。
⑥ "景宁寺，太保司徒公杨椿所立也。在青阳门外三里御道南，所谓景宁里也。高祖迁都洛邑，椿创居此里，遂分宅为寺，因以名之。制饰甚美，绮柱珠帘。"杨衒之著，杨勇校笺：《洛阳伽蓝记校笺》卷2，北京：中华书局，2006年，第112页。
⑦ "池西南有愿会寺，中书侍郎王翊舍宅所立也。"杨衒之著，杨勇校笺：《洛阳伽蓝记校笺》卷1，北京：中华书局，2006年，第53页。
⑧ "里有太常民刘胡兄弟四人，以屠为业。永安年中，胡杀猪，猪忽唱乞命，声及四邻。邻人谓胡兄弟相殴斗而来观之，乃猪也。胡即舍宅为归觉寺，合家人入道焉。"杨衒之著，杨勇校笺：《洛阳伽蓝记校笺》卷2，北京：中华书局，2006年，第115页。
⑨ 杨衒之著，杨勇校笺：《洛阳伽蓝记校笺》卷4，北京：中华书局，2006年，第178页。
⑩ 杨衒之著，杨勇校笺：《洛阳伽蓝记校笺》卷4，北京：中华书局，2006年，第119页。

续表

时间	寺名	舍宅人
咸亨一年	太原寺	武后
咸亨四年	千福寺	章怀太子李贤
文明一年	大献福寺	原英王
景龙中	报恩寺	虢王邕
景云一年	大安国寺	相王李旦
天宝九年	保寿寺	高力士
大历一年	章敬寺	鱼朝恩

资料来源：张弓：《汉唐佛寺文化史》，北京：中国社会科学出版社，1997年。

表1.2　隋唐京师贵族功臣舍宅为寺表

时间	寺名	舍宅人
开皇三年	真寂寺	齐国公高颎
开皇四年	海觉寺	淮南公元伟
开皇六年	大慈寺	大司马窦毅
开皇七年	普集寺	突厥开府仪同三司鲜于遵义
开皇九年	法海	江陵总管贺跋业
开皇九年	积善尼寺	高颎妻贺跋氏
开皇十年	真化寺	冀州刺史冯腊
开皇间	修善寺	太师李穆妻元氏
开皇间	实际寺	长孙览妻郑氏
开皇间	定水寺	上明公荆州总管杨纪
隋	空观寺	驸马都尉元恭孝
隋	褒义寺	太保尉迟刚

资料来源：张弓：《汉唐佛寺文化史》，北京：中国社会科学出版社，1997年。

在把住宅改为佛教寺院的过程中，一般不会改动原平面布局。以原前厅为佛殿，后堂为讲堂，保留原有的廊庑环绕。大多数由住宅改建而成的寺院，还保持着原来住宅的园林格局。即是说，舍宅为寺除了在建筑上使寺院建筑布局遵从传统住宅院落格局外，在外部环境上也直接促成了寺庙园林化这一结果。

"舍宅"的行为不仅包括舍"住宅"这一建筑类型，还包括舍园林布局成熟的别馆、别业等建筑类型为寺，甚至有的舍主只舍山林和住宅花园为建寺用地。《洛阳伽蓝记》中记载了大寺院40余处，其中约三分之一为住宅改建或直接沿用，或部分舍宅为寺部分仍为居住建筑，或在旧宅基地上建寺院。这些寺院格局在沿袭了住宅格局的同时，在外部环境景观上也直接承接了中国传统园林的做法。

《洛阳伽蓝记校笺》中记载的北魏时期的寺院园林，是中国目前可以追溯的早期的佛教寺庙园林。寺观结合园林发展，形成独特景观，北魏洛阳寺院园林中最著名的有龙华寺、追圣寺、报德寺，"……此三寺，园林茂盛，莫之与争"[1]，是对寺院园林之兴盛最直接的记载。在以住宅改建的寺院中，通常将住宅的前厅后堂改建为佛殿讲堂，院中保留原来住

---

[1] 杨衒之著，杨勇校笺：《洛阳伽蓝记校笺》卷3，北京：中华书局，2006年，第143页。

宅中的古树，并遍布花草，形成夏天避暑胜景，如由宦官刘腾住宅改建而来的建中寺："以前厅为佛殿，后堂为讲室，金花宝盖，遍满其中。有一凉风堂，本腾避暑之处，凄凉常冷，经夏无蝇，有万年千岁之树也。"①

北魏舍宅为寺的寺院园林中，在园林景观处理上已经有较为成熟的手法，如堆土为山、筑土为台、挖沟理水的做法。例如，城西冲觉寺，太傅清河王怿舍宅而成，其寺"楼下有儒林馆、延宾堂，形制并如清暑殿。土山钓池，冠於（于）当世。斜峰入牖，曲沼环堂，树响飞嘤，阶丛花药。"②

除了沿袭住宅格局而形成的寺院园林外，就地起建的官方寺院也会对寺院空间进行园林培植。例如，官方所建寺院——永宁寺，地处闹市，但"……僧房楼观一千余间，雕梁粉壁，青瑱绮疏，难得而言。栝柏松椿，扶疏檐霤；蘩竹香草，布护阶墀。……寺院墙皆施短椽，以瓦覆之，若今宫墙也。……四门外，树以青槐，亘以绿水，京路邑人，多庇其下……"③

舍宅为寺使寺院从居住习惯、审美层次、功能需要等方面考虑，保留了中国住宅中的庭园。城市寺院在宅第之中立刹而起，寺院（景明寺）"房檐之外，皆是山池，竹松兰芷，垂列堦（阶）墀，含风团露，流香吐馥"④，内部庭院"见沟渎塞产，石磴礁峣，朱荷出池，绿萍浮水，飞梁跨阁，高树出云"（河间寺）⑤，林林总总的园林布局，形成了丰富的寺院园林景观。

园林化的寺院环境特点有利于佛教崇尚自然的修行习惯。由于僧人坐禅习静的需要，对寺院选址要求甚高，多择名山福祉而居之。因此，早期舍宅为寺以及对新寺庙的选址，都对园林环境有一定的要求。除了城市寺观园林外，寺观山水园林、山寺园林逐渐兴起，也促进了寺庙园林化的进一步发展。

舍宅为寺，即把原来的住宅庭院转换为佛事活动空间。将原来的住宅建筑的生活气息抹去，而变成相对有宗教意味的佛教建筑。其物质空间并没有改变，改变的是精神场所。舍宅为寺的行为对汉传佛教寺院布局最重要的影响有两点。

其一，舍宅为寺使寺院遵从住宅院落的空间格局，让原本是主角的塔的位置和体量发生了变化。塔的巨大体量不再符合院落的空间需求。以轴线布局的院落很难使塔继续保持印度寺院"以塔为核心"的原始格局，因此塔若要适应中国寺院的发展，必须在形式和位置上发生改变。通常做法是在原宅院中修一塔，或在宅院旁建塔。《洛阳伽蓝记》记载的40余座主要佛寺中，以塔为中心的格局约占四分之一，前厅后堂的居住建筑约占三分之一。由此看出，塔的位置由全寺中心变为独立。有的寺院因用地限制而不立塔，以塔为中心的寺庙格局转变为遵从住宅院落的格局。

其二，舍宅为寺的行为使寺院布局与中国传统院落空间精神相融，并结合特有的中国古典园林，从而使寺庙走上园林化的道路。寺庙园林化直接影响了寺院选址包括摩崖石窟寺的选址。对于本书研究来说，这个特点提示了我们在进行摩崖石窟寺研究时，应该对其建筑景观环境进行整体性的研究。

---

① 杨衒之著，杨勇校笺：《洛阳伽蓝记校笺》卷1，北京：中华书局，2006年，第40页。
② 杨衒之著，杨勇校笺：《洛阳伽蓝记校笺》卷4，北京：中华书局，2006年，第163页。
③ 杨衒之著，杨勇校笺：《洛阳伽蓝记校笺》卷1，北京：中华书局，2006年，第11页。
④ 杨衒之著，杨勇校笺：《洛阳伽蓝记校笺》卷3，北京：中华书局，2006年，第124页。
⑤ 杨衒之著，杨勇校笺：《洛阳伽蓝记校笺》卷4，北京：中华书局，2006年，第180页。

二、中国佛塔的形制变化

印度寺院主要由佛塔、佛堂、讲堂、说戒堂、生活用房等组成。其寺院布局的主要特点是覆钵形塔控制着整个寺院体量，处于寺院的核心位置。

印度早期塔的形式以较矮的台基，加巨大的覆钵塔身，塔身上冠以玲珑的塔刹而成。台基多为方形或圆形，有单层和多层的处理手法。台基周围绕以石栏楯。基座上立覆钵，其上置塔刹。塔刹由一轮竿，上串多重相轮而成。部分塔的塔身周围开有小龛，供奉神像。多用砖砌筑而成，如图 1.1 所示。

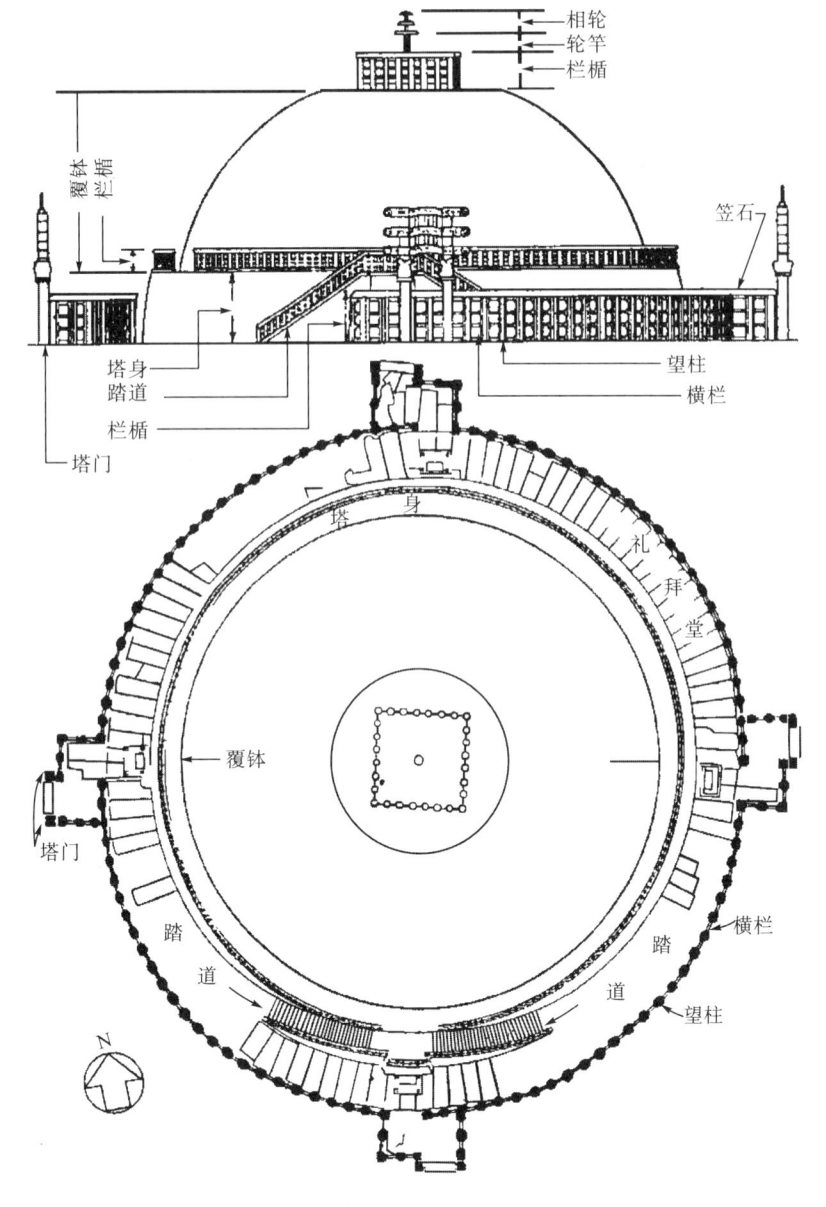

图 1.1　印度桑吉第 1 塔平面及立面图

(李崇峰：《中印佛教石窟寺比较研究：以塔庙窟为中心》，北京：北京大学出版社，2003 年，第 33 页)

除了覆钵形塔外，印度塔还有高塔，为砖结构。塔基平面多为方形，塔身分多层，每层立面开龛。印度的佛教建筑连同佛教文化一起向境外传播。每到一地，即与当地文化和建筑结合生成新的塔院形制。

1. 印度塔入中土后的形制演变

从目前遗留下来的资料中，鲜有见到在中国建印度覆钵形塔的记载。但在新疆地区和云南楚雄等地有与覆钵形式接近的塔形式存在。在早期寺院布局中，有借鉴"以塔为中心"的印度模式而构筑的寺院，如中国第一座寺庙白马寺即仿印度寺院格局而成。据《魏书·释老志》上记载："自洛中构白马寺，盛饰佛图，画迹甚妙，为四方式。凡宫塔制度，犹依天竺旧状而重构之。从一级至三、五、七、九。世人相承，谓之'浮图'或云'佛图'。"[①]

白马寺的寺院格局为寺院围塔而建，塔的造型是根据印度塔造就，但具体形制已不可得知。中国目前见于记载最早的塔为东汉末期笮融"大起浮屠寺，上累金盘，下为重楼，又堂阁周回，可容三千许人……"[②]塔寺格局和白马寺一样：塔立寺中，周围环以堂阁建筑。但很明显的是塔身为中国汉代大量出现的重楼，重楼上为多重相轮累就的塔刹。

从东汉到魏晋时期，这种下为重楼、上为塔刹的楼阁式塔得到了推广，形成这个时期塔的主流形式。例如，《洛阳伽蓝记校笺》中的永宁寺塔："中有九层浮图一所，架木为之，举高九十丈。有刹复高十丈，合去地一千尺。……刹上有金宝瓶，容二十五石。宝瓶下有承露金盘三十重，周匝皆垂金铎，复有铁锁四道，引刹向浮图。四角锁上亦有金铎，铎大小如一石瓮子。……浮图有九级，角角皆悬金铎，合上下有一百二十铎。浮图有四面，面有三户六窗，户皆朱漆。扉上有五行金钉，其十二门二十四扇，合有五千四百枚。复有金镮铺首，殚土木之功，穷造形之巧……"[③]此塔平面形制为四边形，塔身为九层，每层每面开传统门窗。从装修构件到色彩，均采用中国传统木建筑形制，整个塔身与汉代建筑望楼类似。塔刹形象略为丰富，为宝瓶加相轮构筑而成。

另有前凉时期的浮屠记载，已经表现出和中国木构特点相吻合的构造及装饰特征："花楼院有七层木浮图，即张氏建寺之日造，高一百八十尺，层列周围二十八间，面列四户八窗，一一相似。"[④]

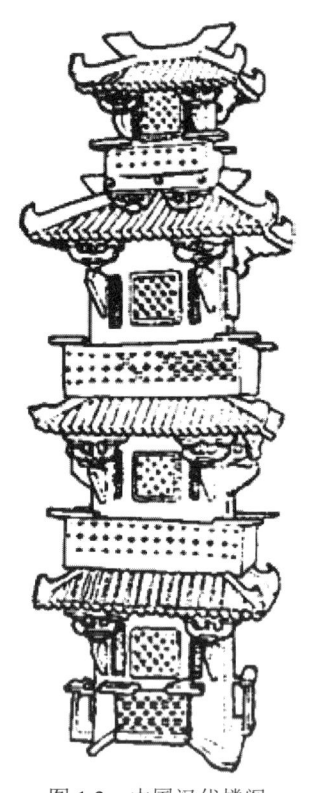

图 1.2 中国汉代楼阁
（刘敦桢：《中国古代建筑史》，北京：中国建筑工业出版社，1984 年，第 54 页）

此寺是张氏人家在已有旧宅上改建而成，塔的位置顺应原有宅居，但仍气势庞大。塔身为七层，平面为四方形，立面开间采取中国传统门窗，和永宁寺塔应是同一形制。

这个时期的塔，主要是结合了印度塔和中国楼阁的特点。中国汉代的望楼是发展相对成熟的楼阁式建筑，如图 1.2 所

---

① 魏收：《魏书》卷 114，北京：中华书局，1974 年。
② 范晔：《后汉书》卷 73，北京：中华书局，2007 年。
③ 杨衒之著，杨勇校笺：《洛阳伽蓝记校笺》卷 1，北京：中华书局，2006 年。
④ 王昶：《金石萃编》卷 69《凉州卫大云寺碑》，清嘉庆十年刻同治钱宝传等补修本。

示。在望楼上冠以印度佛塔的塔刹(或者把印度塔按比例缩小为塔刹)，成为汉、魏晋时期的佛塔形式。例如，于洛阳故县出土的东汉陶塔楼，平面为四边形，塔身为五层楼阁，四角攒尖的屋顶上立宝瓶为刹，为这个时期高层建筑——望楼与塔的典型结合(图 1.3)。这个时期的塔寺布局主要以塔居中，周围绕以廊阁讲堂。

此种类型的塔大量出现，说明了印度塔与中国楼阁式塔快速结合，主要是印度的塔刹放置于中国的高楼顶上，形成中国特有的塔形式。

自魏晋南北朝到隋唐期间，塔与中国建筑文化的结合更加密切。从形式、功能上继续往本土化、地域化方向发展。

塔与中国楼阁的结合继续紧密深化，从平面上衍生出四边形、六边形、八边形以及圆形。层数上遵从奇数的三、五、七、九制。从结构上有砖、石、砖石混合结构以及木结构等。随着砖石基数的发展以及对多楼层的追求，密檐塔开始出现，其楼层可达到 13 层或更多。塔和中国的墓葬制度结合，形成单层墓塔，砖石结构或土木结构。塔下起地宫，塔身建舍利室。其建筑形象借鉴了中国亭的做法，开敞的亭四周围合起来，加以基座和塔刹，是简练的单层塔形式。印度的圆丘形式的塔被缩小为塔刹置于塔的顶端。

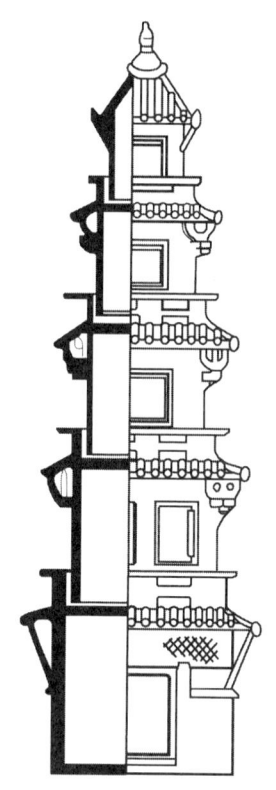

图 1.3 东汉陶塔楼
(张号：《汉唐佛寺文化史》，第160页)

从建筑形象上讲，印度塔与中国传统建筑形式结合最密切的是塔刹。塔刹的中国化和地域化也是明显的，早期以单纯的印度塔中的相轮为主要形态，后期逐渐出现了以宝瓶、宝珠、火珠、山花焦叶等装饰丰富的塔刹组合。

除了建筑形象的转变外，塔的功能从原来佛教的标志性、纪念性和轨仪功能向世俗功能转换，出现了观景塔、风水塔、文昌塔、军事瞭望塔等，满足登高观景、改善风水、军事防范等需求。

2. 塔在寺院中位置的变迁

在寺院布局的发展历程中，印度寺院以塔控制寺院的格局逐渐消失，取而代之的是塔和寺院以多种方式结合布局。

自东汉以来，塔在寺院中的位置变化可总结为三：其一，塔立院中，为寺院的绝对核心；其二，塔立殿前，或塔殿并置于院中；其三，塔置寺外，成为寺院重要的景观建筑。如图 1.4 所示。

从印度早期的寺院遗迹来看，基本上是以塔为寺，或是塔控制着寺院主要布局。中国早期的寺院布局参考了印度佛寺制度以塔为中心的布局方式，如《洛阳伽蓝记》记载的佛寺中，以塔为中心的寺院有永宁寺、瑶光寺、胡统寺、白马寺、宝光寺、融觉寺、秦太上公二寺等，部分寺院由于是舍宅而成，寺中并未建塔，但有置佛像于殿堂中，如昭仪尼寺、大觉寺等。

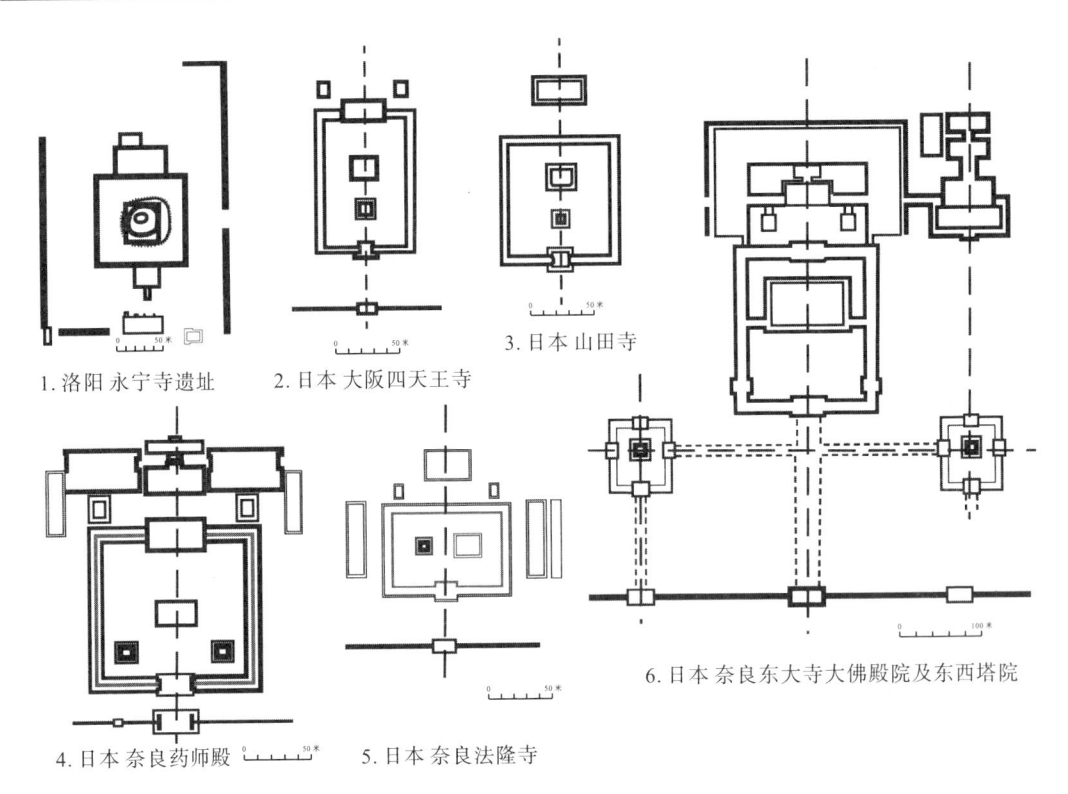

1. 洛阳 永宁寺遗址　　2. 日本 大阪 四天王寺　　3. 日本 山田寺

4. 日本 奈良 药师殿　　5. 日本 奈良 法隆寺　　6. 日本 奈良 东大寺大佛殿院及东西塔院

图 1.4　佛塔在寺庙中位置变化示意图

(周绍良:《梵宫:中国佛教建筑艺术》,上海:上海辞书出版社,2006年,第82页)

以塔为中心的寺院布局从汉魏晋持续到南北朝。代表寺庙有洛阳永宁寺、白马寺等。目前保留的以塔为中心的佛教寺院有日本飞鸟时期(相当于我国隋代)的四天王寺,以及河南登封嵩岳寺。

这个阶段塔在寺院中的布局起到了核心控制作用。以供奉舍利的塔为中心建构寺院。洛阳白马寺为四方式,其形制为重楼、上置相轮形式,塔内有佛像,塔的周围有宽阔周阁,起着回廊和围墙的作用(宿白,2006)。从早期的寺院模式中可以看出寺院的两个特点:其一,塔已不是圆丘形的塔,而是楼阁式塔;其二,塔处于寺院的中心,沿袭了印度寺院的布局。

魏晋南北朝时期,随着造像的发展,供像的佛殿开始兴起,并在寺院建筑中的作用越来越明显。对佛塔的绕行礼崇改为对佛像的膜拜。原本以佛塔为中心的布局逐渐让位于殿,这是一个漫长的过程。塔殿之争是寺院布局中国化过程中的主题。魏晋时期舍宅为寺的寺院格局,形成了部分无塔之寺。后来有些寺院在已有的格局中补建佛塔,如《洛阳伽蓝记校笺》中记载:"景明寺,宣武皇帝所立也……至正光年中,太后始造七层浮图一所,去地百仞,是也。"[①]像景明寺这样最初无塔,在寺院发展过程中逐渐筑塔的寺院不在少数,如北魏洛阳灵应寺,原为杜子休宅,后舍为寺,于宅中建三层砖塔。大觉寺,广平王怀舍宅也,舍为寺;后平阳王即位,乃在院中建砖塔。

舍宅为寺的结果:寺院格局遵循原来的住宅院落模式,使补造的塔难以在已成的旧院

[①] 杨衒之著,杨勇校笺:《洛阳伽蓝记校笺》卷3,北京:中华书局,2006年。

中占据核心地位，新的塔院格局产生，塔的位置服从于已有的院落格局。在以轴线控制院落的寺院空间中，塔的选址有限，因此新的塔院格局有两种——塔立殿前和院中建双塔，形成了塔殿并重的关系。这个阶段持续到隋唐，仍有塔殿并重的寺院格局。目前所保留的寺院中，表现塔殿并重的寺院格局有日本的奈良药师寺、陕西西安市鄠邑区草堂寺、山西永济普救寺、河北正定开元寺等（张驭寰，2007）。

随着佛殿地位的加强、轨仪模式的改变，寺院模式逐渐以轴线组合院落的布局发展，塔的存在难以协调有序的院落空间，因此移塔于寺外的寺院布局开始出现。塔置寺外的格局有寺外建单塔、双塔对峙、群塔等。

宋代出现的伽蓝七堂制，使寺院的格局基本定型。作为印度寺院建筑核心的塔被移到寺外，成为背景或装饰，其背负的印度佛教的使命已经完成，代表着汉佛教的殿取代了塔的位置成为寺院的核心。"七堂"已明显排除了塔，明清以后的寺院制度多沿袭禅宗的"七堂"之制。

塔是寺院的标志性建筑，汉传佛教寺院的发展，其中关键就是作为佛教精神的塔与寺院关系的变化。塔院关系的不同布局，可以成为判断寺院的历史阶段证据之一。这个阶段的划分不是绝对的，而是多结局并存的。

代表印度佛教的塔与代表中国佛教的佛殿在寺院格局中进行了长期角逐，最后以中国佛教的胜出为果。这个过程中包含着文化的主客关系的微妙变换。佛殿代替塔成为寺院的主体是有多方面原因的，除了文化合流以及思想转变的影响外，中国早期"舍宅为寺"的寺院"初认识"是寺院发展的根本，使佛殿成为寺院发展中心的必然。而整个寺院的布局发展紧随着中国建筑形制发展的规律，即在思想观念上把重要的建筑都放在轴线关系上来处理，从皇宫到衙署再到民宅，这个概念的意义始终没有改变。

第二节　石窟寺的发展演变与地域化

佛教建筑中寺庙、佛塔等的中国化与石窟寺的中国化互为显线与隐线且相互影响。石窟寺作为佛教早期建筑的一种主要形式，以其功能复合、坚固持久，而顺利流传到各地，成为宣传佛教文化的有效手段和途径。直至今天，在地面建构的早期建筑由于自然和人为的原因，多已损毁不存，而石窟寺因为结构坚固、地理位置偏僻，大多数得以保存下来。

一、中国石窟寺的空间形态变迁

石窟寺自印度传入中国北方新疆等地再传入中国腹地，沿途与各地域文化传统相结合，形成各具特色的石窟寺。随着石窟寺向中国内陆的推进，其空间形态也呈现出阶段性的变化。

1. 印度石窟寺的布局与空间模式

石窟艺术起源于印度。石窟本是印度早期的隐者进行修行的清净之所，指在河畔或山崖台地上挖进石壁形成一定空间，并分化为不同功能的石窟室，供僧侣进行礼佛打坐和生活，是佛教寺院的一种特殊建筑形式。

印度保留的石窟寺较多，从公元前 2 世纪到公元 8 世纪皆有。石窟寺总平面布局是沿着山体崖壁毗邻开凿窟室。从图 1.5 阿旃陀石窟寺的平面布局中，我们可以看出以下几个特征：石窟寺的布局沿着平行等高线分布；环绕山间；石窟寺所选择的崖面垂直高度约为 100 米，僧房窟围绕塔堂窟而建。从石窟寺选址来看，和传播到中国北方地区及腹地的石窟寺有相近之处，皆为沿着水平等高线分布。

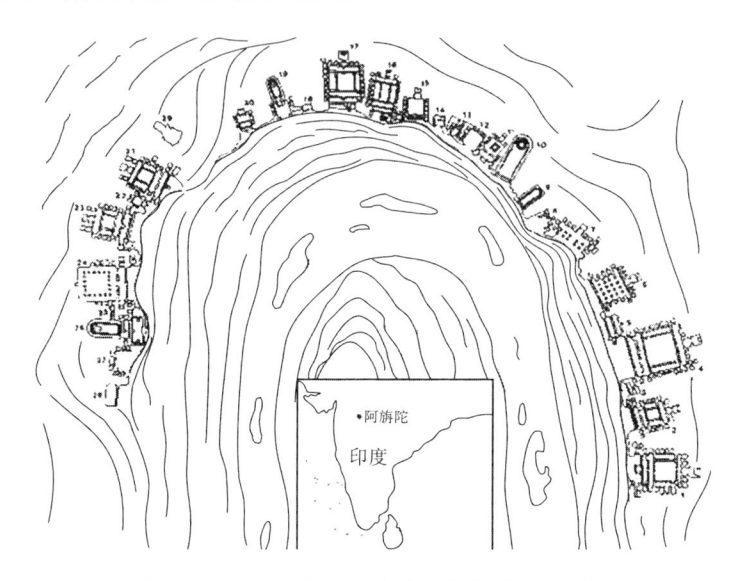

图 1.5　印度石窟寺布局（印度阿旃陀石窟寺）

（晁华山：《佛陀之光：印度与中亚佛教胜迹》，北京：文物出版社，2001 年，第 45 页）

石窟寺中毗邻开凿的单体石窟有着不同的功能划分，满足一个寺院的僧人礼佛、打坐修行和日常生活等各种需要。"按照性质和用途，石窟可分为塔堂窟和僧房窟。塔堂窟又译作支提窟，又名毗诃罗窟。其形制类似于古罗马的巴西利卡，塔堂窟有礼拜塔。主要用于僧人的礼拜活动。毗诃罗意为禅房，即僧侣进行苦修、参禅的地方，又名精舍窟。也包括住宅、餐厅和储藏室。"（晁华山，2001）

印度的支提窟内分正厅、侧廊、圆殿、塔和拱顶。窟内空间前部分由列柱分割为正厅和两侧廊，后部为半圆形后殿，后殿中心有塔。塔象征着佛陀涅槃重生。窟前部形成长方形开敞空间，上方用券顶，在窟后部有圆形的塔，塔上方用穹隆顶，如图 1.6 所示。支提窟在整个石窟寺的平面布局中，处于绝对重要的位置。精舍窟形制相对简单，且空间很小。

早期石窟寺通常是支提窟少，精舍窟多，即一个支提窟周围可能有多个精舍窟。这两种窟执行的分别是佛殿和僧房的功能，僧徒的信仰和生活紧密结合。这样的石窟寺基本上是地面寺院的翻版。

支提窟体现的空间形制和宗教意义都远胜于精舍窟，在石窟传播的过程中，支提窟的发展变迁是最具有文化意义的。随着佛教东传，支提窟的内部空间相应地发生了阶段性的变化。而精舍窟由于修行方式的改变以及地面寺院的崛起，在以后的石窟寺传播中其数量逐渐减少甚至消失。支提窟和精舍窟在石窟寺传播过程中呈现的形制和数量变化，有助于我们厘清地域文化在石窟寺传播过程中对原印度文化的渗透和取代过程。

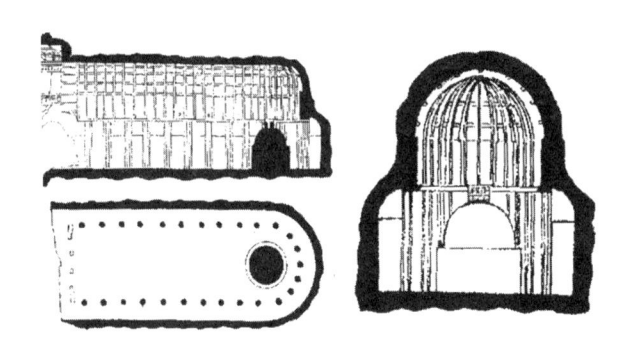

图 1.6 印度支提窟：珀贾第 12 窟平、剖面图

(李崇峰：《中印佛教石窟寺比较研究：以塔庙窟为中心》，第 76 页)

印度石窟艺术传播到东南亚等国家，但直接继承其石窟艺术的只有阿富汗和中国。阿富汗拥有结合了东西方文化而形成的大像窟，并因此成为独特的流派——巴米扬艺术流派。而石窟寺在中国的发展，却是和中国传统文化、本土宗教融合的一个漫长的生命历程。

2. 印度石窟艺术中国化的三个阶段

在印度石窟艺术向中国内陆传播的漫长岁月中，其空间形式发展进程可分为三个阶段：第一个阶段是印度石窟艺术传入中国西北部后，形成的新疆石窟群；第二个阶段是新疆石窟艺术传播到中原，形成中原四大窟后向内地继续渗透；第三个阶段是石窟艺术继续向内陆传播，在江南、西南等地区形成新的石窟空间形态。以上三个阶段也是印度石窟艺术中国化的三个阶段。随着时间和地域的改变，石窟的内部空间、装饰、偶像布局逐渐发生变化，其形制渐渐摆脱印度风格，形成高度中国化、地域化的石窟空间艺术。

随着佛教自西向东深入传播，中国的新疆一带在 1 世纪左右出现佛教石窟寺，但石窟开凿活动的兴起多始于 3 世纪左右，并持续到 7~8 世纪。和印度石窟相比较，新疆石窟保持了印度大多数窟形，但在空间布局上发生了较大的变化。

新疆地区的石窟分布甚广，形制也十分丰富。在功能上，仍然保留印度石窟最主要的两种类型：支提窟(包括大像窟、讲经窟)和精舍窟(包括禅窟、罗汉窟、杂物窟)。本书主要分析支提窟的空间变化。

从印度支提窟(图 1.6)和新疆支提窟(图 1.7)的空间比较上，我们可以分析出以下特点。

第一，和印度石窟空间相比，新疆石窟最大的特点就是变印度支提窟内的塔形式为内外两间套屋形式。在内外室之间的隔墙上开龛供像。

第二，不再用两排柱子将石窟空间沿纵深方向划分为三个空间，而是直接采用墙体将完整空间分割为前后室。

第三，取消了半圆形后殿和塔，替代以中心柱形式的墙体和低矮的后室。

新疆石窟空间形制的改变及其文化意义在于：塔消失了，原来的塔的形式被中心柱(像)取代。像放在中心柱以及墙上嵌进的龛内。石窟空间被划分为前室、主室和后室，主、后室之间有左右甬道相连，后室有涅槃像。没有序列柱式的空间导引，直接对后室内的涅槃像进行礼拜。塔的涅槃意义用具体的涅槃造像代替。中心柱成为整个窟的主体，取代了塔。塔的消失和像的出现，除了是宗教本身的变革，还有雕塑艺术发展及偶像崇拜兴起等原因。

石窟艺术继续向中国内陆传播，在魏晋南北朝到隋唐时期，形成了著名的四大窟：敦煌莫高窟、龙门石窟、云冈石窟、麦积山石窟。四大窟在新疆石窟的基础上，类型和空间继续演变。

我们以敦煌石窟为例来研究石窟寺在这个阶段的发展。敦煌石窟拥有大量的支提窟和很少量的精舍窟。精舍窟的减少说明僧侣逐渐脱离石窟窟室而在地面寺院进行修行和生活，石窟寺的功能开始集中于偶像供奉和偶像崇拜。

敦煌的支提窟在建筑形制上，类型丰富。除了中心柱窟外，隋唐之间，敦煌还出现了大量的覆斗形窟，即窟屋顶处理为覆斗状的坡屋顶形式。相比新疆石窟，敦煌石窟的汉化程度相对明显。除了窟内装饰及造像题材有变化外，其空间建构特征变化也相当明显。对比新疆石窟(图1.7、图1.8)与敦煌石窟(图1.9)的空间形态能发现以下显著特点。

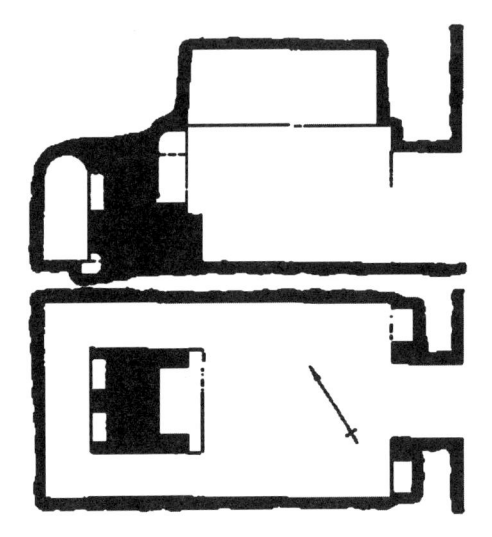

图1.7 克孜尔第38窟平、剖面图
(傅熹年：《中国古代建筑史》，北京：中国建筑工业出版社，2001年，第196页)

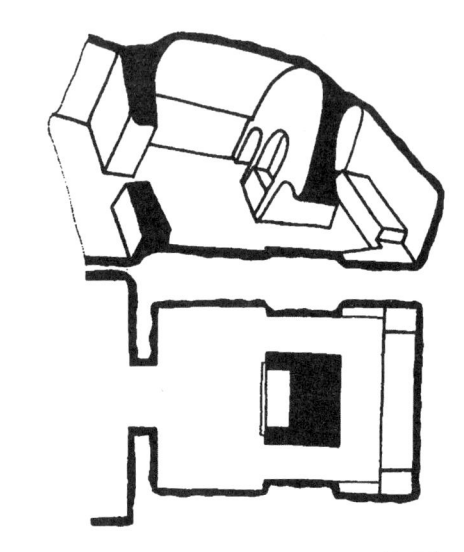

图1.8 克孜尔第104窟平面及透视图
(李崇峰：《中印佛教石窟寺比较研究：以塔庙为中心》，第177页)

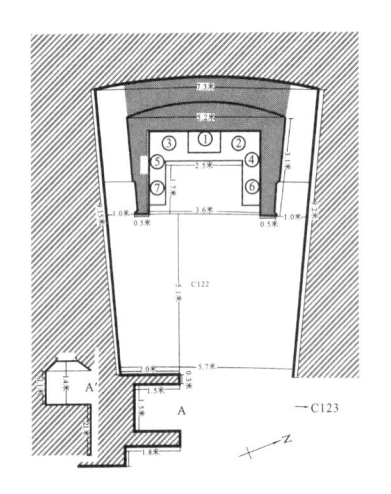

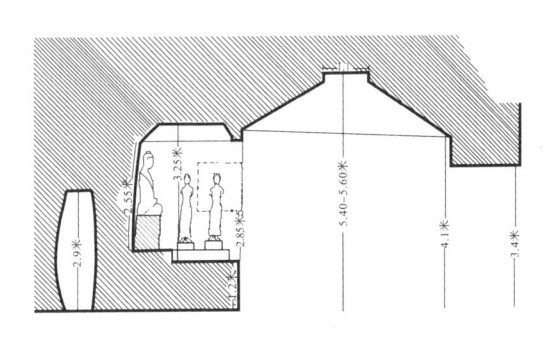

图1.9 莫高窟第22窟平、剖面图
(转引自石璋如：《莫高窟形(二)》，"中史研究院"历史语言研究所，1983年，图99)

第一,屋顶形式由新疆地区的拱券形向坡屋顶方向转变。敦煌石窟的前室屋顶常处理为坡屋顶,这是最显著的汉化特征。

第二,中心柱的处理继续中国化(在云冈石窟中把中心柱柱身雕刻为塔的形象),部分石窟取消了中心柱。

第三,后室中已无涅槃主题。

在新疆和敦煌的石窟空间对比中可以看出:新疆石窟进一步抛弃了印度石窟的塔意义。中心柱窟的柱仍置于塔的位置,起着支撑窟顶的作用,但其雕饰处理逐渐汉化。敦煌石窟窟顶的变化是急遽的,为覆斗形石窟,即把代表塔的中心柱完全取消,把窟顶处理为覆斗形。券顶形式至此渐渐退出石窟。石窟形式越来越中国化。

在云冈、敦煌等地的石窟寺中,出现了在崖壁上开浅龛、龛内造像的摩崖石窟寺形式。这种形式逐渐发展为南方地区如江南、西南等地石窟寺的主要形式。从开深窟到崖壁上毗邻开浅龛的转变,是石窟寺地域化的重要特点之一。

巴蜀地区的摩崖石窟寺是摩崖石窟中国化和地域化的最后一个历程,这个阶段历经了晚唐五代和宋。其表现形式以排列多个摩崖浅龛而成(图 1.10),有的摩崖浅龛中间夹杂石窟。深邃的石窟空间不再是主流,但其空间形式的变化在石窟汉化过程中有着重要意义。

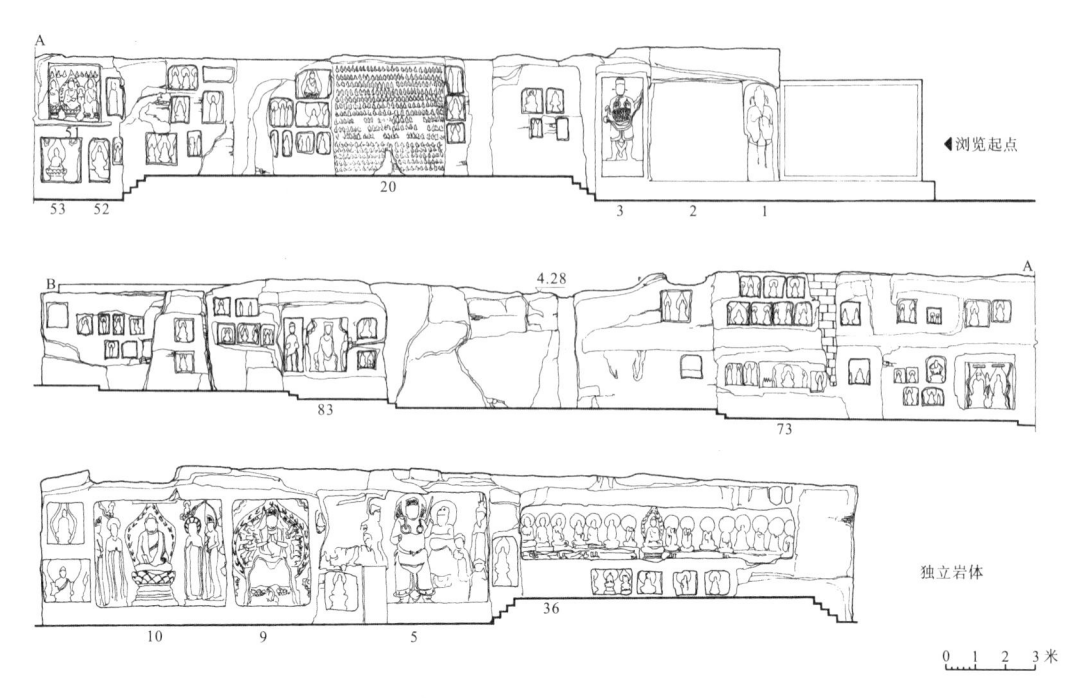

图 1.10 壁面开浅龛的摩崖石窟寺(大足北山)
(重庆大学建筑城规学院历史研究所)

唐代的巴蜀摩崖石窟仍保留有中心柱的做法,至宋,中心柱窟做法较为罕见,空间统一的佛殿窟取代了中心柱窟。供僧人打坐修行的精舍窟在唐代的川北石窟寺中尚有很少的一部分,到宋代,几近绝迹。

宋代巴蜀佛殿窟与唐代的敦煌中心柱窟相比,其空间形式的转变具有以下特点。

第一,石窟无中心柱,空间变得简洁宽敞。

第二，三面龛壁直接打开，中间龛壁供奉主尊像，设置佛坛，两旁对称设置佛像。

第三，石窟内无甬道，把甬道的空间转化为绕佛坛前香案的回道。

这个阶段的石窟寺空间以佛殿窟为主，取消了中心柱，获得统一空间。窟内的设置及造像，以对称布局的形式出现，如图1.11所示。

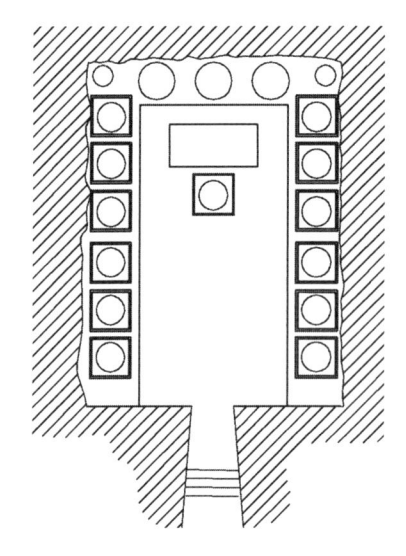

图1.11 大足宝顶山大佛湾毗卢洞石窟

（自绘）

石窟寺的发展演变最重要的一个特征是塔的位置和象征意义的改变：中国北方石窟如新疆克孜尔石窟、云冈石窟等都比较盛行塔柱窟。佛教信徒在修习前和出定后，会围着佛塔或塔柱绕行。信徒的意识崇拜就是佛即是塔，塔即是佛。隋唐时期的中心柱窟中，柱取代了塔的位置，塔形象消失了，但意义仍在。巴蜀地区的宋代石窟寺中减少了中心柱窟，无塔无柱的佛殿窟受到重视。中心柱窟的取消，使代表印度石窟精神的塔的意义和形式逐渐被"像"取代。这与佛教寺院中国化的发展类似，原本以塔为核心的寺院布局，改变为遵从民居住宅形式，在主空间供奉"像"，塔置于寺外或者寺内根本不置塔的发展模式。从某种意义上来说，至此，石窟的空间形制才真正完成了印度化向中国化的转变。

二、佛教传播途径与石窟分布特征

随着佛教文化的传播以及中印贸易的发展，佛教开始传入中国。关于佛教传入中国的时间以及佛教的传播路线，历代学者都提出了自己的看法。可总结为北方丝绸之路说、海上丝绸之路说、西南丝绸之路说。

1. 北方丝绸之路说

北方丝绸之路通于东汉年间。此路由于战乱或其他原因，常常改道，常有支路产生。北方丝绸之路主要线路可总结为：自长安（今西安）出发，过河西走廊，经今新疆，从葱岭至今费尔干纳，经今里海、黑海甚至到达地中海区域（图1.12）。其间，又分北丝绸之路和南丝绸之路。北丝绸之路从西域的龟兹（今库车）、高昌（今吐鲁番）地区进入今咸海、里海和黑海地域。南丝绸之路是从今克什米尔地区经阿富汗进入印度，还可经今伊朗、伊拉克等国家前往欧洲地区。南丝绸之路是佛教传播的主要路线。

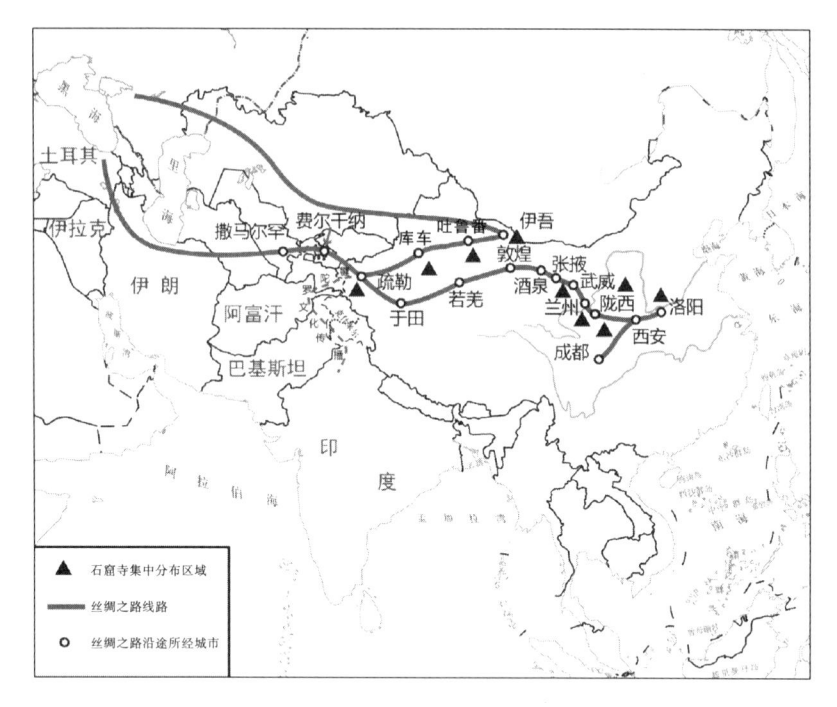

图 1.12　北方丝绸之路所经城市及石窟分布

丝绸之路是中国古代与西方国家进行贸易往来而形成的路线。其规模从少量的民间贸易往来发展成为国家之间的主流贸易，形成了重要的文化贸易交通路线。丝绸之路在中国古代起着相当重要的作用，犹如一条大动脉，把古代中国和沿途的异邦联系起来，并不断相互汲取意识营养，促进了沿途地区共同联系发展的关系。这条文化线路带来了很多领域的信息。

在 1 世纪左右，佛教随着贸易的往来，开始向中国内陆传播。石窟寺的建造随着丝绸之路的发展而逐步向中国腹地推进。佛教自印度传入中亚，再通过陆上丝绸之路传入我国西北部，再经河西走廊传入腹地。

佛教沿北方丝绸之路传播，并在沿途留下佛教建筑——石窟寺。这些石窟寺即是佛教沿丝绸之路传播的物证。目前所能了解到的丝绸之路中国国外段的石窟有阿富汗巴米扬石窟等，国内段从新疆—甘肃—西安，形成连续的石窟线路。较大的有新疆拜城克孜尔石窟、库车克孜尕哈千佛洞、库木吐拉千佛洞、森木塞姆千佛洞、柏孜克里克千佛洞等。从新疆往东部推进，在甘肃敦煌、酒泉、张掖、武威、陇西一带形成了敦煌莫高窟、榆林窟等著名石窟。向东达陕西到西安至洛阳，还顺着陕西汉中往成都沿线继续往西南腹地传播，形成了更加丰富的地域化的巴蜀石窟群。

2. 海上丝绸之路说

海上丝绸之路主要是指：从今天广州、泉州等沿海城市出发经过海域到达其他国家进行文化和贸易往来的海上航线。与佛教传播最为密切的海上丝绸之路是指经中国沿海港口经东南亚、印度洋抵达印度的一条路线。海上丝绸之路的发展较早。在中国秦汉时期,即有海上贸易活动产生,至今在广州还有秦末汉初广州造船的遗迹,当时工场生产载重 25～30 吨的海船(广州文物管理处,1977)。这样的海上运输力量有力地证明了古代海上贸易的发达。唐宋时期,随着造船技术的发展,沿海城市依靠海上交通大力发展经济,海上贸易往来频繁,一定程度上超过了北方丝绸之路的影响。

从佛教方面的记载来看,在晋代时期,僧人法显即走过海上丝绸之路,从印度乘船返回中国。据记载:法显从长安(今西安)出发,经敦煌、西域进入印度,穿越印度后,又至狮子国(今斯里兰卡),然后乘船经过今印度尼西亚爪哇回到广州[①]。法显的经历证明了海上丝绸之路对宗教文化交流的贡献。

佛教在海上丝绸之路上形成的影响是在沿海港口一带留下了大量的石窟寺。在沿海泉州一带,至今可看见大型的寺院以及佛教建筑塔等。石窟的分布亦有迹可寻,如图 1.13 所示。目前所发现的沿海一带的石窟有江苏东汉的"孔望山造像"、北魏"云龙山造像"、南朝齐时"栖霞山造像";浙江有五代后周"飞来峰造像"、五代后晋"烟霞洞造像""慈云岭造像"、南朝齐时"新昌大佛及千佛岩"造像等;福建有北宋的"老君岩"、南宋"茫荡山石佛""石佛岩",等等。

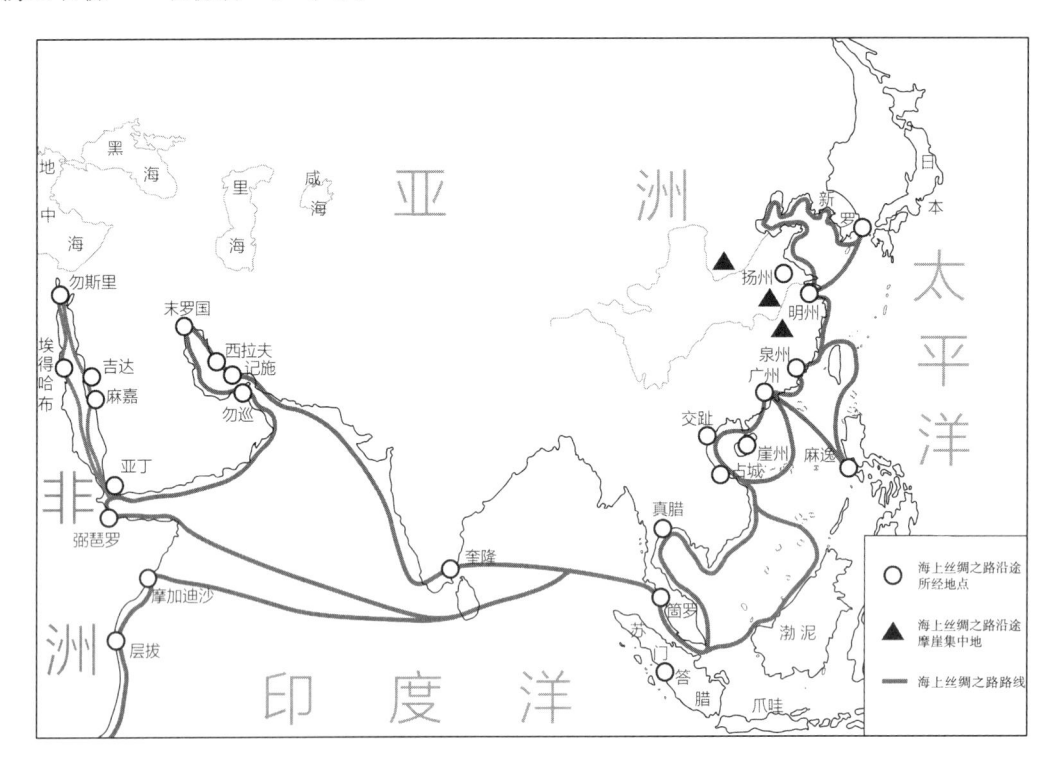

图 1.13 古代海上丝绸之路所经城市及石窟分布

海上丝绸之路顺延长江水路向内陆传播,对巴蜀地区的造像有一定的影响。例如,四川雕塑作品中阿育王塔和像的出现,肯定了四川与南朝都城建康在佛教艺术上的关联(李松等,2003)。

---

① 章巽校注:《法显传校注》,上海:上海古籍出版社,1985 年。

3. 西南丝绸之路说

除了海上丝绸之路和北方丝绸之路外，还有西南丝绸之路(即印缅滇川道)。西南丝绸之路路线主要是以成都为起点，通过云南、缅甸一带直达印度。在成都至昆明出缅甸达印度途中，发现了许多佛教遗物，这些沿途的散点文物连成线，就形成了南方丝绸之路的雏形(阮荣春，2000)。

巴蜀地区自古即与印度有贸易往来，据《史记·西南夷列传》："及元狩元年，博望侯张骞使大夏来，言居大夏时见蜀布、邛竹、杖，使问所从来，曰：'从东南身毒国，可数千里，得蜀贾人市'。或闻邛西可二千里有身毒国……"[1]身毒国即今天的印度，此记载充分说明了在汉代，蜀与印度之间有道路相通。

西南丝绸之路的发现可以对巴蜀地区遗留的早期佛教造像进行解释。在巴蜀地区的乐山、彭山一带有东汉时期的佛教造像。这些造像在北方地区尚未发现。因此，伴随着这些佛教造像传入的佛教早期传播，不排除是沿着西南丝绸之路而来的，或者西南到印度之间存在着通道，使这些佛像元素传入中国。但是，这些佛像元素到底能不能代表佛教文化的传播，需要由多个专业提供更多的研究成果才能确认。

在西南丝绸之路沿途也分布着一定数量的石窟，如图1.14所示。虽然这些石窟在窟龛形制和细节处理上高度地域化，但受中原石窟造像手法的影响仍然较明显。因此，南方丝绸之路，其伴随的佛教文化影响的造像，只是针对早期的巴蜀佛教造像而言的。

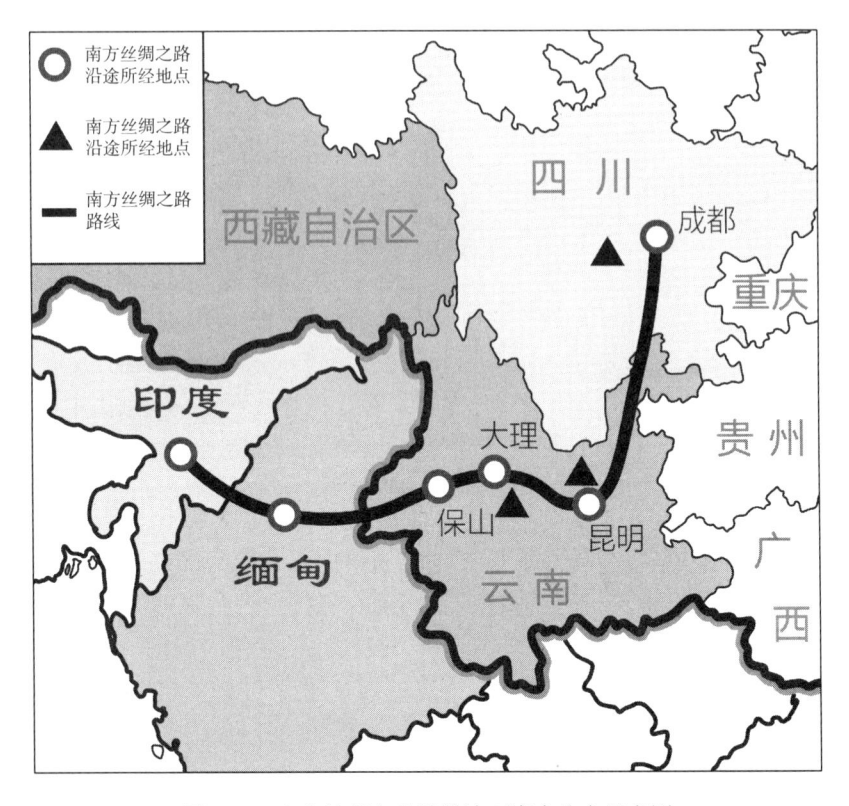

图1.14 南方丝绸之路及沿途石窟寺分布示意图

---

[1] 司马迁：《史记·西南夷列传》，北京：中华书局，1972年。

中国版图的多接壤性和陆海开放性，使佛教传入中国的情况是多元的。不同的传入途径影响的地域不同，即江淮佛教由海上丝绸之路传入，成为中国南方佛教的发祥地；而中原佛教则由北方丝绸之路传入，成为中国北方佛教的发祥地。巴蜀地区的早期佛教，也有学者推断是天竺（印度）自西南丝绸之路传入。佛教的传入可能是多次多时的过程，非一时一路传入。

佛教传入中原后，向内陆进一步传播。以上三条传入中国的佛教路线，都曲折地传入巴蜀，其中北来入蜀的线路，分做两条路线，分别从青海和陕西传入。这是因为巴蜀处于佛教早期交通干线的交点，其北路通过甘肃河西走廊通往中亚和印度，南路经云南东南亚与印度连接，通过与广东的连接连通海路，如图1.15所示。海上丝绸之路还可沿长江传播，进入巴蜀地区。

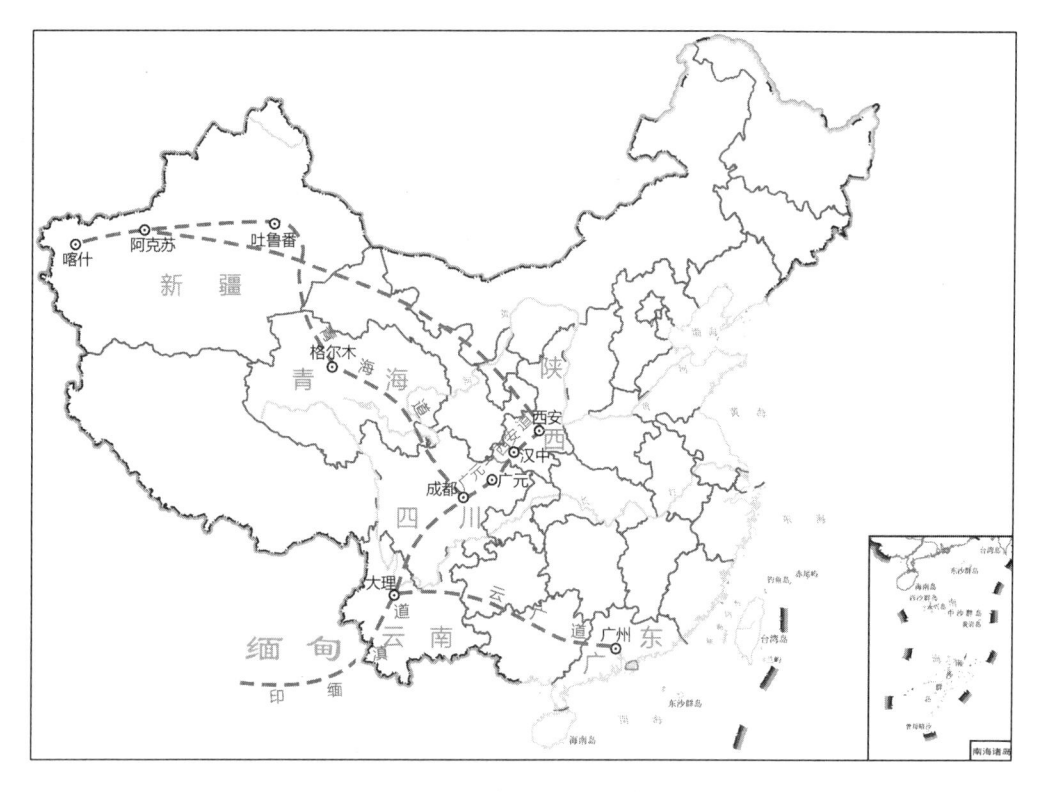

图1.15 佛教传入巴蜀路线图

佛教入蜀道路可总结为三条道路：青海道、缅滇道、西安—广元道。

青海道主要在南北朝时期。此道在当时为建康（今江苏南京）通过巴蜀连接西域的道路。青海在此时期建立了吐谷浑王国，在与南北朝诸政权建立交往的过程中，开辟了不少道路，其中包括去西域，去成都，以及沿嘉陵江或汉江入长江而下抵达建康的道路。巴蜀早期的佛教造像，也出现在这条路上，因此，有部分学者指出，这些早期佛像的传入有可能是通过青海道从印度西域直接传播而来的。

缅滇道是指由蜀地经云南，通过缅甸联系印度的一条古道。《汉书》记载了汉代蜀地人民通过此道与沿途国家进行贸易往来，输出蜀地的布匹等。其路线是自成都往昆明，经大理入缅甸，再到印度。《大唐西域记》云："（迦摩缕波国）境接西南夷，故其人类蛮獠矣。详问土俗，可两月行入蜀西南边境。"①其中成都到大理的道路有两条：其一是走"零关道"（古牦牛道），即从成都出发，经双流、新津、邛崃、名山、雅安，达荥经，越汉源（窄都）、越西、喜德、冕宁、西昌至会理，折向西南行至攀枝花，渡金沙江通云南大姚，最后到达大理；其二是经由秦汉两代的努力形成的古道而至大理，即从成都至彭山，顺岷江而下至乐山、宜宾，再经过秦代开凿的"五尺道"南行，达高县、筠连，再向西进入横江河谷，越豆沙关、大关、昭通、曲靖、昆明，最后到达大理。两条路在大理会合形成一条主道至印度（罗二虎，2000）。

在这条路上发掘出一些佛教早期遗物。摩崖石窟在云南一带有较良好的发展，如剑川石钟山、狮子山石窟等，有着相当地域化的石窟风格。多为唐代所凿，云南石窟和巴蜀石窟在造像风格和手法上有相近之处。在联系滇川的路上，如邛崃、雅安等分布着大量的摩崖。这条路线的存在，为我们厘清巴蜀地区佛教的传入提供了更多的答案选项。

从北方丝绸之路传入西安洛阳一带的佛教，通过金牛道和米仓道从汉中传入广元。这是历史上巴蜀地区通往北方中央政府的官道。佛教沿着官道传入广元再流传到成都，并以成都为中心向周围地区辐射；或顺着水路嘉陵江形成自北向南的传播线路。以上线路上分布着大量的摩崖石窟。川北重镇广元和巴中分布着巴蜀最早期的石窟群，而成都附近的乐山、眉山一带是摩崖石窟分布最为密集的地区之一。沿汉中流入广元的嘉陵江，顺延着四川盆地，自北向南，沿途分布着有历史时序规律的摩崖石窟。

总体来说，自南方、北方和海上丝绸之路传入中国的佛教，都可能曲折地传入了巴蜀，并在不同时期留下了不同风格的造像。在佛教入蜀的路线中，连接中原之路的长安—广元道是佛教传播的主要线路。

三、巴蜀摩崖石窟发展的阶段特色

中国佛教石窟开凿总体兴衰曲线是始于 3 世纪，盛于 5～8 世纪，最晚开凿的可持续到 16 世纪。但在某些地域内，情况会有所不同。例如，巴蜀地区在 1 世纪左右已出现了早期摩崖造像，主要是依附于崖墓、汉阙等建筑而雕刻的。6 世纪左右，在川北广元、巴中一带开始出现大规模的造像，并沿着水、陆两路向巴蜀腹地传播。7～10 世纪，巴蜀地区的造像达到了极盛。根据造像的阶段特点和历史时序，按照温克尔曼关于艺术生命周期的研究手法，可将巴蜀地区的摩崖石窟分为四个阶段，即雏形期、发展期、巅峰期和衰落期。

1. 雏形期

1～3 世纪，即东汉和三国蜀汉时期的巴蜀地区，出现了一系列的佛教造像。一些造像反映出佛教在早期传入巴蜀地区的印迹。由于这些造像分布比较零散，还没有形成一定的规模，因此，暂且称这个阶段的造像为雏形期。

雏形期的佛教造像特点：没有形成一定体系的造像风格，佛像衣饰简括，形象朴拙；此时期的佛教造像不以窟龛为单位的形式出现，而是零散地出现在汉崖墓、汉画像砖、钱树等器物上，没有形成一定的规模体系；在造像主题上，佛教早期造像主要与早期道教、原始宗教、丧葬文化等相结合，形成特殊的主题形式；雏形期的造像没有明显的历史延续

---

① 玄奘：《大唐西域记》卷 10，北京：中华书局，1985 年。

性。目前在巴蜀地区发现的佛教早期造像，时间多为2～3世纪。在后来的一个多世纪里，没有发现更多的佛教造像的延续。如同《中国古代雕塑》中分析的那样："最早的雏形期佛教艺术起源于此，但经历了公元2至3世纪的初期繁荣之后，佛教神像突然消失。直到5世纪后中叶才复兴。至于为何中断，我们尚未探得其中原因。"（李松等，2003）

佛教早期造像在巴蜀出现，是学术界非常关注的一件事情，涉及佛教路线传入的问题。目前存在三种说法：其一为传统的北方中原丝绸之路说；其二为"印缅滇"之南传丝绸之路说（任继愈，1981）[①]；其三为"青海道"之说（吴焯，1992）[②]。

雏形期的佛教造像多出现在崖墓、画像砖和明器中，如乐山麻浩崖墓门楣所刻佛像、柿子湾崖墓的东汉佛像（李复华和陶鸣宽，1957）；什邡出土的有佛塔形象的画像砖（谢志成，1987）；彭山崖墓所出明器中的佛像雕刻蒲江龙拖湾"嘉兴元年"（417年）造像（林向，1986）；等等。这些都说明了巴蜀早期佛教活动相对活跃的状况。

从地理位置分布看，初期的佛教造像主要分布在川西乐山、彭山、蒲江、绵阳、成都一带。这一带正处于当时巴蜀地区与西域一带的交通路线上，所以造像影响甚于其他地方是有理可循的。这些区域在后来的历史发展过程中，造像活动依然活跃。

2. 发展期

巴蜀摩崖石窟的发展期主要是指4～7世纪中期，约南北朝时期到初盛唐时期。

这个时期的造像特点根据地域不同分两种：其一是南北朝时成都一带流行的造像碑（即石碑内立龛造佛像）中的造像，雕刻艺术精美，题材涉及广泛，其造像风格和南朝建康一带的南方造像特征保持一致（冯汉骥，1954）[③]；其二是在川北等地区，出现了真正的在天然崖壁上开凿窟龛以造像的石窟寺，主要特点是以窟龛为基本单位，内刻各种主题的造像，龛重叠排列而成千佛崖，题材布局、造像方式、开龛布局等都沿袭北方造像习惯。石窟形制遵循北方石窟造像之制，保留中心柱窟这种窟形。除了佛教造像外，这个时期还出现了一定数量的道教造像。道教造像除了服饰、法器和姿势有所区别外，其开窟方式和偶像布局与佛教造像大致相同。

历史原因：南北朝时期的巴蜀，尤其是南梁时期，梁主崇佛，在成都一带出现了大量的造像碑。但是川北广元一带，由于曾经归入北魏版图，可能受北魏影响有开窟造像之风。隋唐伊始，佛道一时兴盛，巴蜀地区政治稳定，经济发展迅速，文化艺术逐渐繁荣，与中原北方紧密联系的广元、巴中一带，率先开凿佛教石窟，并逐渐影响到巴蜀内陆。道教在巴蜀地区一向势力较强，隋代即已在绵州（绵阳）、嘉州（乐山）等地开凿摩崖石窟造像。

从地理位置分布看，此阶段的造像主要集中在川北门户广元—巴中一带，并逐渐开始向巴蜀腹地渗透，逐渐传播到蒲江、绵阳、潼南等。广元的千佛崖和皇泽寺、剑阁鹤鸣山、巴中西龛等，并不都是在发展期建造的，而是起建于这个阶段，其中大部分窟龛是7世纪中期以后开凿的。从这些摩崖石窟群中发现有4～7世纪的部分题记，以此判断这些窟龛开

[①] 任继愈主编《中国佛教史》首卷上说："四川佛像的发现，给佛教史学界提出一个问题：四川的佛教是从什么途径输入的呢？是从西域经敦煌直接输入的，还是从长安、洛阳输入的？我们认为更大的可能是通过云南输入的。"
[②] 吴焯在《四川早期佛教遗物及其年代与传播途径的考察》中提到："（佛教传入巴蜀之路）由西北印度、中亚经西域，穿越青海道进入蜀之西界，复沿岷江向东发展。"
[③] 冯汉骥《成都万佛寺石刻造像》："成都万佛寺出土的有纪年的如宋元嘉、梁普通、中大通、大同等佛教造像，风格类南朝建康造像。"

凿于发展期。例如，广元的千佛崖（如第 38 号北大佛龛）和皇泽寺（第 51 号龛），以及巴中西龛（西龛石窟始于隋代，多为唐代作品），第 10 号窟右壁有开元三年（715 年）的题记，第 21 号龛有"检得大隋大业五年（609 年）造前件古像，永平三年院主僧傅芝记"的题记（成都文物考古研究所等，2006），兹以证明这些窟龛的最早开凿时期。

3. 巅峰期

巅峰期的时间段是自 7 世纪中期持续到 10 世纪。在这个时期内，巴蜀造像遍地起龛，形成大规模、大面积的摩崖石窟。无论是数量上还是艺术手法上，都是巴蜀摩崖石窟的巅峰时期。

巴蜀地区摩崖石窟巅峰期造像作品特点：造像多元化、风格多样化。造像题材往地域化、世俗化方向发展。造像内容不仅有佛道二教，还有三教合一的内容。从佛教宗派上讲，净土宗、密宗和禅宗题材成为这个时期的主流。从窟龛形式上看，窟龛形制在这个阶段的初期形成多样化发展，形成各种类型的窟龛，但在末期，合川、大足一带的摩崖石窟造像打破了窟龛的界限，形成连续的叙事型或组合型造像特点，把巴蜀摩崖造像推向高潮。其在雕刻艺术和题材内容上都达到了一个新的高度。这个阶段的摩崖石窟造像从地理分布、艺术特点、题材内容等方面奠定了巴蜀自有的框架，元或元以后的摩崖石窟开凿基本上是在这个基础上继续进行，没有脱离此时形成的体系。

历史原因：摩崖石窟达到这样的巅峰时期有着多方面的历史原因。其一，在政治局势上，经历了安史之乱和黄巢起义的中国，北方局面混乱，经济重心开始南移。其二，在佛教造像方面，北方石窟基本处于停滞发展时期，巴蜀独得其势，可以继续发展。其三，唐玄宗和唐僖宗的入蜀避难，使得大批官员、随从齐拥而至，骚人墨客、画家工匠纷至沓来，为本身就经济昌盛、文化繁荣的巴蜀地区提供了更好的发展摩崖石窟艺术的条件。因此，巴蜀造像巅峰期的到来势成必然。

巅峰期的巴蜀摩崖石窟分布在巴蜀的大部分地区。不仅沿着长江的重要支流嘉陵江、岷江、涪江等流域分布，并在今天的广元、巴中、乐山、眉山、邛崃、安岳、大足、资中等城镇周围形成集群式分布，不仅在已有的、既成规模的石窟寺旁继续开凿，而且开始寻找新的石窟寺基址，促成了巴蜀地区摩崖高密度、大规模分布的结果。

4. 衰落期

宋以后，巴蜀摩崖石窟的建造进入了衰落期。

衰落期的造像特点：鲜有新开凿的大型窟龛，造像艺术造诣难以与唐宋比肩，造像题材内容和形式较少有创新。总体来说，这个阶段的摩崖石窟从造像艺术、开凿规模等方面都远不及巅峰期的作品，巴蜀摩崖石窟已进入尾声。

造像在巴蜀地区集体衰落的主要原因有两个。其一，战乱频仍。宋末元初，巴蜀地区成为主战场 40 多年，原来巩固的封建经济受到极大影响。从元至明，又经明玉珍大夏政权、明朝灭大夏以及明末张献忠入蜀等政权几易，巴蜀经济一时难以复苏，很难进行大规模的摩崖开凿。其二，宗教偶像崇拜方式的转移，也使摩崖石窟的开凿大量减少。宋以后，宗教的偶像崇拜逐渐转向室内造像，在寺院的佛殿、佛阁内放置大像进行叩拜成为新尚。在山野开凿窟龛造像的风气日益衰弱，因此摩崖开凿日益衰微。

元及以后的巴蜀造像多集中在川东一带。这个阶段的代表作是重庆南岸弹子石大佛和江津石门寺大佛这两处优秀造像。其他较为突出的晚期造像有明代泸县玉蝉山、清代合川钓鱼城、潼南马龙山卧佛等。

巴蜀地区的摩崖石窟主要在初唐至盛唐时期开始发展，中晚唐和五代时期是其发展的高潮，直到宋代的成熟地域化时期。这其中经历了石窟寺逐渐摆脱北方及中原石窟的影响，走上地域化的过程。

第三节　巴蜀摩崖石窟与宗教文化特色

一、佛教流派与巴蜀摩崖石窟

隋唐时期，汉传佛教分化为多种佛教宗派，如禅宗、净土宗、三阶宗、华严宗、密宗等。不同的宗教派别，在偶像崇拜、宗教主题等方面各有侧重。在摩崖石窟的内容反映上也有所区别。

巴蜀摩崖石窟中反映了丰富的佛教宗派内容，如大足宝顶山、安岳毗卢洞是密宗道场，反映了许多密宗造像的经典；安岳华严洞刻画的是华严宗造像的风采；而反映净土宗内容的摩崖窟龛比比皆是；巴蜀地区的禅宗造像规模和特点在全国首屈一指；最近在苍溪阳岳寺还发现了类似三阶教特征的造像。在同一选址的摩崖中，出现多宗派造像共处的现象。

净土信仰和密宗在巴蜀盛行，在巴蜀众多的宗派派别造像中，题材涉及最广泛的就是这两宗。此外，巴蜀地区的禅宗造像亦非常有特点，其造像规模、质量和内容，都是全国罕见的。因此，巴蜀摩崖石窟中最有特色的宗派造像当数净土宗、禅宗和密宗。

1. 禅宗与巴蜀摩崖石窟

印度禅演化为中国禅是漫长的过程，从初祖达摩到六祖慧能，逐渐发展演化，形成中国特色最浓的宗派，其禅学宗旨是明心见性。最基本的禅宗经典主要有《金刚经》《楞伽经》《维摩诘经》等。禅宗称万物都有佛性，主张顿悟，因此与中国知识分子关系最为密切。在寺院形式上主张简化布局，舍弃佛殿、不建塔、只立法堂。会昌法难和黄巢起义后，寺院经济遭受了沉重打击，许多佛教派别寺院纷纷破产。禅宗不拜佛、不布施，在寺院建筑方面不建构塔，只作经堂的观念，反而存活下来，并继续发展。所以晚唐以来的巴蜀禅宗，发展尤其顺利。

巴蜀是禅宗最兴盛的地区之一，禅宗与巴蜀关系密切，禅宗五祖弘忍门下智诜在资中传法，智诜门下弟子处寂禅师、无相禅师、无住禅师等继续弘法，在禅宗史上有一席之地；六祖再传弟子马祖道一，出生于汉州什邡县（今四川什邡市），其青年时期曾在巴蜀地区游历，后为洪州（今江西南昌）禅宗主。出生于简州（今简阳）的德山宣鉴以"呵佛骂祖"和"德山棒"闻名，对佛教的改革非常深刻。另有圭峰宗密、圆悟克勤、破山海明等在禅宗史上有一定地位的蜀人。目前巴蜀仍保存着许多禅林，如成都的昭觉寺、大慈寺、文殊院、宝光寺，梁平的双桂堂，重庆的罗汉寺、合川的二佛寺，等等。禅宗在巴蜀地区的影响力使禅宗寺院得到普遍建造，同时，也为巴蜀禅宗摩崖奠定了一定的文化基础。

巴蜀地区拥有较多珍贵的禅宗造像。从禅宗义理上讲，在造像方面，早期禅宗是不主张立像崇佛的,因为其修行的宗旨是明道。明道是通过自己内心的修行而明心见性,并不借助于外物。因此曾发生丹霞天然禅师于洛阳慧林寺烧木佛取暖的禅宗公案,可见禅宗对偶像崇拜的态度。但在巴蜀地区,却出现了许多禅宗的造像,如合川涞滩二佛寺的达摩像和罗汉像、重庆罗汉寺摩崖、缙云寺摩崖、大足宝顶山大佛湾"牧牛图"等。禅宗的摩崖造像题材通常有达摩、罗汉、圆觉等。

合川涞滩二佛寺下殿摩崖石窟是著名的禅宗道场(图1.16),其禅宗造像的规模、题材和数量都是罕见的。造像分西岩、南岩、北岩。西岩以释迦佛为中心,禅宗六祖分立两侧展开布局,展现了从释迦到禅宗初祖达摩,再到六祖慧能的释迦历史系统。南岩也立达摩、须菩提、弥勒大士像。北岩多为罗汉像。另圆觉道场也是禅宗题材,如大足宝顶山大佛湾第29号"圆觉洞"。圆觉道场是按照《圆觉经》的内容建立的"圆觉殿",通常呈对称布局,正中放置佛像。禅宗是汉化佛教中的典型汉化宗派,十二圆觉菩萨更是汉化佛教中独有的菩萨。

图1.16 禅宗造像(合川涞滩二佛寺)

(自摄)

2. 净土宗与巴蜀摩崖石窟

净土宗是佛教各宗派内最易修行的派别,中国净土宗的修行内容为称名念佛,方便易行的修行方式使其得到广泛传播。根本经典有《无量寿经》《观无量寿经》《阿弥陀佛经》等。巴蜀地区与净土宗渊源颇深,出生于汉州绵竹(今四川绵竹)的承远,后为净土三大系统(慧远流、慈愍流、少康流)(陈杨炯,2008)之一的慈愍流的大力提倡者。净土宗简便易行的修行方式吸引了各阶层人士,明清以后,净土思想已经相当普及了。

巴蜀净土宗摩崖造像中反映了两种弥陀净土:其一是西方净土变相;其二是阿弥陀净土变相。根据佛教经典叙述不同,其创立的窟龛题材内容、布局形式也不同。

西方净土经变是根据净土宗的教论:只要认真修行,一心向佛,就能脱离轮回之苦,转生到净土。其中有一方净土为佛居住,被称为"西方极乐世界"。在净土经典——《大阿弥陀经》《无量寿经》《观无量寿经》中都不吝笔墨对西方净土进行了宣扬:地面由金、银、琉璃、珊瑚、琥珀、砗磲、玛瑙七种宝物铺成。宝阁连云天，天宫伎乐随行，莲花池中宝莲朵朵，祥鸟瑞兽分布其中，更有各级佛、菩萨和净土成员充斥其中。一派繁华无忧净土情景。这种情景在北方石窟多以壁画的形式出现，而在巴蜀地区，多在围合的龛壁上雕刻建筑、楼台、佛像人物以及相关的动植物形成净土模式，如图1.17所示。

图1.17 净土经变龛（荣县二佛寺）

（自摄）

巴蜀净土宗摩崖在中、晚唐时期分布较广，基本上当时有摩崖处，皆有净土题材的窟龛。摩崖中反映西方净土经变的窟龛有巴中西龛第35号龛，大足北山摩崖第245号龛，丹棱郑山摩崖第42、62号龛，夹江千佛崖第99、137号龛，邛崃石笋山第4、5号龛，邛崃磐陀寺第1号龛，安岳木鱼寺第6号龛，等等。反映唐代阿弥陀净土变相题材的石窟也不少，如丹棱郑山摩崖第37、71号龛，巴中南龛第33、62、78、105、111、116号龛，西龛第37、53号龛（刘长久，1998），等等。

宋代时巴蜀净土宗继续发展，与禅宗成为最流行的两宗。往生西方极乐净土的口号加快了净土宗的传播。某些寺院也建筑了弥陀阁等念佛修行的场所，使得净土信仰深入民间。在石窟摩崖里，仍然用大量的篇幅来表达净土世界的辉煌，如四川安岳华严洞和重庆大足宝顶山摩崖，等等。

反映西方净土变相的窟龛中，往往雕凿有大量的净土极乐世界的建筑。这些丰富的建筑形式，是研究地方古代建筑史的重要资料。

3. 密宗与巴蜀摩崖石窟

密宗根本经典有《大日经》《金刚顶经》《苏悉地经》等。其造像题材主要有千手观音、降三世明王、大威德明王、孔雀明王、地藏菩萨、毗沙门天王、如意轮观音、诃利帝母等。

巴蜀密宗造像主要分布于巴中、广元、安岳、大足一带。唐代末期，密宗在中原一带几乎消失，但是在巴蜀石窟中，却有大量的密宗题材存在，而且从唐延续到南宋。唐代密宗造像有巴中南龛中造毗沙门天王与观音、荣县罗汉洞造毗沙门天王等。从五代至南宋之间，密宗有较大规模的发展。出现大规模的密宗道场。例如，安岳毗卢洞之柳本尊修行图(图1.18)，分别记述了柳本尊密宗的断指、烧阴等各种残肢修行法，称为十劫修行图。柳本尊是唐末五代初剑南西川一个很有影响的密宗宗教人物，在巴蜀地区弘扬密法，得到很多人的拥护，被封为"瑜伽部主总持王"，对密宗的发展起到了推进作用，使密宗达到了兴盛，直至影响到宋朝时期的安岳和大足等地。到了宋朝，密宗造像在柳本尊徒弟赵智凤的倡导下，更是发展到巅峰。不仅继续推进柳本尊的密宗思想和修行方法，赵智凤还倾其一生心血，在今重庆大足宝顶山建造了举世闻名的宝顶山摩崖。此处摩崖石窟以密宗思想为核心，以严密的宗教内在逻辑和雄伟细腻的艺术外在表达形式铸成了这一集宗教、历史、雕塑于一体的美学奇观，是巴蜀地区著名的密宗道场。

图1.18 密宗造像(安岳毗卢洞)

(自摄)

在巴蜀，还出现了各个宗派之间相互融合、儒释相互融合的趋势。净土宗和密宗有汇合之势，其他各宗派都结合净土信仰进行修行。其中禅宗和净土宗、密宗和禅宗有互参之势。因此有"禅净双修""禅净无二"的提法。在巴蜀摩崖中，可以看到很多净土宗、密宗、禅宗题材同刻一崖的现象。例如，资中重龙山，有密宗和净土宗的造像；大足宝顶山大型摩崖石窟，同时反映了密宗、华严宗、禅宗、净土宗等题材；安岳供奉华严三圣的华严洞内，则出现了大型的净土雕塑。

二、本土道教与巴蜀摩崖石窟

石窟寺和寺院建筑首先是宗教产物，没有宗教的传播和发展，就不会有石窟寺。巴蜀地区的石窟主要是佛教和道教开辟的。

道教在中国土生土长，原本并无偶像崇拜，只有挂像或神位。但是后来，佛教的开窟弘法方式启发了道教，道教也逐渐把摩崖开窟造像作为宣传展示其内容的一种方式来执行。

1. 道教在巴蜀的发展

东汉顺帝时期，沛郡丰县人张陵在蜀地鹄鸣山创立了五斗米教，《三国志·张鲁传》载："（张陵）客蜀，学道鹄鸣山中，造作道书以惑百姓，从受道者出五斗米……"[1]此外，《华阳国志·汉中志》亦云："沛国张陵，学道于蜀鹄鸣山，造作道书，自称太清玄元，以惑百姓。"[2]"鹄鸣山"与"鹤鸣山"为同一地点，位于现成都大邑县。

经过张陵及其弟子的努力，道教在蜀地建立了稳固的基础，并以蜀地为核心，建立了二十四个教区，建造了最早的道教仪式建筑——治。《广弘明集》称：张陵"杀牛祭祀二十四所，置以土坛，戴以茅屋，称二十四治。治馆之兴，始乎此也"[3]。这二十四治，主要分布在今成都及周边广汉、遂宁、乐山一带，是道教活动最兴盛的几个地区。

张陵的儿子张衡和孙子张鲁继续经营道教，扩大其影响。张鲁曾在汉中建立政教合一的政权达30年。建安二十年，曹操进军汉中，张鲁降曹[4]。教徒逐渐北迁，五斗米教开始向中原和江南地区发展。

南北朝时期，五斗米教在巴蜀地区平稳发展，直至唐宋时期，才掀起了巴蜀道教发展的另一个高潮。

唐宋两代统治者都重视道教，在这个阶段内道教得到了极大的发展。在此良好的历史背景下，五斗米教在巴蜀继续扩大其影响。即使是在北方道教进入低潮时期的晚唐和五代时期，巴蜀地区的道教发展仍然十分活跃。鹤鸣山、青城山等道教圣地继续发展，在成都以及周边建造了大量的道教宫观，出现了像杜光庭、陈抟等对道教有重大影响的人物。同时，道教在唐宋时期开凿了大量的摩崖石窟，其丰富的造像内容、突出的艺术表现手法在全国道教造像中堪称一流。

宋元以后，巴蜀地区的道教逐渐衰弱，但相比同时期的北方，仍保留有一定的基础，道教建筑时有发展。明清之后，道教开始呈衰落之势。至此，道教在巴蜀的发展已趋近末端。

2. 巴蜀道教造像的发展及其地理分布

道教造像在巴蜀地区分布较广，主要集中在道教氛围浓厚的川北、川西地带（图1.19）。根据造像的时序性，可把巴蜀道教摩崖造像的发展分为三个阶段。

---

[1] 陈寿著，裴松之注：《三国志》，北京：中华书局，1959年。
[2] 永瑢、纪昀：《文渊阁四库全书》第463册，台北：台湾商务印书馆，1982年。
[3] 释僧祐、释道宣：《弘明集·广弘明集》，上海：上海古籍出版社，1991年。
[4] 陈寿著，裴松之注：《三国志》，北京：中华书局，1959年。

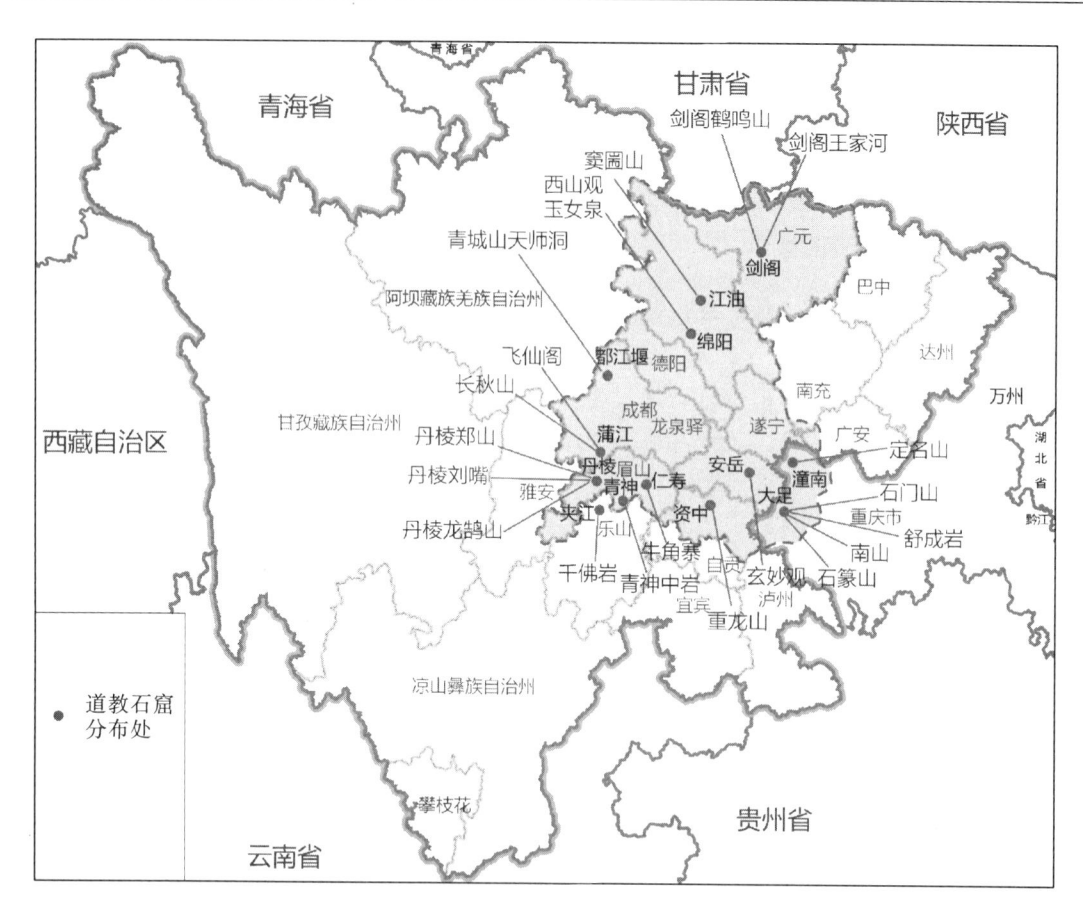

图 1.19　巴蜀道教石窟分布示意图

　　第一阶段：隋唐以前的道教造像。最早的道教造像见于剑阁县碗泉山，有明确纪年为东晋大兴二年（319 年）（刘长久，1998）。在隋唐以前，道教并没有过多地造像，直到后来佛教造像蔚然成风，道教才按照佛教的造像形式和风格开始发展，虽然这个时期造像很少，但有一些与道教相关的石窟。它们主要分布在今简阳、剑阁一带。

　　第二阶段：隋唐至宋的道教造像窟龛。道教在隋唐时期开始凿室造像，进行偶像崇拜。而且在这个阶段中，道教造像数量和规模都得到了极大的发展，但是单独以道教名义开凿的摩崖相对较少，只在剑阁鹤鸣山周围以及宗教造像极其发展的地域四周有一定的窟龛存留。大多数都是佛道并存。

　　这个时期造像的地域分布较广，主要是在汉代五斗米教建立的二十四治的基础上，集中在川西、川中一带；川北剑阁、绵阳等地的道教造像数量和规模都比较可观；川中的规模较川北小，主要集中在简阳、资中等地。

　　第三阶段：宋元之际的道教造像。唐代道教造像虽然开窟甚广，但是，真正大量的道教造像是在宋代才发展开来的。这个时期的造像主要以三教合一的形式出现，开龛数量较多，其中反映的题材内容也很丰富。大足、安岳、乐至一带的道教造像是这个时期的代表。

　　这个阶段的道教造像由川北、川中往川东发展。川北的石窟主要是在唐代道教和佛教的摩崖基础上进行的，没有突破性的发展。川东的道教石窟主要分布在大足、安岳一带，拥有许多精彩的道教窟龛。

由于摩崖造像有迹可循，所以我们可以看到道教造像的历史分布沿着一定的轨迹——自北向南、自西向东而行。隋唐时期很兴盛的川北剑阁鹤鸣山、绵阳西山观，川西的蒲江飞仙阁、仁寿牛角寨等石窟，在两宋时期川北等地逐渐衰落，而川东的大足、安岳石窟却出现了大量道教题材的窟龛。

3. 道教造像的题材特点

道教造像虽然不如佛教造像规模大，但是其生命力的渗透性和持久性都比较强，在许多大型佛教摩崖造像的中、尾期，都可以看到道教造像列于其中，形成佛道合开的局面。

道教的石窟造像内容很丰富，从天尊、老君到三皇等都有。此外，还收罗了中国古代传说中的神，如天父地母、风雨雷电等皆入像。

道教摩崖造像的方式同佛教一样，先在石壁上凿洞成龛，再在龛内造像。雕刻的内容虽不同，但形式接近，只是把佛教人物换成道教人物，连莲花座都是佛、道共用的。主要区别在于装饰细节：佛教人物多为螺髻，道教人物多为束发；佛无胡须，道长长髯；佛穿圆领袈裟，道穿大襟道袍；佛多赤足，道穿朝靴；佛旁有文殊、普贤，道有二童子立像。道教中的坐骑多为青牛、龙、青鸟等，和佛教坐骑大象、狮子等有异。从石窟构图形式上讲，道教石窟在形式上注重人物对称布局，强调造像人物之间的层次关系（图1.20、图1.21），鲜有如佛教造像经变故事的自由布局。

图1.20 道教造像1（大足石篆山第8号龛）

（王庆瑜：《大足石刻艺术》，北京：中国旅游出版社，2001年，第72页）

图 1.21　道教造像 2(仁寿牛角寨)

(自摄)

三、三教合一与巴蜀摩崖石窟

1. 儒释道三教合一的趋势

儒释道三教合一是长期复杂的过程。从长远历史角度来看，三教合一是一个必然的结果，合乎中国的民族性格特点和政治行为规律。三教在发展过程中，除了儒家一直为社稷治国之根本外，其余两家的发展在历朝历代各有沉浮。自魏晋以来，多数统治者只要在不危及其统治地位的情况下，一般都认为儒释道三者在思想文化上对治理国家起着一定的辅助作用，互不排斥。因此，除了几位帝王执行过大的灭佛行为外，历代统治者通常采取三教兼容的政策。

儒释道经过魏晋南北朝几个历史时期的斗争融合，终于在隋唐五代时期形成了三教合一发展的契机。隋唐五代是儒释道三教大斗争大融合的时期，释、道合流之势加强；以佛化儒，以佛释儒之风四起。其中禅宗的出现，即"是一个典型的儒、释、道三教结合的派别"(黄心川，1998)。对整个封建国家来讲，在历史发展中，被儒家政治思想掌控过牢，集权过度，需要有宗教意识干扰进入。对世俗群体来讲，儒家教规人的社会行为准则、礼仪规范，释、道两家补充失意人生，授以出世之道。因此，在宋明时期，从统治者到民间信仰，都有三教合一的认识，三教合一势成必然。

2. 三教合一的摩崖石窟特点

三教合一的摩崖石窟最早出现在宋代。目前发现的最早的儒释道三教合一石窟出现于 11 世纪大足石篆山(李良，2001)。

宋代是文化合流的巅峰时期。巴蜀摩崖石窟部分窟龛中，反映了三教合一这一历史文化主题。三教之中，儒家严格说来不算宗教，但是在后期有偶像崇拜，也有少量的开龛造像行为。儒家单独开龛造像的行为比较少见，多以三教合一的形式出现。巴蜀地区目前保留了部分儒家单独造像的窟龛，是珍贵的史学研究资料，如大足石篆山第6号龛宋代的"孔子及十哲像"（图1.22）。

图1.22　儒家造像（大足石篆山第6号龛：孔子及十哲像）
（自摄）

巴蜀地区三教合一的造像分布很广。在大足、安岳、仁寿、丹棱一带都有反映三教合一题材的窟龛。多在已有的佛、道教石窟群基础上进行开凿，因此除了少量的儒家窟龛外，多数三教合一的窟龛皆有其宗教倾向，通常以造像组群构图之核心人物为准，佛教开龛则释迦居中，儒、道分立两旁；道教则老君居中，分儒、释于左右[①]（《中国地方志集成》编委会，1992）。有些三教合一的窟龛甚至有各个教派的命名[②]（《中国地方志集成》编委会，1992）。经典的三教合一龛主要出现在大足和安岳两地，如安岳玄妙观63号佛道合龛、侯家湾5号佛道合龛、圆觉洞23号佛道合龛、茗山寺1号佛道合龛、大般若洞三教合龛、大足石篆山、大足石门山等。另夹江千佛崖、资中重龙山也有少量的三教合一题材龛。这些窟龛在规模或技术上都属于摩崖石窟的尾声。

三教合一窟龛的主要内容：老君、文宣王、十哲、文殊、普贤、药师佛、玉皇大帝、三生佛、地藏、香花菩萨和山王、地母等组合。有的也只刻出老君、释迦和孔子这三个代表人物，如图1.23所示。

---

① 《道光安岳县志》卷7载"龙门观条"："增建胜景记：普邑（安岳）东五十里许，有观曰龙门，古洞增置左右三洞，偏楼数间以成三教。而右方严严秀石……更凿石穿岩，宏开新洞一所，高阜广阔，俨若堂构，然中构老君像一，左右儒释正像七。两旁列天神罗汉，雷霆仙侣，无不俱备……"
② 《道光安岳县志》卷7载："三仙洞，在治东七十里咸通乡，一名月明寺，一名太白山，一名龙门观。严壁凿石洞六，间外架偏楼，凿孔圣像并道释佛像。"

图 1.23　三教合一造像(仁寿牛角寨)

(自摄)

　　三教合一的石窟艺术表现并不局限于把三教偶像同置于神坛之上即为三教合一，而是在造像艺术形式和表现手法上有相互借鉴和共通之处，造型处理比较接近。但是不同的窟龛造像有不同的教派取向，有的以佛居中，有的以孔子造像居中。例如，大足石篆山第 7 号龛(开凿于北宋)，此龛是道教题材，在石窟造像人物布图上，遵照佛教之行，主题人物居中，且端坐高台，两侧分列多名侍者。在人物造型上，却是和中国传统宫廷上朝形式相同，侍者站姿笔直端正，严肃守礼。更为典型的是，中间核心人物老子和两侧侍者手里都捧着类似于封建朝廷官员手中所持的笏板。虽是道教题材龛，但三教的文化背景经过艺术手法处理后却浑然一体。

四、世俗文化与巴蜀摩崖石窟

　　除了反映儒释道相加相融外，巴蜀摩崖石窟还从宗教的哲学化、神圣化、纯净化、理性化向世俗化、生活化、平民化、统一化转变。

　　石窟寺在中国的传播，和佛教文化以及其他佛教艺术一样，在传播的过程中，为了更好地生存和发展，不得不结合当地的文化传统和审美情趣以及根据自然地理发生改变，这样相互吸收的结果，就是佛教每到一地，就形成了富有当地特色的石窟建筑类型。石窟艺术发展最主要的趋势是世俗化和地方化：世俗文化是相对严肃的佛教文化而言的。由于宗教自身的严肃性，佛教造像的题材相对单调、造像模式相对固定。而在石窟发展的后期，受不同地域文化圈的影响，造像越来越摆脱宗教本身的严肃性，开始结合一些世俗题材，表现一些生活典型风貌。

唐宋时期的巴蜀摩崖造像，逐渐沿着世俗化、地方化的综合方向迈进。这种发展方向究其原因主要有三方面。

其一是造像题材的多元化，在造像中，对社会各个阶层的人都有所反映。如同世俗百卷篇。造像人物的表情、体态、衣着变化，菩萨都做时下贵族女子装扮，如安岳华严洞内数尊菩萨、大足北山之数珠观音、安岳的紫竹观音，皆有贵气袭人、端庄不可近的气势。佛像的中国化程度更高，在广元千佛崖以及安岳等地的造像中，皆可看到以汉族审美标准塑造的英俊佛像。另外，在造像着装上也受到地域化的影响，如四川省博物馆收藏的成都万佛寺造像中，北周天和二年(567年)的菩萨造像脚穿草鞋；巴中南龛第116号龛中的天王像，脚穿草鞋，和川北的民风一致；青神中岩寺之唤鱼池岩上，刻有鱼篮观音，观音以当地民间女子装扮出现，造像世俗化手法纯熟。此外，供养人的频频出现，也是佛教世俗化的一个方向。

其二是由于在文化统一的大趋势下，三教逐渐合一，佛教造像中融入了儒家的伦理孝道等题材，如大足宝顶山大佛湾之父母恩重经变相。同时在造像的环境塑造中，注意和文人逸事相结合。如巴中南龛有洗墨池，传说是诗人杜甫在此洗毛笔而得名；阆中东山园林之"虎溪"，传与名医孙思邈救治伤虎、虎送孙至溪的故事有关。摩崖石窟和文人的结合，一是摩崖石窟寺选址多在风景秀美处，从古至今都是游客游览的地方；二是传统文人素有林泉之志，和佛道二界有往来，也是雅事美谈。

其三是窟龛的发展变化，首先是突破了以窟或龛作为摩崖石窟的基本组成单位，而改变为自由组合造像内容，不受窟龛形制的桎梏。其次是窟龛装饰题材的变化，在龛阶处出现了伎乐伶人对称布局，调试着各种乐器。巴蜀地区摩崖石窟不断地结合地方题材，追求创新，有装饰华丽的舟船，操舟之人整齐布于两舷，齐声划桨，皆是前期造像所未见。

巴蜀地区摩崖造像题材从严肃的宗教题材扩大到易于被老百姓接受的说教题材，从艺术题材的处理上，由严谨的对称手法转向叙述性、情结性的表达。由此引起了摩崖石窟的空间形态变化，即摩崖石窟的雕凿从深窟、单龛向系列性的展示空间发展。这是巴蜀摩崖石窟往世俗化方向发展对摩崖石窟空间产生的最直接的影响。

第二章　巴蜀摩崖石窟兴起的文化技术背景

除了宗教本身的发展推进了巴蜀摩崖石窟的兴盛外，还有很多其他历史因素促进这一历史过程的形成。从巴蜀地区和全国的政治气候、宗教变革和文化土壤成分分析摩崖石窟在唐宋巴蜀蔚然成风的原因主要有三：其一，巴蜀异于其他地方的文化土壤，使得宗教在此地蓬勃发展。巴蜀人有信鬼神、拜偶像的历史渊源。早期的佛道二教都曾一度在巴蜀大地繁荣过。这样的宗教背景有利于摩崖石窟的开凿和推广。其二，从大的历史政治经济背景来看，唐宋两代，其君主大都提倡佛、道两教，使得佛道文化迅速推广，大开石窟，广建寺院。佛道文化在唐朝封建经济发展的大背景下，巴蜀地区在无连续乱世战火影响的情况下，发展成为独特的经济地域文化。宗教形势和经济状况的允许，使得佛、道两教在唐宋时期的巴蜀大地蔚然成风，并且留下众多摩崖，这在全国也是罕见的。从短期历史来看，唐中晚期，北方石窟造像发展较缓慢，加之后来唐武宗对佛教的摧折毁灭，使得北方石窟造像发展受到影响甚至一度中断；而造像开始在巴蜀地区兴起并向高潮发展。其中最重要的历史原因，是在中晚唐时期大量的绘画雕塑艺术技师入蜀[①]，从宗教开龛到艺术传播都给巴蜀带来了深远的影响。其三，从巴蜀地区摩崖石窟开凿蜂起背后的技术力量来分析其存在原因：汉代的巴蜀崖墓开掘技术，唐宋时期巴蜀地区的画家、雕塑家对佛教图像艺术的理解把握，五代两宋时期巴蜀文化中心的形成，摩崖艺术的家族性经营，巴蜀地区悠久的雕塑传统等，都为巴蜀摩崖的新艺术形式奠定了基础，推动了摩崖的继续发展并促进摩崖艺术高潮的到来。

第一节　巴蜀摩崖石窟兴盛的文化背景

一、巴蜀摩崖石窟兴盛与时代政治背景

汉及魏晋时期，佛教造像在巴蜀有零星分布，未成规模。主要有东汉时期乐山白浩崖墓和部分出土文物中有佛像雕刻和佛像装饰的钱树等。三国时期巴蜀佛像依然是和墓葬空间艺术相伴随的。隋唐以降，由于中央统治者的一再倡佛，以及巴蜀与江南、中原等地的经济文化交往日益频繁，得以让巴蜀佛教广泛传播并使佛教造像兴盛。有唐一代，除了唐武宗外（武宗喜好道教），其余 20 个皇帝（包括武周，不算哀帝），都对佛教有不同程度的提倡和推广（郭朋，1980）。道教在唐代更是因为依附统治者而得到了空前发展。宋朝时期的宗教背景亦良好，佛教、道教均继续推进。

除了以上因素外，摩崖在巴蜀土地上出现了罕见的地区性的繁荣，还有其特殊的历史政治原因，使巴蜀地区成为造像重地。

[①] （宋）文同《丹渊集》："蜀自二帝西幸，当时随驾以画待诏者，皆奇工。故成都诸郡寺宇，所存诸佛、菩萨、罗汉等像之处，虽天下能号为古迹多者，尽无此地所有矣。后历二伪，至国初，其渊源未甚远，故称绘事之精者，犹班班可见。"（宋）文同：《丹渊集九·彭州张氏画记》，上海：商务印书馆，1936年。

1. 会昌法难给巴蜀摩崖石窟寺带来的契机

佛教在中国的发展过程中，各朝统治者为了利用其服务自己的政治目的，曾不同程度地扶持发展它，但也有统治者对声势日益浩大的佛教进行镇压。这就是佛教史上著名的"三武一宗之厄"。"三武"分别为北魏太武帝、北周武帝、唐武宗，"一宗"为五代末年的周世宗。

唐武宗对于当时佛教寺院广占良田，而无颗粒上交国库，僧尼泛滥，且不事农作而深感不满。所以唐武宗决定扶持道教，打击佛教。会昌五年（845 年），武宗下令废除佛教，并省天下佛寺 4600 所，兰若 40 000 所，勒令还俗僧尼 26 万多人。收回佛教寺院寺产良田千万顷。50 岁以下僧人还俗，50 岁以上的僧人无祠部牒者还俗，外国僧人还俗。此事被佛教徒称为"会昌法难"。

会昌法难导致石窟寺在全国的发展局面发生了较大的变化。灭法后，北方石窟寺的开凿遭到了毁灭性的打击。从会昌法难后，基本没有再开凿大规模的石窟寺。但是在巴蜀，摩崖石窟却持续开凿，如唐会昌二年（842 年），在邛崃龙兴寺造尊胜陀罗尼经幢一座；会昌法难那年，即会昌五年，在今眉山丹棱县鸡公山持续造像；会昌六年，李栖辰在今荣县造弥勒大佛（刘长久，1998）。在接下来的时间内，邛崃、夹江、仁寿、丹棱、青神等地逐渐开凿了多处摩崖；川东的大足、安岳一带开始了组团式的大量开凿造像，其造像数量与规模一时无双。这带着地域色彩和富有创造性的石窟艺术，超越了同时期北方石窟艺术的发展。

2. 唐帝两次入蜀推进了巴蜀宗教文化艺术的发展

唐玄宗入蜀，据《新唐书》本纪第五玄宗条记载：玄宗于"天宝十五载（756 年）七月庚辰，次蜀郡以避安史之乱。至德二载（757 年）十二月，自蜀郡回京，居于兴庆宫"[①]。880 年，黄巢攻占长安，唐僖宗仓皇入蜀避难。唐僖宗入蜀路线经过广元、巴中。中和四年（884 年），曾随僖宗入蜀的高官张祎就曾在巴中南龛造像，并于南龛的"造像题记"中详细记叙了他"追扈大驾"西巡的行程及修造释迦佛像的经过。

唐帝两次入蜀给巴蜀宗教文化带来的直接影响是：先后扈从皇帝入蜀的绘画技师在入蜀过程中，直接参与了巴蜀宗教文化艺术创作，包括绘制寺院壁画和宗教雕塑创作（黄休复，1982）；在入蜀期间，君王曾在地方造像[②]，随从的官员有在合适地段开龛造佛求庇佑的行为，最著名的是巴州刺史严武在南龛寺建造屋宇，整理龛像[③]（刘长久，1998），并造救苦观世音像[④]（雷玉华和程崇勋，2006）。官员造像无疑对巴蜀摩崖造像起到了推动作用。

安史之乱和黄巢农民起义给唐王朝以沉重致命的两记猛拳，重击之下，帝国在喘息着，中原北方一片恐慌，人心惶惶。唯有西南巴蜀地区，还呈现着历经数百年积累的繁华景象。闻说皇帝至，巴蜀各地官府及各族首领的贡奉络绎不绝。在北方经济遭到重创的时候，巴

[①] 《益州名画录·序》云："唐二帝播越及诸侯作镇之秋，是时画艺之杰者，游从而来。"玄宗时期入蜀的画家，有玄宗"嘉名高誉，播诸蜀川"的卢楞枷，僖宗时期入蜀的有滕昌佑、孙位。后来逐渐入蜀的有刁光胤、赵德元、杜齯龟等。这些画师在巴蜀地区创作的主要题材之一便是宗教绘画，慈德寺、应天寺、昭觉寺、大圣慈寺等寺院内的宗教壁画主要是由入蜀的画师主持创作的。欧阳修、宋祁：《新唐书》，北京：中华书局，1975 年。
[②] 祝穆：《方舆胜览》，北京：中华书局，2003 年。
[③] 《奏请巴州南龛寺题名表》："右山南西道度支判官、卫尉少卿、兼御史、内供奉严武奏……（南龛诸像）仪容亏缺，乃扫佛苔藓，披除榛芜，仰如来之容"，建造屋宇三十余间，并移洪钟一口……"
[④] 《巴中石窟内容总录》中，巴中南龛第 87 号龛内，有大理评事兼巴州长史韩济为巴州刺史严武远在巴中南龛造救苦观世音像撰写的铭碑，文曰："……兹救苦观世音像者，巴州刺史严武奉报烈考中书侍郎远日之所凿也……"

蜀经济还能让逃难至此的皇帝保全尊严。后来的王(王建、王衍)、孟(孟知祥、孟昶)前后蜀王闭起关门、恃险而富,也让蜀国经济得以继续发展。巴蜀摩崖在如此良好的经济背景下,得以继续发展。巴蜀目前所保留的摩崖石窟,以这个阶段为最多。

3. 巴蜀地区活跃的宗教活动

巴蜀地区统治者对宗教的态度也使摩崖石窟寺大量开凿得以实现。在统治者的支持下,巴蜀地区的宗教发展呈现出活跃的景象。唐末五代,王建在蜀称帝,蜀地再次相对安宁,佛教得以继续发展,当时著名的诗人贯休入蜀,王建为他修建了"龙华寺",赐号"禅月大师"。王建之后的后蜀政权的孟知详、孟昶父子也崇信佛教。

隋唐至宋,巴蜀佛教活动得到了空前发展,造像活动频繁,几乎每一个州县都有造像开龛的行为。此外,高僧辈出,如唐代时资州的智诜,是禅宗五祖弘忍的弟子,什邡的马祖道一、简州的德山宣鉴、西充的圭峰宗密等都是当时有名的禅宗大师。

宋代时,统治阶层的士大夫皆喜欢研习禅理。宋太祖开宝四年(971年),在成都印制了我国第一部雕刻版的《大藏经》(即《蜀藏》),太平兴国五年(980年),宋太宗命人造铜质普贤像,送置峨眉山,并下诏重修峨眉山寺院。

宋高僧圆悟禅师,开创了"文字禅"之先河,曾在成都昭觉寺任住持,对日本禅宗影响很大,至今,日本禅宗临济宗皆以成都昭觉寺为"祖庭"。宋代建于合川二佛寺之禅宗摩崖石窟亦为惊世之举。

道教在唐宋时期的巴蜀地区亦发展顺利,杜光庭、陈抟等著名的道教人物都与巴蜀有不解之缘,而巴蜀地区的鹤鸣山、青城山等一直为道教圣地。兴盛的道教留下了具有研究价值的多处道教摩崖石窟。

唐宋两代巴蜀地区造像建寺之风极盛,石窟摩崖、宫观佛寺的兴建及多处大佛的开凿,表现出的艺术造诣和宗教热情,把巴蜀摩崖造像推向巅峰。

二、巴蜀摩崖石窟兴盛与社会文化背景

秦汉以前,巴蜀地区是多民族聚居地。而当下中国的少数民族,最密集的聚居地仍然是西南。由于巴蜀之地要么盆地围合、要么高山四起,在生产力不发达的古代,很难与外界有大的信息量往来。李白曾在《蜀道难》中有感:"……蜀道之难,难于上青天……尔来四万八千岁,不与秦塞通人烟。"点出交通原因,使巴蜀在很长时间内与中原文化隔离,并在相对封闭的环境中独立成长,形成了与中原文化不同的本土文化。

秦汉之前,巴蜀与中原以及楚地、云南、贵州甚至缅甸、印度一带有往来,但文化信息量相对较小,更偏重于商业行为。因此,这些交流对地方文化的影响,是非常有限的。当时的巴蜀文化特征是重巫术,敬鬼神。《后汉书》曾记载川东地区的巴族"未有君长,俱事鬼神"[①]。巴蜀人重巫术,比起中原来,更注重山体自然崇拜。巴蜀人对鬼神的崇拜主要表现为立祠、立像、立碑、立庙宇等。宽松的集体意识行为、对神仙信仰的崇拜,使巴蜀地区在国内成为较早受到佛教影响的地方之一。

秦汉以后,巴蜀由于受中原北方政治控制,逐渐开始受到中原北方文化影响。除了政

---

① 范晔:《后汉书·南蛮西南夷列传》,北京:中华书局,1965年。

治体制影响外，历史上几次大的移民入蜀行为，都对巴蜀文化造成了最直接的影响。秦汉和隋唐时期，都把战败的前士族阶层大量迁入巴蜀，明清之际，又迁入大量平民、商人开荒经商。这对原本丰富的民族文化刷上了一层大一统的文化色彩，增强了本土文化的多样性和丰富性。对宗教的接受和推广，是巴蜀文化最大的特点之一。早期佛教和早期道教都在巴蜀大地盛行过。这是非常奇特的文化现象，与这个地域的宗教文化迎合心理是息息相关的。

巴蜀地区没有长时间作为畿辅，经济发达而政治形势宽松，自然为宗教的发展提供了土壤。巴蜀地区在历史上作为畿辅的时间都很短，最长的蜀国四十余年；天宝十五年(756年)唐玄宗入蜀，肃宗至德二载(757年)十二月由成都返回长安；僖宗广明元年(880年)入蜀，在蜀中待了5年。此后在蜀称帝的前蜀王家、后蜀孟家、巴国称帝的明玉珍都不过一二十年。不作为泱泱大国的畿辅而保持经济发达，人民处于安顺的平稳状态，这也是巴蜀地域文化有别于中原文化的原因之一。与畿辅相比，安居一隅的巴蜀有着自由流动、开放的性格特征。

巴蜀地区长期稳定的文化经济发展为摩崖石窟的开凿创造了条件。很长一段时间内，尤其是北方战乱时期，如魏晋南北朝时期、五代十国时期等，巴蜀地区内相对平静。这为巴蜀经济文化的稳定发展提供了很好的机会，为大规模的摩崖开凿提供了必需的物质条件。

巴蜀在唐宋时期的文化高涨，也有助于宗教文化高潮的到来。虽然在政治历史上，退居或安守巴蜀的政治家或王朝皆以失败告终，但是从文学史、绘画史、雕塑史来看，却是艺术之福地沃土。文人入蜀而辉煌，在中国文学史上，自古就有"天下才人皆入蜀"的说法。在晚唐以及两宋入蜀的画家、雕塑家们，在宗教人物的绘画和雕塑方面都有一定造诣，他们结合本土画家、雕塑家，酝酿出高水平的艺术氛围。文学艺术的兴盛也推动了巴蜀地区宗教文化事业的发展。

三、巴蜀摩崖石窟与地方社会经济

石窟的开凿规模与形态，与当时的政治背景、经济实力息息相关。像云冈、龙门等大型的石窟开凿，只有有特殊的政治背景和丰厚的资金供给，才能完成如此雄伟的工程。巴蜀地区以政府名义直接投资或者独资的造像相对较少，乐山大佛的铸造也是由佛教人士、官员和政府共同投资建造而成的(刘长久，1998)[①]。大部分的摩崖石窟，都是社会各个阶层以个体经济的形式投资营建的。

巴蜀地区的地方经济对巴蜀地区摩崖窟龛开凿的大小、组群规模、窟龛组成模式有关键性的影响。地区内的摩崖石窟多以崖壁上毗邻开浅龛的模式出现，与巴蜀摩崖的开凿背景有一定关系，因为巴蜀摩崖开龛多以社会各个阶层的个体为经济支持，一户一龛，邻接而成。大型的摩崖道场则是宗教人士汇聚财力、物力经过多年规划营造而成，如大足宝顶山大佛湾。

巴蜀地区有富饶的自然资源、长期稳定发展的农业经济，使社会经济得到普遍发展。到了唐代，巴蜀的社会地位和经济地位在全国都相对靠前，如武元衡《奉酬淮南中书相公

---

① 乐山大佛由宗教人士海通募捐始建，海通逝而大佛未成，由当时的剑南节度使章仇兼琼捐资20万钱续建，最后是剑南西川节度使韦皋捐50万俸钱，建成规模巨大的乐山大佛。

见寄序》中说:"时号扬、益,俱为重藩,左右皇都。"①对于蜀在全国的经济重要性,陈子昂在《上蜀川军事》中有进一步的阐述:"国家富有巴蜀,是天府之藏。自陇右及河西诸州,军国所资,邮驿所给,商旅莫不拾给于蜀。又京师府库,岁月珍贡,尚在其外,此诚国之珍府。"②经过长时间的积累,社会各个阶层都有一定的余力从事不同规模的石窟开凿。富户凿大窟、雕大像,普通百姓凿小龛、刻小佛供奉。

巴蜀地区的供养人多以夫妻、父子、母女、君臣或者个人的身份出资凿窟。我们可以从供养人或捐资人的情况来分析巴蜀地区摩崖石窟的经济背景。

供养人除了开龛造像外,还有对已有的摩崖造像进行出资彩妆的。这种情况在川北一带多见,如唐光启三年(887年),节度十将、巴州军事押衙、兼都衙都巡李思弘请绘士布衣张万余在巴中南龛进行装画,共计250身。后唐文德元年(888年),绘士布衣张万余又帮李思弘夫妇在南龛修妆造像7龛、鬼子母佛2座,共65身(刘长久,1998)。此外,彩妆出资者背景籍贯各异,并多有装彩题刻③(雷玉华和程崇勋,2006)。出资给造像彩妆也是信徒的功德之一,巴中石窟在宋元明清仍然有信徒为造像彩妆(表2.1)。

表2.1 巴蜀摩崖与供养人(以绵阳西山观、广元千佛崖、大足北山为例)

摩崖名称	捐资人	造像原因	时间	造像题材
绵阳西山观	三洞道士黄法暾	为存亡二世敬造	隋大业六年(610年)	天尊像一龛
	文吒生母	为儿吒生祈福	隋大业十年(614年)	天尊像一龛
	三洞弟子文□□	敬教	唐武德二年(619年)	天尊像一龛
	文绍胤夫妇	为存亡二世敬造	唐贞观八年(634年)	天尊像一龛
	十二弟子	敬教	唐乾封三年(668年)	天尊像一龛
	邓阿妲	敬教	唐咸亨元年(670年)	天尊像一龛
	绵州孙道士、画家张南本、上座何重汎、录事张居简等人	答众圣之恩	唐咸通七年(866年)	天尊像
	绵州三洞数道士、专主社务景好古等人	祈合家平安并结社	唐咸通十二年(871年)	天尊、老君各一铺
广元千佛崖	仕议大夫、利州长史王行淹	植善根	唐武周万岁通天元年(696年)	释迦牟尼一铺、观音一躯
	转运使田□□及其子	祈福	唐神龙二年(706年)	弥勒像一尊
	王小兰	为母亲刘氏祈平安	唐景龙元年(707年)	观音菩萨一龛
	利州刺史毕公重华	祈福	唐景云至延和年间(710~712年)	菩提瑞像窟一铺
	益州大都督府长史韦抗	积功德	唐开元三年(715年)	大云古洞及韦抗窟
	彭氏	为亡女彭二娘	唐开元七年(719年)	观音菩萨像
	都督府长史、持节剑南道按察检较使、上柱国许国公苏颋	积功德	唐开元八年(720年)	一佛二菩萨,即现在苏颋窟
	彭景宣	为亡母郭氏消灾登佛果	唐开元十年(722年)	释迦牟尼佛一龛
	朝议大夫、守利州刺史屈突	免轮回得胜因	唐开元十八年	弥勒像

---

① 彭定求等:《全唐诗》第10册,北京:中华书局,1960年。
② 董诰等:《全唐文》卷211,北京:中华书局,1983年。
③ 如巴中16龛为"梁商童此年装彩"、22龛"崇祯三年八月二十五日秦西泾阳县商人杨棋秀重复装彩"。

续表

摩崖名称	捐资人	造像原因	时间	造像题材
广元千佛崖			(730年)	
	行利州参军	敬佛	唐天宝元年(742年)	观音菩萨三躯
	比丘僧广行	敬佛	唐至德元年(756年)	观音菩萨、地藏菩萨各一铺
	行利州参军	祈福	唐乾元年间(758~759年)	观音菩萨
	前秘书省校书郎段文昌同其子段斯、段思齐	纪念段文昌赴上都	唐元和二年(807年)	菩萨两身
	左弼	为女郎君子所造	唐元和二年(807年)	造像
	朝议大夫、守剑州刺史、上柱国、赐紫金鱼袋李讽舍钱五千文	祈平安	唐咸通十四年(873年)	当阳佛一龛
	新授朝散大夫、巴州化城令王何	乱中获骨肉平善而建此功德	唐中和二年(882年)	三立佛、两弟子、两菩萨
	府主相公宅越国夫人四十二娘	为大王国夫人，愿行住吉祥	五代前蜀乾德四年(922年)	重修妆毗卢遮那佛并诸菩萨及部从、音乐等
	校检金紫光禄大夫、校检尚书右仆射、左卫将军、御史大夫李仁矩	愿圣躬万福，一齐人安存眷属受	五代唐天成二年(927年)	重装三圣堂
	东川官告使、客省副使、金紫光禄大夫、校检尚书右仆射、守左卫将军、兼御史大夫、上柱国刘处让	伏愿慈悲永臻福佑	五代唐天成二年(927年)	金装一龛
大足北山	王重叙	为皇帝、府主、朝野重臣、过世双亲、四生六类建此幢	五代前蜀明德四年(937年)	陀罗尼经幢
	何君友	乞自身安泰、夫妻咸昌，为亡子造上件功德	唐乾宁二年(895年)	日月光菩萨一龛、救苦菩萨一身
	比丘尼惠志	报十方施主	唐乾宁二年(895年)	欢喜王菩萨一尊
	昌州刺史王宗靖	为故何七娘镌造，愿其早生西方	唐乾宁二年(895年)	救苦观世音菩萨、地藏菩萨
	黎氏	为亡夫设奠敬造	唐乾宁四年(897年)	阿弥陀佛、救苦观音、地藏菩萨各一身
	僧明悟	为十方施主镌造	唐乾宁四年(897年)	如意轮菩萨一龛
	周氏	为亡母造	五代前蜀永平三年(913年)	日光菩萨、月光菩萨一龛
	右衙第三军散副将种审能	为其子希言被贼所伤杀而造功德化生西方	五代前蜀永平五年(915年)	地藏菩萨、观音菩萨、阿弥陀佛
	蹇知进夫妇	为骨肉团圆还愿	五代前蜀天汉元年(917年)	大悲千手眼菩萨
	温孟达、蹇思敬等人	上功德	五代前蜀乾德四年(922年)	大威德金轮炽盛光佛并九曜共一龛

道教造像相对规模较小,其造像供养人层次也比较丰富,多为以下几种情况:部分官员作为凿龛的独立捐资人;官员和道士共同出资凿龛;信徒与道士凿龛者众。例如,剑阁县鹤鸣山有道像5龛,其中第3龛有题刻云:"前刺史、赐紫金鱼袋、郑国公尚玄元道……以命石工雕长生保命天尊像一躯……圣历大中十一年丁丑岁……"(王家祐,1988)官员和道士共同经营的窟龛有:安岳县玄妙观是巴蜀乃至全国道教造像中的精品,其中第6号龛是《启大唐御立集圣山玄妙观胜境碑》,其中有"国公左弘"之子"弟子左识相"皈依"朝纲国公李玄清(靖)"与"当缘法师李玄则"(王家祐,1988)。信徒与道士共同营建的窟龛有:绵阳市西山观玉女泉第25龛,供养人分四列布于左右壁上。供养题名刻字有"上座杨大娘,录事张大娘,王张释迦,文妙法,雍法相……"(女列)"上座骑都尉陈仁智,紫极富三洞道士蒲冲虚,检校本观主三洞道士炼师陈……"另有题记刻字云:"大业六年太岁庚午十二月廿八日。三洞道士黄法暾奉为存亡二世敬造天尊像一龛供养。"(王家祐,1988)道教摩崖相对佛教摩崖开窟较少,因此,其供养人也较少,尤其是民间信徒单独出资开凿的道教石窟更少。

从佛教供养人以及列举的部分道教窟龛供养人的社会背景分析来看,有官员、商人、贵族、平民等。供养人的背景、身份和经济实力,决定着摩崖造像的规模性质。巴蜀摩崖石窟的供养人背景使摩崖造像拥有以下特点:摩崖范围广、窟龛多、大像多。但是没有一处摩崖(除了单体大像摩崖)的规模堪比北方四大石窟。这与石窟开凿的规模和出资者的经济政治背景有直接关系。

巴蜀地区造像供养人与造像归纳如下。

皇家:与皇家有一定关系的造像唯有广元皇泽寺,这是巴蜀开窟和北方中原之大型石窟最大的不同,北方大型石窟皆由皇族出资并有朝廷官员参与工程管理。皇泽寺只是因为武则天的家族曾在这里任职,并未发现有直接的皇家捐资造像的资料,因此其造像规模并不大。

官员:巴蜀地区参与摩崖石窟营建的官员较多。例如,僖宗入蜀,其扈从之官员张祎,曾在巴中开龛并写下入蜀原因和经过之题记[①]。另一官员严武,曾做巴州刺史,此人对巴中南龛的摩崖造像活动起着一定的推动作用。经官府参与营建的石窟有:乐山凌云寺摩崖石窟、巴中南龛。其中乐山凌云寺大佛,最初是由游僧海通化缘集资募捐所得进行修建,后唐德宗下诏郡国伽蓝修旧起废。剑南西川节度史韦皋捐50万俸钱,另又投入工匠人力无数,帮助乐山大佛完工。官方提倡开凿的石窟主要有巴中严武所开;现存有记载南龛造像由来的唐"严武奏表";有开元二十八年春张县尉造释迦牟尼佛一铺碑,有记载水宁寺、西龛、北龛摩崖造像的题刻和纪年题款。大足北山千佛崖,是唐代韦杭(唐玄宗开元年间做过益州刺史)发起创建,后逐年开凿而成(刘长久,1998)。

商人:巴中石窟的造像题记中有许多商人装修或对佛像上彩的记载。这些商人中,有许多来自河西。如南龛第4号龛龛外左侧下方有题记一则:"凉商冯明正重彩";南龛第16号龛右侧壁题"凉商童彩";南龛第17号龛右侧壁题"凉商周邦秀装修"等(姚崇新,2004)。这里的"凉商"应是泛指来自河西地区的商人,自然包括来自敦煌的商人。这些商

[①] 唐中和四年(884年),张祎在巴中南龛修释迦造像,题记:"圣上西巡之辰,余自金门飞骑追扈大驾,中途隔烟尘循迹及中秋方达……尚书右丞判户部张祎记。时为侄暖等修释迦像遂龛于此……"(清)陆心源:《唐文拾遗》卷33,上海:上海古籍出版社,1990年。

人在经商过程中，远离家乡，异地往返，往往凿像祈求外出平安、生意顺利。大足石篆山的第6~8号龛，根据题记，则知是由当地的大庄园主严逊出资开凿的。

民众：民众出资开凿的摩崖比较多，出资厚者凿大窟，资薄者凿小龛。根据摩崖窟龛中的题刻内容来判断，民众所凿龛相对较小，多为祈福、超度亡者、免轮回等意图所凿。

僧侣道士自建：这种类型是比较普遍的。包括大足宝顶山石刻也是由僧人发起建造的。绵阳西山观、安岳玄妙观、仁寿牛角寨等多处道教摩崖窟龛也是由道士、道姑自己出资筹建的。

从宗教石窟开凿来看，巴蜀摩崖石窟造像出资人以小地主和商人、地方官员居多。由于多是私人开龛，不能从事像云冈、龙门那样规模宏大的石窟组群工程，通常是开小龛，选定一定题材开凿，工期短、组群多，集中地毗邻开凿，从而形成一定规模的摩崖石窟。这是民间组群开凿的情况。但是，整体而言，一些大型的窟龛充分地显示了封建经济的发达，并且反映出了高超的技术手艺，表达出了和北方石窟可以分庭抗礼的巴蜀摩崖特色。

第二节　巴蜀摩崖石窟兴盛的技术力量支撑

巴蜀地区早期石室建筑的开凿、空间处理、建筑技术等对巴蜀摩崖的开凿有一定的影响。

一、早期崖墓开凿对摩崖石窟的影响

巴蜀地区开凿石室甚早，不过其功能不是为了宗教造像，而是为了亡者寝息，即东汉时期巴蜀地区的丧葬方式之一——崖墓。

巴蜀东汉崖墓在国内有着巨大的影响，其分布广、规模大，有着典型的地域特色，其空间艺术和雕刻艺术代表着当时巴蜀乃至全国的技术水准。

巴蜀崖墓在东汉时最为盛行，并延续到三国和六朝时期，其崖墓构建和石窟开凿技术十分成熟，可以在坚硬的崖壁上进行大量石方开采。崖墓在汉代的巴蜀分布很普遍，从目前存留遗迹分布来看，巴蜀崖墓主要是沿着长江及其支流嘉陵江、岷江、沱江、涪江分布（图2.1）。这和摩崖石窟的传播分布路线几乎一致。这是由于古代的交通十分局限，因此对河流运输相当重视，经济、文化、物质发展传播的主要传输通道就是河流。因此，历史上的文化重镇基本都是沿河而设。

巴蜀崖墓有着丰富的空间艺术和技术特点。崖墓常呈组群分布，多处崖墓沿壁展开，错落分布，少则几处多则几十处。如乐山白崖崖墓，在长约1千米的崖壁上，竟开凿有56个崖墓。另外，四川三台郪江亦有数百座崖墓分布在郪江镇周围的沟湾崖壁上。

在摩崖的墓群关系处理上，多以家族崖墓为组群分布，设置多个墓口，以便棺椁进入。崖墓室内空间形式丰富，有单室、多室、墓口仿地面木构建筑处理为门或门阙的形式。窟室仿造地面居室的平面布局进行布局（图2.2），但功能改变为享堂、墓道和棺室。墓室室壁隐起柱枋，形式为仿木结构建筑。多用石头做成仿木构柱支撑崖顶取得崖墓室内空间。墓室室顶有些直接利用天然窟顶凿平而成，有些也处理成仿木的屋顶梁架形式。在斗栱、石壁、立柱和室顶都装饰雕刻图样。这些图样反映了当时的礼制制度和风俗人情。

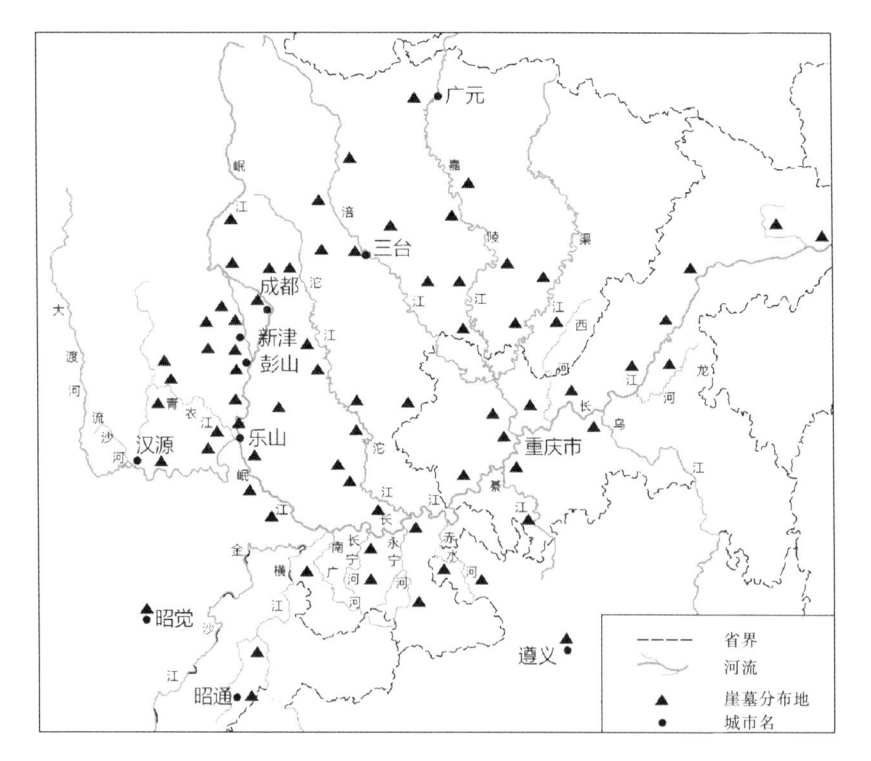

第二章 巴蜀摩崖石窟兴起的文化技术背景

图 2.1 四川境内崖墓分布图

(《考古学报》1988 年第 2 期)

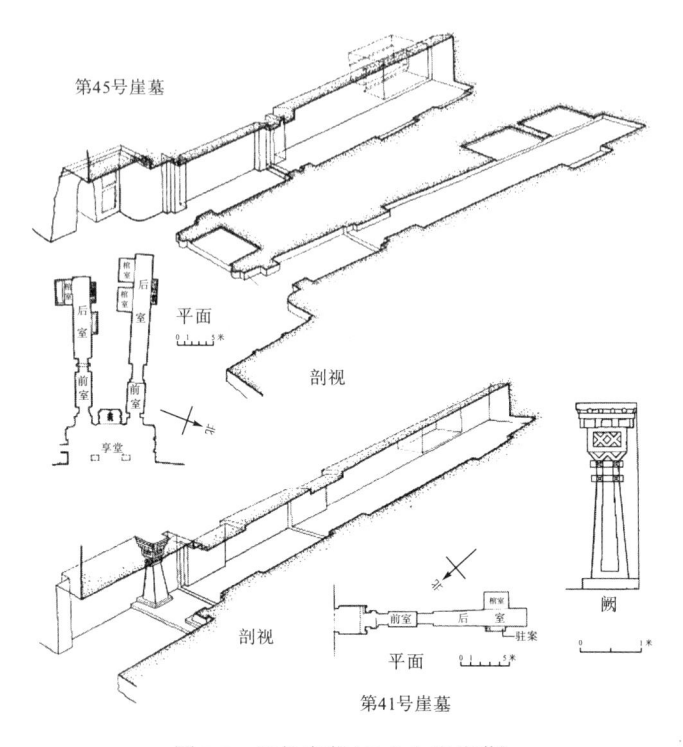

图 2.2 汉代崖墓(乐山白崖崖墓)

(刘敦桢:《中国古代建筑史》,第 60 页)

崖墓的成熟技术无疑为后来摩崖石窟的开凿奠定了技术基础。从选址布局、空间形态处理、技术手段等都给摩崖的开凿积累了经验。通常崖墓旁就有摩崖石窟的存在，如乐山龙弘寺、宜宾黄伞溪等。而且崖墓和摩崖结合的情况较多，早期的摩崖造像就出现在崖墓中。崖墓和摩崖开凿较多的地方，人们对石料的使用也比较熟悉。直到现在，安岳、大足一带仍然保留有许多凿石之风。石窟分布最密集的安岳一带的民居建筑，仍然采取立石为柱、剖石为墙、平石为板、叠石为壁的古风。图2.3为乐山麻浩崖墓。

图2.3 崖墓入口（乐山麻浩崖墓）

（自摄）

二、崖墓取石营室的技术支持

崖墓体现了在崖壁上获取空间的技术，这和石窟寺的空间营造基本相似。因此崖墓建造技术值得重点研究。崖墓的开凿始于西汉末期，东汉为盛，晚期延续到南北朝时期。在东汉之前，西南地区虽已积累了丰富的用石经验，同时邻近的印度王国早已具备了成熟的开取石室技术，但西南崖墓的开凿与印度石窟寺有没有直接关系，还需要从崖墓的空间形制、雕刻题材等方面做更深的研究以辨源流。

从崖体的选择上来看，崖墓和石窟寺都需要选择自身黏结力强、岩体强度不要过大、岩质均匀的崖体进行开凿。西南砂岩地层分布较广，有青、红、白砂岩，崖墓多选择在红砂岩上开凿。如何在巨大坚实的崖面上开凿出复杂的崖墓空间，其最关键的技术是什么？这是崖墓开凿过程的核心。最古老的碎石取石方法是"火烧水激"法，即用火烧烤崖体表面，待温度升高到一定程度时，用冷水泼受热崖体表面，利用热胀冷缩、不均匀受热使崖体发生爆裂而取石营室。清代《续修四库全书》里记载少数民族取丹砂时使用这种取石方式。目前讨论最多的是罗二虎先生提到的"冲击式顿钻法"（罗二虎，1987），即连续高频地敲打同一个地方，这对于敲打硬度较大的石头是非常有效的，在同样硬度的情况下，用连续高频的敲打或螺旋钻取，是可以击破石头的。"火烧水激法"和"冲击式顿钻法"无疑可以在崖面上取出一定岩石量并获取一定的空间，但同时也存在两个问题：其一是对于剥离石块形成空间的精准性不能把握，而崖墓空间的规整性需要更为精确的取石方式来达成；其二是"火烧水激法"和"冲击式顿钻法"形成的石块是不规则的，不规则的石块不能满足石料的再次利用。而我们在崖墓的调研过程中，发现崖墓现场或周边并没有留下大量的废石弃石（填塞墓道者除外），而崖墓空间这么大的石材开取量，那些石材去了哪里？

再对附近的民居进行调研,发现当地居民均使用方整的条石砌成石基或猪圈,这会不会是开凿崖墓的石材?因此,除了可能使用"火烧水激法"和"冲击式顿钻法",以及最后工序以细致的凿子等工具打磨崖体形成各种雕刻外,还应该有一个取石工序,以确保可获得整齐的室内空间。通过对当地传统石匠进行走访得知,有另一种取石方式,即在崖面上按照一定距离(可用墨线弹线)用錾子打出四个孔洞,四个孔洞连线形成横向矩形,再在矩形的各个连线上凿出一排小孔(或凿出槽),接着用铁楔子打入小孔或槽体,使岩石剥离崖体,最后用大锤将钢钎打进崖体撬出石头。这样便形成一个三面凌空的矩形空间,再沿着这个矩形空间进行拓展取石。此法既可以获得规整的石材,又可以得到规划的空间形态。这种传统取石方法直到最近几年才被新型的切割机械加工方式所取代。

从目前保留的崖墓开凿痕迹看,崖墓的开凿以人体高度为基准,有蹲伏作业、地面站立作业及脚手架作业。入口处的痕迹清晰地保留了蹲伏作业时垂直于崖面用力的圆形凿点、站立时斜向下和斜向上用力的凿线。墙面、天花板的工具用力方向也清晰地显示了当时作业的顺序(图2.4)。

崖墓建筑是一个复合艺术表达的空间,集结了当时最好的石工、木工与画工。各作之间有施工程序上的叠合,因此施工时必须有高度的合作观念。整个过程应该是先有设计好的图纸做指导。崖墓空间设

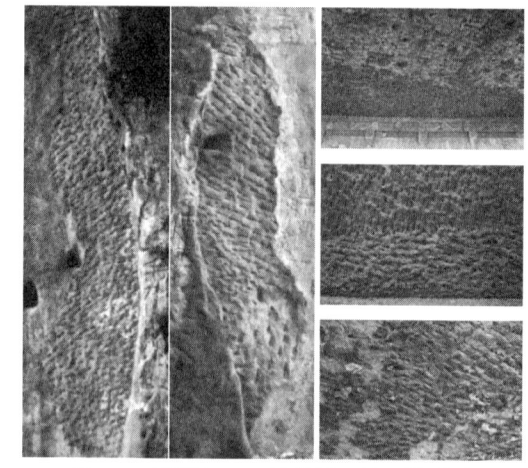

图2.4 崖墓入口、天花板、墙面的凿痕
(自摄)

计体现了对地面建筑的高度模仿,尤其是着力体现了建筑中装饰美感最集中的柱式、斗栱和室内墙体。在崖墓建筑中,所有的结构力学问题都可以由岩石自身的黏结力得以解决(马里奥·布萨利,2010),但工匠仍然不遗余力地对柱子与斗栱的受力部位进行精细表达,既体现力学几何,又有视觉美学。这些技术对于营造石室并结合造像进行整体设计的石窟寺,提供了直接的技术经验支持。

三、世袭工匠与摩崖技术的延续发展

1. 巴蜀石窟中记载的雕刻工匠及职官名称

和北方石窟寺只记载出资人、工程营造监管高管、高僧不同,巴蜀地区有一定数量的造像工匠的名字被载入石窟题刻,年代多自宋代始。

在巴蜀摩崖题记中,除了记载工匠名字外,还在题记中提到匠人的职位或分工。具体称谓有"都作""小作""镌匠""攻镌处士""镌作"几种说法。"都作""小作"的称呼,直到辽代仍有。现在北方的煤矿作业,仍有大作头、小作头的称谓,相当于现在的基层管理人员。"镌匠"指的是工种,主要是负责雕刻的匠人,在摩崖石窟中"镌匠"是最富有技术含量的工匠。"攻镌处士"这一称号,据四川社会科学院胡文和分析:"处士"在宋代属道士一派,显然文氏工匠世家(包括大足南宋初期另一支伏姓镌匠世家)是被官方

认可专攻石窟造像的大师(胡文和，2001)。

从以上分析可以看出，摩崖造像的技术管理是有体系的。在摩崖造像题记中镌刻职官姓名，说明他们是以雕刻世家的身份在官方和手工业机构中任职。形成以工匠，以及管理单独工种的小作和负责整个工程的都作的管理体系。

从安岳、大足一带的摩崖石窟的题记可以看出，这些窟龛是具有职官体系管理，组织具有一定技术水准的工匠，经过选址规划，历经数道严谨工序，多个工种分工配合才能完成的巨大工程。

2. 石窟技术的世袭性经营和开凿技术的延续

从以上石窟题刻中保留的雕刻工匠的名字及其作品进行总结分析可以得出一个结论，即石窟技术带有一定的家族性经营。

相对其他地方的摩崖石窟，大足和安岳石窟中所保留的开龛工匠名比较多，大足、安岳、丹棱等地的摩崖窟龛内署有大量的工匠名称，有罗姓、塞姓、吴姓、胥姓、文姓、伏姓等家族工匠。其中又以"文""伏"两个家族的人最多。文姓雕刻工匠有文惟简及其子文居安、文居礼、文居政、文居用[①](刘长久，1998)，玄孙文艺(刘长久，1998)[②]；文惟一及其子文居道(刘长久，1998)[③]。文仲璋及其子文琇，侄文恺、文珀、文珠等(刘长久，1998)[④]。文玠及其子文孟周、文孟通(刘长久，1998)[⑤]。伏姓工匠家族有伏元俊及其子伏世能(刘长久，1998)[⑥]，还有伏忠靖(刘长久，1998)、伏之信(刘长久，1998)[⑦]、伏小六、伏小八[⑧](刘长久，1998)等。

从目前摩崖窟龛中保留的题刻内容可以看出，同一地方的摩崖，邀请了不同地域的工匠来开凿。如大足除了本地的伏氏家族开凿外，还有安岳的文氏家族在此数代经营石窟开凿，另有其他地方的工匠在大足一带从事石窟开凿活动，如河南颍川镌匠胥安曾在大足北山镌妆大势至菩萨经藏洞(刘长久，1998)[⑨]。摩崖开凿的工匠家族常异地作业，如以文氏和伏氏家族成员作为造像题记的摩崖不仅在川东的安岳和大足一带出现，还出现在川西地域。如眉山丹棱石窟镌记中记载："除有本县匠人伏氏世家和宋添、施泰等工匠外，还有著称嘉州匠人的文氏兄弟。"(万玉忠，2006)目前尚未考证此镌记中文氏、伏氏与大足文氏、伏氏的关系，但如此巧合应非偶然。潼川瑞乌攻镌匠人母氏家族的人，既在安岳卧佛院重修卧佛并造像，又在简阳地区开凿造像[⑩]。匠人家族的异地经营，把摩崖营造技术四处传播，

---

① 大足石篆山第7号龛内题记为："岳阳(安岳)文惟简，男文居政、居用、居礼。岁次壬戌八月三日记。" 大足石篆山第5号文殊、普贤菩萨龛内题刻为："岳阳镌作文惟简，男居安、居礼。庚午中秋记。"
② 大足区灵岩寺第2号龛内题刻："东普攻镌文惟简玄孙文艺刻。"
③ 大足石门山第3号龛内题刻："……镌作文惟一、男居道刻。"
④ 大足妙高山第2号龛内题刻："东普(安岳)攻镌文仲璋、侄文珀、文珠，天元甲记。"安岳净慧岩第15号龛内题："绍兴二十一年仲春，攻镌文仲璋、男文琇镌刻。"大足玉滩千佛像第11号龛内题刻："普州(安岳)攻镌文仲璋，男文琇、侄男文恺、文珠等造此数洞功德。"
⑤ 大足邮亭镇佛耳岩第2号龛天尊像龛内题刻："丁亥岁乾道……东普攻镌处士文玠，男文孟周、□□□、文孟通记。"
⑥ 大足北山佛湾第155号孔雀明王龛内题刻："丙午岁伏元俊、男世能镌此一身。"
⑦ 大足舒成岩第2号龛内题刻记载："都作伏元俊、伏元信，小作吴宗明镌龛，……道士王用之开洞。"
⑧ 大足北山观音坡第1号龛内题刻记载："……皇宋绍兴二十四年，地藏王、引路王菩萨像，五月十二伏小六镌。"大足北山多宝塔内有释迦牟尼龛，龛内题刻记载"……伏小八镌"。
⑨ 大足北山佛湾第136号转轮藏龛内题刻记载："……大势至、迦叶、阿难……经藏洞……，镌匠颍川胥安。"
⑩ 安岳卧佛院第3号窟卧佛头侧的题刻记载："潼川瑞乌攻镌母山、男士幼、士章、孙□重修卧佛并侍者……"；又知荣州(今四川荣县)明史君大夫舍清俸请瑞乌攻镌母震在简州(在今四川简阳)重修诸龛佛像，更开7龛。其题记："……清俸重修诸龛圣像……更开七龛，……瑞乌攻镌母震，男鼎良、侄兴宗等，谨记。"(清)刘喜海：《金石苑》第6卷，辽阳：辽海书社，1990年。

使摩崖造像艺术有一定的风格可循，这已成为不争的事实。

家族流动作业，异地运行工程项目是石窟家族经营造像的一个特点。安岳与大足两县相邻，摩崖艺术风格颇有相似之处，其中部分窟龛可能出自同一工匠家族之手。文家既在大足石篆山、石门山凿龛造像，又在他们原籍安岳的净慧岩造像。工匠的流动使得巴蜀地区摩崖造像的传播有一定的系统性和连续性。如大足、安岳一带的许多造像风格、形式、题材如出一辙，尤其是北宋大足许多地方的造像如石篆山、舒成岩等地的摩崖窟龛，就是直接由安岳的工匠来开凿的。和北方石窟开凿记事不同的是，巴蜀雕塑家和工匠的地位开始得到重视和提升。唐代北方石窟如龙门石窟开凿时期，只会记载下令建寺的统治者、提供赞助的资助者、负责管理整个工程的高僧和官员，并不曾刻下雕塑者的名字。

从表2.2中可以看出，大足一带的石窟很多出自安岳匠人之手，造像内容覆盖儒、释、道三教，具体技术包括镌刻、妆绘等。

表2.2　巴蜀地区部分石窟与工匠

时间	地点	雕刻主题	窟龛号	工匠名称	工匠籍贯
北宋元丰五年（1082年）	大足石篆山第7号龛	毗卢遮那像		文惟简及其子文居政、文居用、文居礼	安岳
北宋元丰八年（1085年）	大足	志公和尚造像	石篆山第2号龛	文惟简	安岳
北宋元祐三年（1088年）	大足	文宣王造像	石篆山第6号龛	文惟简	安岳
北宋元祐五年（1090年）	大足	文殊、普贤菩萨像	石篆山第5号龛	文惟简及其子文居安、文居礼	安岳
北宋绍圣元年（1094年）	大足	龙王像	石门山第13号龛	文惟一	安岳
北宋绍圣元年（1094年）	大足	水月观音像	石门山第4号龛	文居道	安岳
北宋绍圣二年（1095年）	大足	山王	石门山第3号龛	文居道	安岳
北宋绍圣三年（1096年）	大足	释迦佛、香花菩萨、阿难、迦叶	石门山第3号龛	文惟一、文居道	安岳
北宋绍圣三年（1096年）	大足	地藏、十王像	石篆山第9号龛	文惟简及其子文居安、文居礼	安岳
北宋靖康元年（1126年）	大足	孔雀明王等	北山孔雀明王龛	伏元俊	大足
南宋绍兴十年（1140年）	大足	道教	佛安桥第6号龛	文玠	安岳
南宋绍兴十三年（1143年）	大足	绘大势至	北山第136号龛	胥安	颍川（河南许昌市）
南宋绍兴十三年（1143年）	大足	玉皇大帝	舒成岩	伏忠靖	大足
南宋绍兴十四年（1144年）	大足	三教合一	妙高山第2号窟	文仲璋，侄文琀、文珠	安岳
南宋绍兴二十一年（1151年）	安岳	赵庆升居士像	净慧岩第6号龛	文仲璋	安岳
南宋绍兴二十一年（1151年）	大足	药师佛	石门山	骞忠进	不详

续表

时间	地点	雕刻主题	窟龛号	工匠名称	工匠籍贯
南宋绍兴二十一年(1151年)	安岳	数珠观音像	净慧岩第15号龛	文仲璋及其子文琇	安岳
南宋绍兴二十二年(1152年)	大足	东岳大帝	舒成岩	都作伏元俊、伏元信,小作吴宗明	大足
南宋绍兴二十四年(1154年)	大足	地藏菩萨等	舒北山观音坡	伏小六	大足
南宋绍兴十四年(1144年)	大足	三教合一	妙高山第2号窟	文仲璋,侄文珆、文珠	安岳
南宋绍兴二十一年(1151年)	安岳	赵庆升居士像	净慧岩第6号龛	文仲璋	安岳
南宋绍兴二十一年(1151年)	安岳	数珠观音像	净慧岩第15号龛	文仲璋及其子文琇	安岳
南宋绍兴二十九年(1159年)	大足	老君像	石佛寺摩崖造像第3号龛	镌作处士文珏及其子文孟周	安岳
南宋乾道三年(1167年)	大足	天尊像	佛尔岩摩崖造像第2号龛	文珏及其子文孟周、文孟通	安岳
南宋绍兴四年(1134年)	安岳	重修卧佛及侍者	卧佛沟第17号龛	冯政	潼川
南宋绍兴二十九年(1159年)	大足	老君像	石佛寺摩崖造像第3号龛	文珏及其子文孟周	安岳
南宋乾道三年(1167年)	大足	天尊像	佛尔岩摩崖造像第2号龛	文珏及其子文孟周、文孟通	安岳
南宋绍熙至庆元(1190～1200年)	大足	诃利帝母像	大足北山	文惟简,玄孙文艺	安岳

资料来源:刘长久:《中国西南石窟艺术》,成都:四川人民出版社,1998年。

巴蜀地区的摩崖石窟以东汉崖墓的开凿和传统雕刻经验为基础,唐宋时期地方画家、雕塑家等艺术家为摩崖石窟艺术添加了新的造像形式和内容,同时扬弃性地总结了北方摩崖石窟的经验,使得巴蜀摩崖石窟艺术终于攀达其顶峰。

第三节 巴蜀摩崖石窟兴盛与文化艺术影响

巴蜀地区在唐宋时期,区域经济和宗教文化都得到了极大的发展,为摩崖石窟的大量开凿提供了精神和物质的双重条件。社会经济的高速发展促进了个体经济的兴盛,使得各个阶层的人有余力开凿不同规模的窟龛造像;同时在北方入蜀人士的文化交流带动下,地方艺术日渐兴盛,形成了以蜀地为主的艺术中心,其良好的绘画、雕刻等艺术氛围客观地推动了巴蜀摩崖艺术的发展。

一、雕刻艺术的经验积累与摩崖石窟的兴盛

在与中原文化融合之前,巴蜀地区的雕塑文化已有自己的艺术传统,如早期约在商时期的三星堆文化就表现出独特的地域雕塑艺术系统。三星堆祭祀坑里发现多件青铜雕塑,

包括人物、鸟、金杖、钱树、面具等。其雕塑特点主要是写实与抽象相结合,有特殊的艺术表达形式,能自由地表达艺术造型,已经具备了较高的艺术水准,是当时巴蜀地区艺术水平和地域审美的结合。但三星堆文化与后来巴蜀之地所延续的艺术表达存在断裂现象。后来的巴蜀雕刻艺术并没有完全地沿着三星堆的艺术路线前行,而是综合了许多其他的艺术流,走向了新的发展方向。

目前保留的巴蜀汉代雕刻出现在墓葬空间内,如汉阙、崖墓,用于砌筑墓室的画像砖、画像石等,或者出现在作为墓葬品的明器上等。这个时期最具有代表性的建筑作品是墓阙,如雅安高颐墓阙、芦山樊敏阙、渠县沈府君阙等。动物雕塑有墓前的石兽,如芦山樊敏、王晖二墓前的石兽,雅安和芦山等地还发现了带翼石兽。从人物雕塑来说,汉代巴蜀地区的人物雕塑有都江堰的李冰石像,以及一些汉墓中出土的陶俑和木俑。主题为抚琴、持箕和说书。这些人物塑像在体态写实方面相对古朴,但工匠对人物的神情表达有一定的捕捉能力。从建筑雕塑来说,汉代的画像砖、崖墓及汉阙等反映的建筑雕刻,对后来的建筑雕刻有着深远的影响。

非常值得一提的是,在巴蜀地区东汉时期曾一度出现早期佛教造像艺术。如岷江沿岸的乐山麻浩 1 号崖墓门楣上的浮雕坐佛像,头带项光,结跏趺坐,手施无畏印;柿子湾崖墓坐佛像,跟麻浩崖墓坐佛像类似(罗娅玲,1990)。彭山东汉崖墓的摇钱树座上有"一佛二胁侍"佛像雕塑;绵阳市郊何家山一号东汉崖墓出土的摇钱树上有五尊坐佛像(何志国,1991)。除了佛像外,还有佛塔形象的雕塑,广汉什邡皂角乡东汉画像砖即有佛塔两边为菩提树图案的,这是迄今发现佛教传入我国后以画像形式保存下来的最早的佛塔实物(谢志成,1987)。

这些造像艺术中有些基本传承印度犍陀罗艺术风格,作跏趺坐,胸衣叠层而成。如乐山麻浩崖墓墓楣上的带背光的佛像和彭山崖墓一摇钱树基座上的佛像。这些佛像造型古朴,保持着早期地方雕塑的特点。这些造像对唐宋石窟寺内的造像有没有直接的形象或技术的传递,亟待更多的研究成果来揭示。

三国时期的雕塑遗存主要是崖墓和汉阙。南北朝时期的雕塑作品主要是成都附近的万佛寺的佛像雕塑。这些雕塑受到中原北方以及南朝建康风格的影响。从佛教造像来看,三国时期的巴蜀佛教造像仍然主要是与墓葬艺术结合,如长江中下游的忠县涂井蜀汉墓葬中的陶俑佛像,眉间有白毫光,头顶肉髻上饰有莲花图样(四川省文物管理委员会,1985),佛像造型比较古朴。南北朝时期巴蜀地区保留了大量的梁代佛教雕塑,这些雕塑造像比例适宜,人物五官和表情写实化,明显受到了佛教文化的雕塑影响。在南北朝时期的巴蜀还发现了刻在碑上的造像,如 483 年南齐茂汶造像碑,这种造像称为"龛相",即在石碑上雕刻龛,在龛内凿佛像,后来巴蜀地区广泛流传的摩崖雕塑,多以龛为单位来组织佛教造像,而这种造像碑,也在隋唐时期的龙泉驿、南充等地有所发现。而四川佛教造像最突出的贡献是以形象的图像表现了西方极乐净土,在这方面,四川领先中国其他省份,也有别于外国模式。四川雕塑家具有捕捉细节的敏锐眼光和高超的构图技巧,他们所表现的阿弥陀佛净土的图景堪为首创,北方雕塑家大约 40 年后,即到 570 年才开始创作这类题材的作品(李松等,2003)。

隋唐时期,巴蜀地区的雕塑发展到一个高峰,其中从雕塑形态到细部装饰再到人物比例以及组群分布,都有一定建树。五代时期,蜀地的王建、孟知祥等墓中的装饰雕塑和人物雕塑体现了巴蜀地区雕塑水平的高峰。墓中的石棺床雕塑汇集了女伎、力神等人物，排箫、箜篌、贝等各种古典乐器，鹿、羊、狮等奔跑的动物形象，雕刻精美，形象生动。王建墓中王建本人的人物雕像说明了当时巴蜀地区的雕塑师完全掌握了对人物雕塑进行写实处理的技巧和能力。

在后蜀时期，成都孙汉韶墓中还出土了一组陶塑建筑模型，包括壁、阁、过厅、亭、假山、素面墙、假山形墙等，是颇罕见的五代十国时期的陶塑艺术品。

巴蜀地区宋代的本土雕塑主要出现在墓葬中，通常出土的宋墓都有墓室雕塑，而部分墓室内结构和装饰处理为仿木构建筑雕塑，在墓室中还出现了大型的浮雕作品，如彭山虞公著墓内的"备轿仪仗图"和"备茶酒图"等，场面宏大，人物众多，涉及当时的社会礼仪及日常生活，是此类作品中的佳作。

巴蜀地区的传统地域雕刻技术，对巴蜀摩崖起着一定的奠基作用。尽管巴蜀摩崖多为宗教题材，但在雕塑技艺方面，还是对巴蜀地域传统雕刻有一定的借鉴。成熟的雕塑艺术手法为摩崖造像提供了艺术基础，如对石材的把握：从巴蜀的雕塑传统上可以看出，至少在汉代，人们已经把石材当作很好的雕塑材料，从大型的石室开掘，到仿木构建筑雕塑再到细腻的人物雕塑，都积累了丰富的经验，形成成熟的雕塑艺术手法。对石窟寺的开凿起着重要作用的除了上面提到的佛像本身的雕刻外，还有两方面的雕塑技术处理也起着支撑作用，即人物雕塑和建筑雕塑的经验积累。

人物雕塑的艺术处理：从三星堆的各种人物造型处理，到后来的东汉时期李冰像以及各种陶俑、木俑等可以看出，在早期的雕塑作品中，虽然尺度比例上的写实性较弱，但对人物神情体态的表达具有一定的造诣。佛教雕塑的传入，使人物雕塑往写实技巧方向发展。在南北朝时期以后的人物雕塑处理上，逐渐剥离早期的抽象手法表达，注重还原人物真实形态的表达。人物雕塑以浮雕为主，结合圆雕和线雕，共同完成一个雕塑作品。在材料运用上，巴蜀佛像雕塑多凿石而就，部分石雕造像结合泥塑完成，佛像主体为全石雕刻，其衣饰、手印等根据造型利用泥塑辅助而成。

建筑雕塑的成熟：巴蜀地区对建筑形象的雕刻，从建筑比例到建筑细节，从色彩到装饰都有很精准的表达，类似于建筑模型的雕塑，尤其是墓阙和崖墓雕塑。例如，雅安高颐墓阙，雕出仿木椽、枋、挑檐檩、斗栱，阙通身饰以雕塑。汉代的雕刻以石材作为雕塑的原材料进行艺术创作，题材上糅合中国传统历史人物故事等（图2.5）。其中仿木构建筑雕刻和画像砖上反映的建筑以及明器中的陶屋等，为汉代建筑的研究提供了很好的研究资料，对建筑的雕塑艺术表达也积累了丰富的经验。"四川崖墓的雕塑艺术在东汉崖墓中已经比较生动地显示出来。在墓室建筑雕刻中十分明显地流露出雕刻的步骤和技巧。首先是用墨线或红线勾底，仅在轮廓线以外的空白部分铲去很薄的一层，用平面减底法步步深入，使用凿作为基本雕刻工具，或单凿、排凿，也有使用铲、挖的工具。"（范小平，2006）南北朝时期的净土模式，也对建筑、园林等有所表达，这对后来巴蜀地区雕刻有大量建筑的净土题材起了很好的铺垫作用。

1. 高颐墓阙（龙） 　　　　　　　　　　　　2. 高颐墓阙（师旷鼓琴）

3. 乐山麻浩崖墓车马图 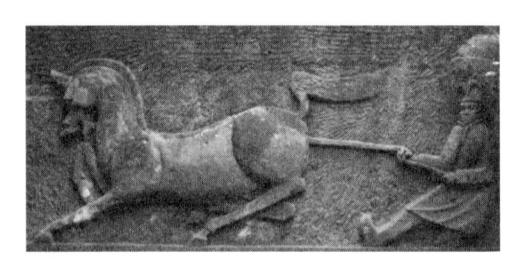　　　　　　　　　　4. 乐山麻浩崖墓牵马图

图 2.5　巴蜀地区的汉代石雕

(自摄)

巴蜀地区利用对石材的熟悉，以及长期积累的传统雕塑技艺，融合了佛教艺术的雕塑特点，进行中国佛教造像艺术的创造，形成了具有鲜明地域色彩的佛教艺术形式。整个巴蜀雕塑历史经验的积累形成的结果是：隋唐时期的佛教雕塑，以广元千佛崖、剑阁鹤鸣山、巴中南龛、蒲江飞仙阁等地为代表的摩崖相继开凿，并逐渐发展到巴蜀各地，五代及宋时期，在巴蜀地区的安岳、大足一带掀起了造像高潮，本地工匠结合外传佛教的雕塑手法进行新的地域化雕塑创造，从题材内容到形式表达，都逐渐形成拥有巴蜀特色的佛教造像。

二、地方绘画艺术对摩崖石窟的影响

巴蜀绘画艺术对摩崖石窟艺术的推动主要表现为：绘画艺术和摩崖造像艺术的服务对象有重叠性，即绘画中的很大一部分主题(尤其是壁画)和摩崖造像艺术一样，都是展现宗教人物或宗教境界的，是为宗教服务的。此外，雕塑艺术和绘画艺术的互通性，也使摩崖造像艺术向前推进了一大步。本书主要从巴蜀地区绘画艺术发展背景、宗教绘画与雕塑的关系、巴蜀作为艺术中心对摩崖造像艺术的影响这几方面来分析。

1. 隋唐时期宗教绘画背景

隋唐时期宗教绘画艺术发展很快，以展子虔、阎立本、尉迟乙僧、吴道子、王维等形成了北方正统，在宗教画方面，喜作寺庙壁画。唐朝有名的寺庙壁画大多出自著名画家之手，如隋代展子虔、杨契丹、郑法士，唐代阎立本、尉迟乙僧、张孝师、吴道子等，都以宗教壁画著称[①]。段成式《酉阳杂俎》记载当时唐代士人喜欢流连寺院观其院内壁画，同时古寺名刹也以藏得名画家壁画为荣，因此，此种风气很快促进了寺院壁画的兴盛。这是一

---

① (唐)段成式：《酉阳杂俎》，北京：中华书局，1981年。

个宗教和艺术相互积极促进发展的时代。

当时的画师在宗教人物艺术处理上积累了心得，道教和佛教的人物因教义性质不同，其人物展现的气质形象亦有所区别。《宣和画谱》卷3"左礼条"载："左礼……工写道释像……盖道释虽非鬼神之状为难知，若近习而易工者，然气貌亦自殊体。道家则仙风道骨，要非世俗抗尘之态。释氏则慈悲枯槁，与世淡泊，无贪生奔竞之态……"总结了佛道人物的区别，同时，人物有专攻，观音、和尚都有专门研习的，并有一定地域性划分[1]。绘画的名家，多擅长宗教人物绘画，如《宣和画谱》中专分"道释门"四卷。擅长宗教人物的大家有阎立本、尉迟乙僧、吴道子、杨庭光等，巴蜀地区或在巴蜀地区游历的擅长宗教人物画的画师有卢楞伽、范琼、常粲、孙位、张南本、辛澄、张素卿等。

随着北方画师大量入蜀，巴蜀地区宗教绘画亦逐渐发展起来。本地的僧道人士也参与宗教绘画，如峨眉道宏，善画山水僧佛；成都清凉院僧智平，善画观音；成都金地院的李时泽在昭觉寺画十六罗汉以及文殊、普贤、药师、菩萨等像；广汉的道士王显道，在成都三井观三宝院有画壁存其作品[2]。许多画家直接与佛道人士一起参与摩崖窟龛的创作，直接推动摩崖艺术的开凿[3]。

宗教绘画的场地主要是寺庙，主题主要是表现西方净土。由于唐宋时期巴蜀富庶，寺观壁画的规模、色彩及艺术水平都得到空前发展，尤其是大型的西方净土经变壁画，更是极尽铺排之能事。唐、五代、宋时期巴蜀地区寺院绘画非常盛行，成都及周边的大圣慈寺、圣寿寺、福感寺、广天寺、净众寺、中兴寺、圣兴寺、丈人观、精思观等，院内壁上都是精致的宗教壁画[4]（潘运告，2000），许多壁画是经变画，多取材于西方净土经变内容。西方净土经变主要是展现极乐净土的繁华舒适，庄严神圣。由宝殿楼阁、纯净莲花、乐伎飞天组成，主尊佛像居中，副尊置于两旁，其他各级神佛或左右相拥，或攀于楼台之间，也有立于莲池之中者。整个场景宏大，属于大型壁画题材，这种布局形式后来也影响到了巴蜀摩崖石窟寺中净土经变的布局。

2. 绘画艺术对造像艺术的影响

雕刻与绘画之间的相互关系，使得这两种艺术在题材和艺术表现手法上相互借鉴和吸收。尤其是古代，雕塑家通常都懂绘画或从绘画转事雕塑。有些画师自己也进行雕塑创作，如吴道子曾为汴州大相国寺维摩变中的文殊菩萨和维摩诘像装塑，此外其弟子张仙乔、王耐儿等都是当时著名的塑工。和吴道子同时学师于张僧繇的杨惠之，后改学雕塑，并成为巨匠（何志明和潘运告，1997）。古代绘画中的"曹衣出水"（北齐画家创立的一种"体稠叠而衣服紧窄"）、"吴带当风"这些手法和审美都运用到了雕塑中。宋代绘画理论家郭若虚指出：画师的艺术风格会对雕塑风格产生很大的影响。"雕塑铸像，亦本曹吴""至今画家有轻拂丹青者，谓之吴装，雕塑之像，亦有'吴装'"。绘画与雕塑之间的相互影响是

---

[1] 《宣和画谱》卷2"辛澄条"载："工画西方像，不闻其他，盖专门之学也，大抵释氏貌相多做慈悲像，跌坐即结跏，垂臂则坦肉，目不高视，首不轩举，淡然如槁木死灰，便同设教，故自为一家。所以海州观音，泗州僧伽，画工之精者，擅于一方，以资衣食而不必兼善也。"（俞剑华注译：《宣和画谱》，南京：江苏美术出版社，2007年，第78、79页）
[2] （宋）邓椿：《画继》，太原：山西教育出版社，2017年。
[3] 唐咸通七年（866年），绵州道士孙灵讽、画家张南本、上座何重汎、录事张居简等在绵阳西山观结社造天尊像，并有题记，现题记已湮灭。参见（清）刘喜海：《金石苑》第2卷，辽阳：辽海书社，1990年。
[4] （宋）郭若虚《图画见闻志·纪艺上》记载：左全条"左全……成都大慈、圣兴两寺，皆有画壁"，范琼、陈皓、彭坚条"……三人分画成都大慈、圣寿、圣兴、净众、中兴五寺二百余间……"，张素卿条"尝于青城山丈人观画五岳、四渎、十二溪女等"，陈若愚条"成都精思观有青龙、白虎、朱雀、玄武四君像"。

相当深远的，这由中国绘画史和雕塑史的相互借鉴论证可得知(潘运告，2000)。

从目前保存的摩崖石窟造像中可以寻找其与绘画之间的直接关系，如邛崃石笋山第 4号窟内的繁华净土表现，即被认为与当时成都寺庙内的壁画有关，"这件作品可能取材于成都寺庙的绘画，构图设计分为三层，分别是极乐世界、神仙聚会和化生池塘的图景……"(李松等，2003)。同时文献记载证实，四川仁寿牛角寨第 53 号窟内的道教内容与当时长安道观里的壁画内容相同(Jing Anning，1994)。内江龙翔山一坐式像画样可能出自长安宝应寺唐代名家韩干"侧坐毘(毗)沙门天王图"，仁寿牛角寨弥勒佛侧壁毗沙门天王载上挂旗、手托佛塔，服饰均与南诏、敦煌造像相同，形象特殊或有可能传自吐蕃。石笋山造像高达 4 米，足踏地神，同一图像与大黑天神被雕刻在云南石钟山八明王侧。大足北山晚唐造毗沙门天王脚踏三夜叉、诸药叉、罗刹，男女眷属拥立左右，人物造型、构图布局类似敦煌"天王渡海图"(李巳生，2006)。宗教壁画的发达、绘画与雕塑的近亲关系、雕塑家自身的发展，使得摩崖的艺术水准维系在一个较高的水平。摩崖石窟内的题材和宗教绘画的题材相同，有佛像、菩萨像、罗汉像、净土模式等。绘画和雕塑都是为宗教服务的艺术形式。石窟和绘画在艺术主题上的一致性，使其在艺术技巧上相互促进，同时在题材表达上互相借鉴。很多寺院壁画与石窟雕刻交相辉映，相得益彰。邛崃磐陀寺就是集中了壁画和摩崖两种艺术形式同存一地的寺院。

绘画和雕塑艺术在发展的过程中，由于宗教的渗透，在某些历史阶段，艺术作品对宗教的表达会在质和量上都有飞跃，宗教题材内容促进了绘画雕塑艺术的发展。其中绘画艺术中，宗教画中宗教人物画得到广泛流传。唐代中晚期画师大量入蜀，丰富了宗教绘画形式。唐敬宗时由长安入蜀的赵公佑，时人赞他善画佛教人物，其在成都的寺院里绘制了许多佛教人物画，《益州名画录》赞他"天资神用、笔夺画权，应变无涯，罔象莫测，名高当代"[①]。

艺术家汇聚巴蜀，使巴蜀艺术气氛空前高涨。从北方入蜀的艺术家和本地的艺术家一起，为摩崖盛宴奠定了一定的艺术基础。唐代中原战乱频起，不少画家纷纷跟随玄宗、僖宗入蜀，中原入蜀的名画家据《益州名画录》记载有卢稜伽(吴道子之弟子)、范琼、陈皓、彭坚、孙位、张询、常重胤等。他们在巴蜀继续创作，在寺院里留下许多壁画，和本土画家进行艺术交流，形成良好的艺术交流氛围。还有的画家带去北方佛像范本，如赵德玄在后晋天福年间入蜀，带去历代画稿、佛像粉本百余本，流传很久[①]。五代时期巴蜀地区艺术氛围继续高涨，不少名家大师汇聚于此，其中很多都擅长宗教人物画。除了外来的画师，本土的艺术家也逐渐兴起，如左全、常粲、麻居礼等都是画佛道人物的能手[②]。这对于西蜀宗教绘画传统的形成有一定的作用，同时为五代、两宋时期西蜀宗教绘画的繁荣打下了基础(洪再新，2000)。从中原地区入蜀或者巴蜀本土的画师，对宗教题材都很熟悉，于地方宗教雕塑也起着重要的引导作用。在不同时期入蜀的画师都有自己的艺术见解和不同的表现形式，从而丰富了宗教内容题材和表达方式。

---

① 黄休复：《益州名画录》卷上，成都：四川人民出版社，1982 年。
② (宋)郭若虚：《图画见闻志》，北京：人民美术出版社，1963 年。其卷 2 载："左全，蜀郡人，迹本儒家。世传图画，妙工佛道人物。宝历中，声驰宇内。成都长安画壁甚广，多效吴生之迹，颇得其要。有佛道功德、五帝、三官等像传于世。""常粲，成都人，工画佛道人物，善为上古衣冠。咸通中，路岩镇蜀，颇加礼遇。有《孔子问礼》、《山阳七贤》等图，并立释迦、女娲、伏羲、神农、燧人等像传于世。""麻居礼，蜀人，师张南本。光化、天复问，声迹甚高。资、简、邛、蜀，甚有其笔。"

宗教绘画题材带动着艺术的创作热情，宗教人物本身也参与宗教绘画，并别有风格。宗教寺院提供了绘画场所，许多名师汇聚一寺，共同创作，使寺院文化空前发达。唐中期以后，在成都聚集的画家所关注之主要题材为宗教人物和佛教经变内容。唐末高僧贯休，由江浙入蜀，曾"用水墨画罗汉一十六身并一佛二大士，巨石縈云，枯松带蔓，其诸古貌，与他人画不同"[①]。石窟造像与之相同，不少精品，显然出自名家手笔，可追寻名画图像的布局和造型的笔踪[②]。唐文宗时入蜀的范琼、陈皓、彭坚三人皆在成都寺院里作佛像人物画，共在200余间房屋的墙壁上作佛像和经变故事[②]。场面可谓壮观，宗教壁画发展壮大可窥一斑。中原入蜀的画师和本土画师常常于同一寺院作壁画，互相促进。这些宗教人物画家共同丰富了宗教艺术的创造手法，同时精通绘画和雕塑这两种艺术的雕塑家促进了宗教造像的发展。

3. 宋代蜀地艺术中心的形成

宋黄休复所著《益州名画录》，收录唐肃宗乾元元年至宋初蜀中著名画家58人，其中流寓入蜀者21人，占了36%，宋郭若虚在《图画见闻志》卷2中列出的五代画家有91人，其中蜀中画家就有30人，占三分之一。这些北方入蜀的艺术家们在经历了绮丽的巴蜀山水，并与蜀地本土画家进行交流后，最终形成了新的创作团体。巴蜀一带的艺术氛围以此为基础渐渐浓厚起来。寺观壁画在比较安定的巴蜀地区得到发展并继承中原传统，展现出繁荣局面。

经过唐代和中原画家的交流以及五代之间的画手四起，巴蜀形成新的文化中心，有"扬一益二"之称。一直到宋，西蜀都是中国绘画史上非常重要的区域。从国家机构方面解构，宋初建立的"翰林图画院"中很多高妙的画手来自西蜀。同时蜀地民间画家涌起，酝酿出很好的艺术氛围。据宋黄休复《益州名画录》记载，成都地区大圣慈寺规制宏大，宗教壁画富丽非凡。安史之乱后，入蜀的中原画家，在这里留下大量画迹，而且会昌（841～846年）时灭法未毁。虽然现已不存，但是可从历代文献中得知当时的寺院壁画繁华风貌。

最重要的是宋代对有关蜀地绘画记载的理论书籍的保存。除了前文中提到的黄休复的《益州名画录》外，还有郭若虚所作《图画见闻志》，《图画见闻志》中记载东吴至宋代的重要人物画家37人，他们"无不以佛道为功"（潘运告，2000），以及邓椿的《画继》等。《图画见闻志》是唐代《历代名画记》的续编，纂集了从会昌元年（841年）到熙宁七年（1074年）的绘画史资料。其中的观点和理论对于绘画甚至雕刻有相当大的借鉴作用。

北方画家入蜀形成新的绘画艺术中心，以西方《净土经》变相、观音、释迦等故事为题材的宗教绘画雕刻艺术发展为巴蜀摩崖石窟寺的繁荣打下了一定的艺术基础。巴蜀地区雕塑家的绘画素养和巴蜀地区绘画艺术的发展、画院制度的建立，经济中心和艺术中心的南移，促进了寺院文化的兴起、佛道人物艺术画的精进，也为巴蜀摩崖石窟寺起着一定的照明作用。

总体来说，巴蜀摩崖石窟寺的兴起，与巴蜀地区经济文化技术背景息息相关。从文化环境上讲，巴蜀地区早期重巫术、敬鬼神的独立地域文化，是宗教传播和发展的文化土壤，

---

① 李昉：《太平广记·贯休》，北京：中华书局，1966年。
② 黄休复：《益州名画录》卷上，成都：四川人民出版社，1982年。

早期佛教和道教都在巴蜀地区传播，使其具备了良好的宗教文化基础；从经济上讲，巴蜀地区自然资源丰富，隋唐五代期间较为稳定的政治局面，使社会经济得到极大发展，从商人到小生产者，都有余力进行宗教建筑营建；从政治环境上看，隋唐至宋，大多数统治者都大力提倡佛、道二教，佛道发展有良好的政治背景；从短期历史切片来看，唐武宗灭法，使佛教在北方中原发展受阻，北方大型石窟发展缓慢，而巴蜀地区地处西南隅，受中原北方政治影响较小，又具备石窟开凿的地理条件，加之唐末五代，巴蜀地区的王孟朝廷崇信佛道，在这个阶段，巴蜀地区的宗教活动得到了空前的发展。此外，唐玄宗、唐僖宗两次入蜀，其扈从的画师、僧道人士，为巴蜀地区带来了新的宗教艺术力量，而扈从的官员在入蜀沿途开龛造像的行为直接推动了摩崖石窟的开凿。综上所述，巴蜀地区摩崖石窟的兴起，是巴蜀地区地域文化、经济发展、宗教背景、政治局势共同推动发展而形成的。

巴蜀摩崖石窟形成以浅龛排布于崖面上的格局，与摩崖石窟自身的发展有关，更直接的原因是与巴蜀摩崖石窟投资者的社会背景分不开。与北方石窟的皇家以及政府出资开凿不同的是，巴蜀地区的摩崖石窟除了少数窟龛是政府行为外，多是社会各个阶层的民众捐资开凿而成。富户开大龛，普通人家凿小龛，从而形成大小窟龛密布排列的空间形态组合。

巴蜀地区摩崖石窟的题刻上有记载工匠名称的习惯，通过对这些工匠名称和职官体系的分析，可以总结出巴蜀部分地区的摩崖技术经营是有家族沿袭习惯的。从大足和安岳两地的题刻来看，主要有"文""伏"等数个大家族体系从事石窟雕凿，他们几代人连续经营，主要在大足、安岳两地从事石窟开凿，形成了稳定的艺术风格和专业的题材创作。石窟开凿的世袭性经营和石窟技术开凿的延续使巴蜀地区的摩崖石窟有持续发展的可能性，家族在异地流动作业，使巴蜀摩崖艺术呈现稳定、统一的发展局面。

石窟空间开凿以及造像所必须具备的技艺，在巴蜀历史上已经成熟。在汉代即已具备在崖壁上进行石室开凿的技术，而崖墓的空间处理、装饰细节、仿木构建筑手法更使摩崖石窟的开凿有可借鉴之处。从雕刻艺术方面看，巴蜀地区的雕刻传统悠久，从三星堆富有想象力的青铜面具到汉阙和崖墓的雕塑写实性，都展现了巴蜀地区良好的雕塑技艺和题材创作中丰富的想象力。巴蜀地区的雕塑传统对人物表情、体态的把握，对石材雕刻的掌握应用，各种成熟的雕塑手法，以及巴蜀本地宗教题材的延传，使巴蜀地区具备了摩崖创作的技术条件。这些技术背景和北方宗教艺术相融合，共同形成了巴蜀摩崖石窟的创造特色。巴蜀地区的绘画也推进了巴蜀摩崖石窟的建设发展，宗教绘画对宗教题材的表达，绘画艺术对雕塑的推动，以及蜀地艺术中心的形成，都从客观上推动了巴蜀摩崖石窟的发展。

第三章 摩崖石窟分布规律与选址布局

第一节 巴蜀摩崖石窟的分布规律

摩崖石窟在巴蜀大地分布较广，几乎每个地区都有（图3.1）。它们的分布受社会经济环境、地理交通环境以及文化经济环境的影响，形成自身的分布规律。

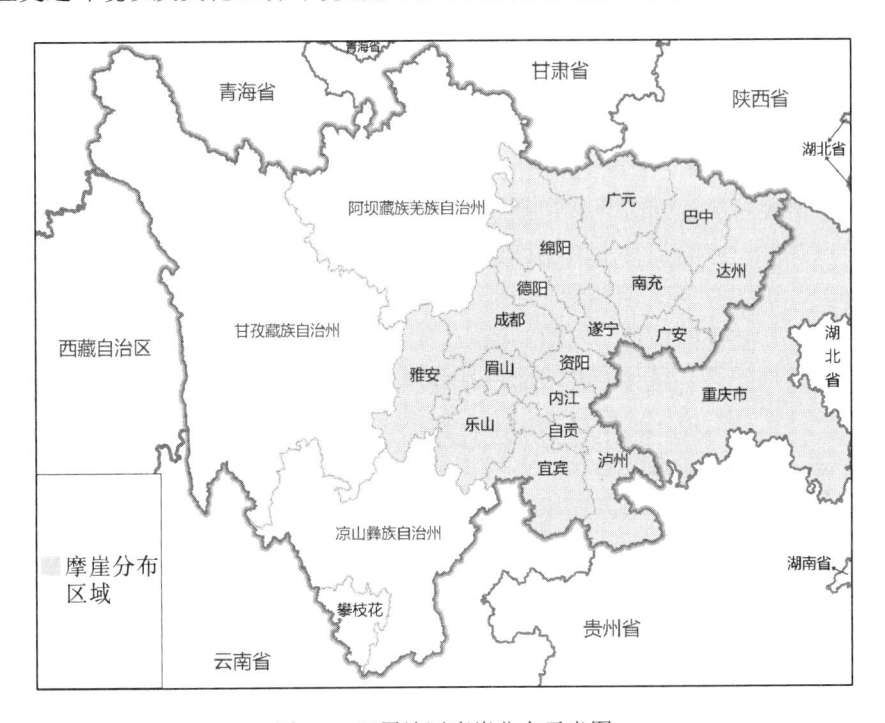

图 3.1 巴蜀地区摩崖分布示意图

巴蜀摩崖石窟的分布有多方面的影响因素，地理区位环境、地域文化区位环境、水路交通、地质地貌特征，都是影响摩崖石窟分布的重要因素。从大的区位环境特征来看，巴蜀摩崖石窟主要集中在四川盆地丘陵，有着在盆地内边缘的浅丘陵地带分布密集，盆地正中以及盆地外边缘大巴山地带分布稀少的突出特点；从文化区域特色来看，有主要集中在汉传佛教和道教文化相对繁荣之地的基本规律。受水陆交通和地质地貌影响是巴蜀摩崖石窟分布规律的突出因素。

巴蜀大地丘陵山地起伏变化大，江河分布密集，水路交通十分方便，盆地内的城镇主要分布在这些大大小小的江河流域地带，为摩崖石窟建设奠定了良好的文化物质背景，同时为摩崖石窟建设创造了良好的交通运输环境。唐宋时期通往四川的官道、驿站以及丝绸之路形成的陆路交通也是摩崖石窟分布相对集中的地带，尤其是水陆交通交叉地带分布最为集中。

第三章 摩崖石窟分布规律与选址布局

有着"红色盆地"之称的四川盆地，拥有大量的易于雕刻的红砂岩地质地貌环境。这是巴蜀摩崖石窟集中分布在四川盆地丘陵地带的重要因素。

唐宋时期形成的行政区划所产生的文化环境氛围，也是影响摩崖石窟分布的重要因素。根据历代行政区划和地理区域环境特色，四川盆地的摩崖石窟有东部以大足、安岳为辐射中心，北部以广元、巴中为辐射中心、西部以邛崃、眉山、乐山为辐射中心，南部以泸州为辐射中心的分布规律和特点。

一、摩崖石窟分布与交通环境

沿着江河流域呈线形分布规律：从地理环境看，巴蜀地区多山多水，江河遍布，不但形成了优美的自然山水环境，而且形成了良好的水运交通环境。特别在多山的地区，江河流域的重要性尤为突出。在众多河流中，又以长江、嘉陵江、沱江、岷江、涪江流域最为富庶，其流域沿途土地肥沃，人口密度相对较大，城镇分布密集，形成了良好的文化经济环境。众多的摩崖石窟，沿着这几大江河流域呈线形分布（图3.2）。

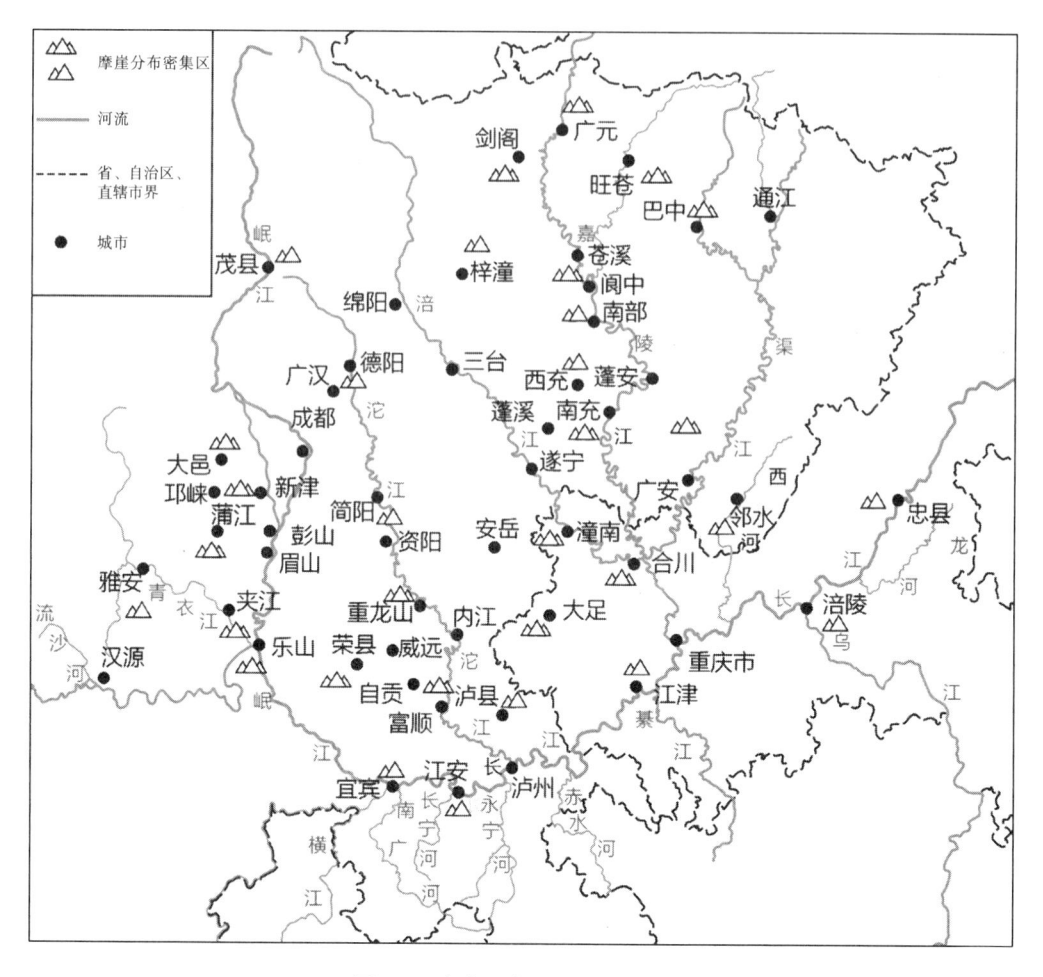

图3.2 摩崖石窟寺沿河流分布图

由北向南注入长江的嘉陵江，自广元入蜀，到重庆汇入长江，一路接纳许多小支流，形成长江最大的支流，也是沿途摩崖分布最多的河流。在河流上游段广元一带的重要摩崖石窟有广元千佛崖、皇泽寺摩崖造像、观音岩摩崖造像等；在嘉陵江中段的南部、阆中等地，有阆中东山园林摩崖、南部禹迹山摩崖等；在嘉陵江的下游有合川的涞滩二佛寺摩崖造像和钓鱼城摩崖石窟等。

嘉陵江支流涪江、渠江沿途分布的摩崖石窟也相当集中。涪江支流中部有绵阳的西山观摩崖，下游有潼南大佛寺摩崖造像、潼南卧佛摩崖造像；渠江流域的摩崖石窟也非常集中，沿线及周边地区有巴中东龛、西龛、南龛、北龛和水宁寺、旺苍石窟、苍溪石窟、广安冲相寺等摩崖石窟群。

巴蜀远古文明的岷江流域，城镇分布较为密集，有悠久的历史，在东汉时期此流域即有佛教造像活动，隋唐至宋期间，更是持续进行大规模的摩崖石窟造像活动。岷江沿线分布有大量的大佛摩崖造像，如乐山凌云寺大佛、荣县大佛、仁寿牛角寨大佛等。从分布密度上看，岷江流域是摩崖石窟分布最为集中的区域，如乐山大佛造像、眉山青神中岩摩崖、蒲江飞仙阁摩崖、丹棱郑山摩崖、岷江支流青衣江的夹江千佛崖、牛仙寺摩崖石窟群等。沿沱江流域有资中东岩摩崖石窟、西岩摩崖石窟、南岩摩崖石窟、北岩摩崖石窟；威远大佛造像；泸州的玉蟾山摩崖石窟等。

摩崖沿着长江支流分布有一个明显的特点，即主要沿着长江北面的支流分布，南岸的支流如乌江沿途分布的摩崖则很少见。巴蜀地区许多摩崖都分布在河流周边，或者沿着这些河流的支流再延伸分布。这些大大小小的河流就像人体的血管一样把这些摩崖石窟联系起来，形成一张疏密有致的摩崖石窟网络分布图。

各个河流沿途的摩崖造像有其自身的特点。嘉陵江流域所分布的摩崖造像特点是年代清晰，从隋朝到宋元都有迹可循，尤其是唐代的摩崖造像，特点分明。沱江沿线的摩崖特点：分布相对较零散，除了资中、自贡等地的摩崖较为集中外，其余都是大佛或少数的排龛点式分布。沱江流域造像的年代特征：唐宋摩崖多集中在蜀内的沱江中段，在沱江最南端，即注入长江处的泸州，以明代摩崖著名。但在沱江流域附近出现了大足、安岳等摩崖，是宋代摩崖的典范，其开凿技术、艺术形式、宗教内容表达都具有独创性，是摩崖石窟后起之秀。而沿着长江主流分布的摩崖石窟相对较少，且年代较晚，如重庆弹子石大佛是元代所凿，江津石门寺大佛是明代开凿。

隋唐以来，巴蜀的陆地交通得到积极的发展，与周边区域有直接的陆路交通联系。这些交通驿道，为四川的对外文化交往带来了方便的条件，并与水路交通相互补充，而在巴蜀山地形成有特色的水陆交通网。唐宋时期的摩崖分布与陆地交通有着极其密切的联系。

从摩崖的分布来看，主要是沿着区域内的川陕线、川滇的两条路线以及盆地内部的南北两条陆路分布。图3.3中共5条道路，分别为金牛道、石门道、零关道、巴蜀北道、巴蜀南道。其中道路情况和摩崖分布状况如下。

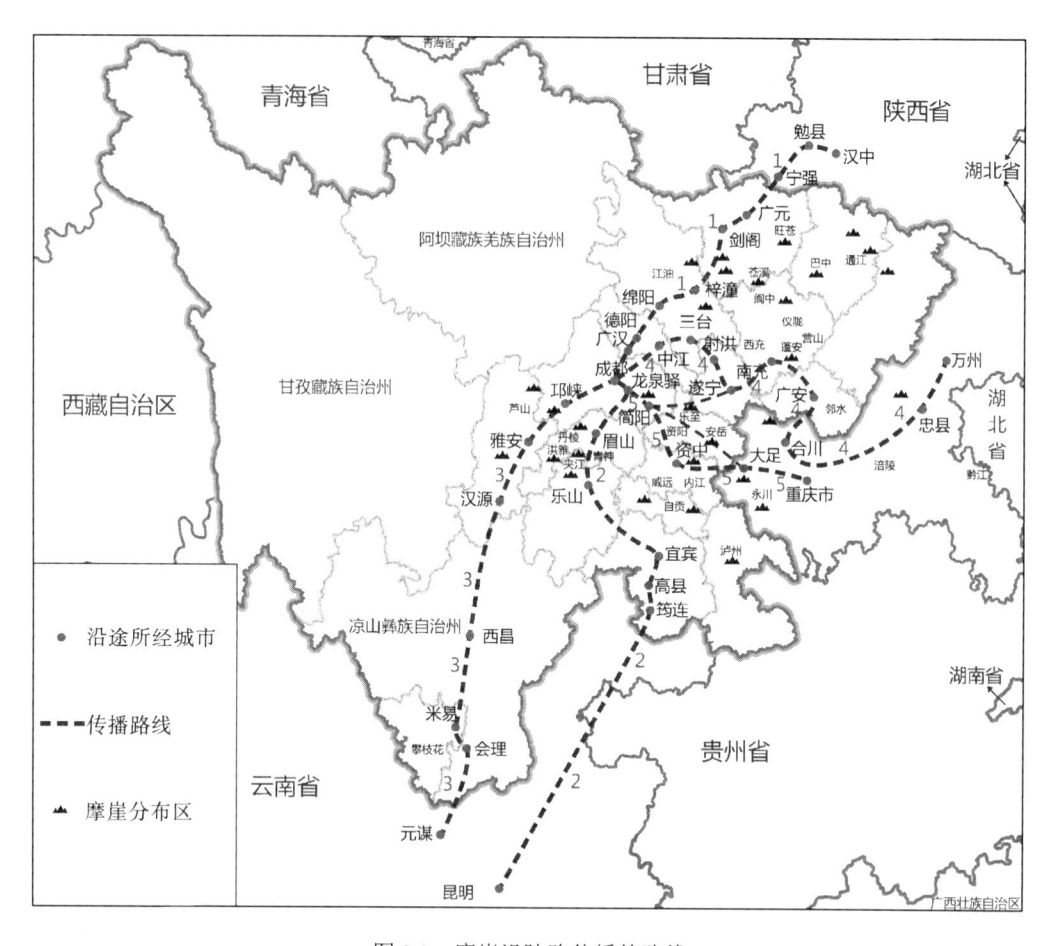

图 3.3 摩崖沿陆路传播的路线

1. 金牛道

金牛道是连通川陕最重要、最古老的通道之一。此道建造历史悠久，自先秦战国魏晋历代皆有重建重修。无论在军事、商业还是文化传播中，金牛道都扮演着重要的角色，是巴蜀地区在隋唐时期与中央政府保持往来的重要通道。此道自汉中始，中途经历了褒城、沔阳(今勉县)、镇宁(今宁强)入四川宁武(今广元)、剑门(今剑阁)、梓潼、绵州(今绵阳)、德阳、汉州(今广汉)，至成都(蓝勇，1989)。沿途摩崖分布有广元千佛洞，旺苍千佛崖，巴中南、西、北龛，水宁寺，皇泽寺，观音岩；剑阁鹤鸣山；梓潼卧龙山千佛崖、绵阳西山观、子云亭等。巴蜀地区隋、唐早期的佛教、道教摩崖主要分布在金牛道沿线。其造像风格与北方石窟接近，但又带有一定的地域特色。

2. 石门道

也称西南夷道、五尺道等。这条道路从秦汉时期即有记载，经历代拓展，至隋唐已成为川滇的重要通道。这条道路川内段主要是成都至眉州(今眉山)、嘉州(今乐山)，抵叙州(今宜宾)。经石门道高州(今高县)、筠连州(今筠连)入滇北达中庆(昆明)(蓝勇，1989)。沿途分布的摩崖有眉山青神中岩造像、丹棱刘嘴摩崖、郑山摩崖、乐山凌云寺摩崖、龙泓寺摩崖、乐山大佛、夹江千佛崖、宜宾江安红佛寺摩崖、灵石寺摩崖等。

3. 零关道

古代川滇之间的另一条通道，又称清溪道和西川道。经成都至邛州(今邛崃)、雅州(今雅安)、黎州(今汉源)，抵建昌路(今西昌)、明夷(今米易)、泾川(今会理)入元谋(蓝勇，1989)。沿途摩崖有邛崃石笋山摩崖、花置寺摩崖、磐陀寺摩崖；蒲江飞仙阁；雅安看灯山摩崖造像等。造像主要集中在邛崃、蒲江一带，多为唐代造像，题材丰富，造像特点逐渐由中原风格向地域化特色转变。

4. 巴蜀北道

巴蜀内部陆路交通在唐宋时期形成南道和北道。北道是成都至中江、潼川(今三台)、金华(今射洪)、遂宁，抵顺庆(今南充)，经广安、合州(今合川)、重庆、万州(蓝勇，1989)。沿途摩崖有南充诸葛寺，广安冲相寺，合川涞滩二佛寺、钓鱼城摩崖，重庆南岸弹子石大佛，忠县临江岩摩崖等。此路沿途最有特点的摩崖分布于合川一带，主要为宋代造像，并出现了罕见的集群式禅宗造像。

5. 巴蜀南道

从成都至龙泉驿，到简阳、资中、昌州，到重庆(蓝勇，1989)。沿途摩崖有龙泉驿石经寺摩崖，资中东、西、南、北岩摩崖，资阳大佛寺，大足石窟等。

值得注意的是，在南、北道路之间，从简州240里到普州(今安岳)分路，一路140里到遂州(今遂宁)合北道，一路380里到昌州合南道(蓝勇，1989)，南、北道之间有安岳和大足这条道路相通。而安岳和大足摩崖石窟寺是巴蜀摩崖石窟艺术发展的巅峰。其造像题材、风格形式皆染有浓郁的地方特色，是中国宋代摩崖造像的顶尖作品。在这个联系盆地南、北两路的地理区域内，出现如此成熟的摩崖石窟作品，从交通地理位置和文化传播角度都是合理的。

摩崖石窟在唐宋时期沿着水、陆路发展分布，与当时逐渐建立的驿站系统息息相关。从目前的摩崖石窟分布来看，与驿站的分布有大量重合的现象，如摩崖石窟集中分布的川北地区的广元、巴中、梓潼、剑阁等地皆为唐代陆驿(蓝勇，1990)，而自贡、乐山以及眉山地区也设有多处水驿(蓝勇，1990)。这些区域的摩崖石窟密度相对较高。由于许多陆路是沿着水路开凿的，因此许多大的摩崖石窟既处于陆路交通孔道旁，又处于江河旁。陆地交通旁的摩崖石窟和水系交通旁的摩崖石窟的共同点是：摩崖造像的特点自北向南地域化、造像年代亦是自北向南推延，越往南，造像年代越晚(指地方总体造像年代)。其中，巴中石窟、广元的摩崖造像风格基本沿袭了中国北方的造像风格，而进入巴蜀腹地后，开始自成一体，主要区域集中在目前重庆的大足、潼南、合川以及四川的资中、安岳一带。这一带的摩崖造像摆脱了中原北方的影响，更具有地方特色和时代特色。

二、摩崖石窟分布与地质地貌

石窟的开凿，与选址的自然条件——岩石地质状况息息相关。砂砾岩，尤其是泥质胶结的砂砾岩，易于开凿空间较大的石窟。如敦煌莫高窟属泥、钙质胶结的砂砾岩，榆林窟也属泥、钙质胶结的砂砾岩，炳灵寺属泥质胶结砂岩，庆阳北石窟属泥质胶结砂岩，麦积山石窟属泥质胶结砂砾岩等(李最雄，2002)。但其砂岩岩体结构，不宜做精细的雕琢，所以少雕刻造像，多泥塑和壁画。而红砂岩岩石相对脆，不适合开凿大空间的石窟，但是易于雕刻，是很好的雕塑材质。

巴蜀多山地、多岩体，具备开窟造像的条件。但是巴蜀地区地质多属于红砂岩(图3.4)，岩质比较脆硬，若沿用北方石窟之形制，工程量相当浩大，因为即使是摩崖浅龛开凿，一般稍具规模的摩崖工程也要耗费100多年的时间才能完成，如巴中南龛、广元观音崖、千佛崖等，更遑论工程量更大更复杂的大佛窟造像了。同样是位于成都平原附近的峨眉山和青城山，虽都是宗教自古兴盛的地方，而相关的摩崖石窟却很少，这与两山的地质构造是有一定关系的，峨眉山是由花岗岩、玄武岩等多种岩石结构混合而成，而青城山多为砾岩和砂、砂泥岩组成，皆不适宜雕刻。因此，虽为宗教圣地，摩崖石窟分布却稀少。

巴蜀摩崖石窟几乎都分布在红层分布区和丹霞地貌分布区。其中邛崃、蒲江、雅安、眉山、屏山、广元等地大密度地分布着规模较大的摩崖，其地质状况多为丹霞地貌。沿着红砂岩和丹霞地貌分布的摩崖石窟有以下特点。

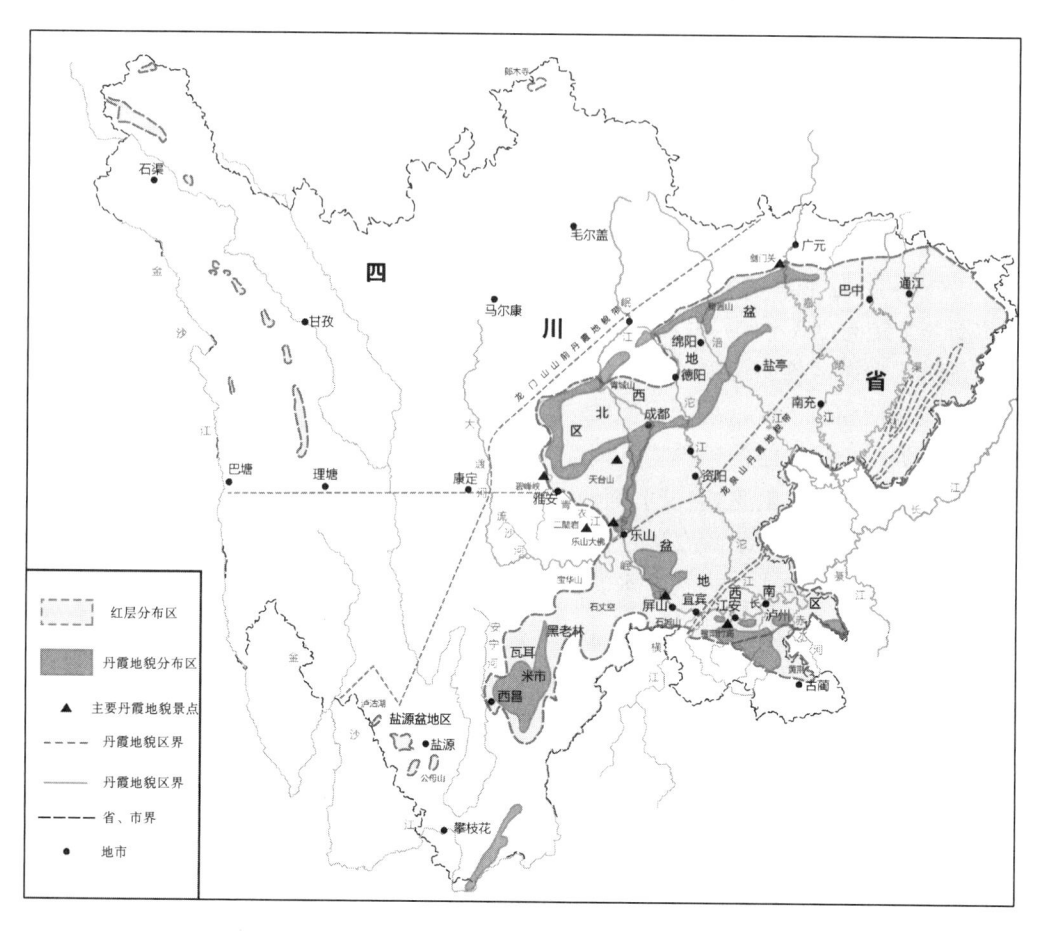

图 3.4 四川省丹霞地貌分布图

(罗成德：《四川丹霞地貌的区域差异》，《乐山师范学院学报》2005年第12期)

(1) 主要沿着盆地边缘红色浅丘陵地区分布，盆地边缘的山脉主要有大巴山、米仓山、邛崃山等。沿着这些大山脉延伸到盆地边缘红色浅丘陵分布的摩崖石窟，边缘呈不规则的南北走向的菱形。最北端分布着广元、巴中等地的石窟，最南端分布着泸州摩崖，最西端分布着密度较大的乐山、眉山摩崖，最东端分布着忠县摩崖，东西南北四个点分别构成菱形的四个角。

(2) 沿着菱形的西北、西南、东北这三条边线分布的摩崖较为集中，而东南沿线较为稀少。自北向西边线恰好是龙门山前丹霞地貌带，此线上分布着剑阁鹤鸣山，广元千佛崖、观音崖，绵阳西山观等摩崖。自西向南的边线中有夹江—峨眉丹霞地貌带，一直延伸到宜宾红层分布区。此线上分布着夹江千佛崖、乐山大佛、乐山龙泓寺、乌有寺摩崖、平山大佛、宜宾小乐山大佛等。自北向东的边线连接着宜宾到重庆的红砂岩地带。从北向东依次分布着泸州玉蟾山摩崖、广安冲相寺摩崖、合川涞滩二佛寺摩崖、合川钓鱼城摩崖、重庆南岸弹子石摩崖、江津石门大佛等造像、忠县临江岩摩崖等。自东向北的边线上主要分布着重庆地区的摩崖，南充大佛寺摩崖，阆中东山园林摩崖，南部禹迹山大佛，旺苍、苍溪、通江千佛崖，巴中东、西、南、北龛摩崖。

(3) 在菱形内部，沿西向东、自北向南分布密度逐渐降低。菱形北部、中间两角连线，是摩崖最集中的地区。北部集中了广元、巴中石窟。而菱形左右两角连线分布着眉山、乐山、资中、大足、安岳等地石窟。菱形西部即形成以丹棱、青神、仁寿、邛崃为主的高密度摩崖分布区。

巴蜀地区的红砂岩以侏罗纪的中细粒砂岩为主，结构紧密、质地细腻、硬度适中，适宜雕刻和大规模造像，以摩崖窟龛造像为主（王金华和田兴玲，2006）。石窟载体地质条件不同，会导致石窟营建的方式不同，从而引起宗教艺术表达的多样性，并形成一定的地域特点。

巴蜀地区出现大佛造像以及摩崖浅龛的原因，与摩崖选址的岩石母层是红砂岩有关。红砂岩地质构造相对坚硬，易于成型雕刻，是雕凿大像的很好的材料。但是红砂岩和北方石窟选址的泥、钙质胶结的砂砾岩不同，北方石窟选址的母岩具有容易排水、防止渗水能力强以及易于建构较大的室内空间等特点。红砂岩排水、防止渗水能力较差。巴蜀地区的气候地理情况比较特殊，表现在以下方面。其一，江河水系发达，地表径流和地下水储存都比较丰富，年降雨量大，大气降水的直接冲刷和面流水的侵蚀较强。因此，水的侵蚀，对石窟空间的破坏较大（目前巴蜀地区有些大佛虽暴露在外，但是在造像之初，皆建有大佛殿进行遮盖保护，可免于冲刷水和面流水的侵蚀）。其二，和北方石窟气候干燥、植被较少不同的是，巴蜀地区潮湿的气候容易滋生霉菌或长苔藓，易对石窟内造像表面造成破坏。加之植被良好，所有摩崖石窟和大佛窟皆选址于茵茵良木覆盖的山崖，发达的植物根系的开裂作用对空间较大石窟的影响也是不可小觑的。此外，人工开凿石窟，会影响红砂岩原有的层理结构，形成裂隙，或位移失稳。

综上原因，在巴蜀地区经营北方室内空间较大的石窟，相对困难。石窟空间经营由深邃空间向壁面开凿排列浅龛，除了宗教发展、艺术表现等原因外，地质条件是关键性因素之一。

从图3.1、图3.4来看，巴蜀摩崖造像在山脉分布上，基本位于岷山、邛崃山、夹金山、凉山一线东面，北起广元、剑门一带，西至邛崃、雅安一带，南至江安、泸县等。从地质地貌来看，摩崖集中在丹霞地貌分布区和红层分布区。丹霞地貌部分分布区处于龙门山地带和龙泉山地带，由川北一线向川西南延伸。这里集中了广元千佛崖、皇泽寺摩崖造像、剑阁鹤鸣山摩崖、青城山摩崖等。其余的摩崖石窟则分布在红层分布区，西南部山区龙门山前沿的屏山大佛，由西南向东绵延发展，主要地域有巴中、绵阳、德阳、眉山、资中、资阳、乐山、重庆大足等地，是摩崖分布最集中的区域。

摩崖沿长江支流嘉陵江、涪江、岷江、青衣江、巴河等传播分布，而巴蜀地区的丹霞地貌、红砂岩也基本分布于这个地带。摩崖造像的地理分布和红砂岩的地理分布基本一致，这并不是一个巧合，而是说明除了政治经济原因使摩崖沿着一定的路线传播外，有没有很好的载体也是摩崖形成的一个关键因素。摩崖石窟沿着红色或近红色砂岩地区分布是有其自然地理合理性的。针对这种地理地质情况，巴蜀摩崖造像转向更适合本土地质的方向（岩体巨大完整、坚硬）——雕刻大像，即在岩体表面进行作业形成大佛或凿浅龛置像，形成了自己新的造像特点和风格。

三、摩崖石窟分布与行政区划

从整体观念来说，巴蜀摩崖石窟的兴起和发展，与特定的政治背景和社会文化环境有关，其分布和一定的行政区划和文化环境有关。纵观巴蜀摩崖石窟的分布，其中的规律反映了巴蜀地区特定的政治经济文化背景。行政区划对摩崖的影响包括唐宋时期的地理行政区域划分、地域间的文化环境差异以及各个地区历代行政官员对宗教的重视程度。从历代的历史沿革和行政区域划分中可以找寻出摩崖的历史地理分布特征。

隋唐之际，佛教文化发展迅速，佛教造像文化也有升腾之势，在巴蜀地区形成了以川北为第一中心的佛教造像文化圈。同时，道教造像兴起，在巴蜀造像史上有了浓墨重彩的一笔。隋代时造像范围所及广元、剑阁、蒲江、巴中一带，但尚未发现有大量的隋代摩崖造像，主要是零星的窟龛分布。

中晚唐以及五代时期的巴蜀相对稳定，经济得到良好发展；在艺术成就方面，综合了北方入蜀艺术家的力量，形成独特的地方文化圈；五代时期巴蜀经济、艺术、佛教的发展，为宋代巴蜀摩崖造像攀上顶峰打下了基础。这个时期的造像主要集中在川西、川中地带。资中、蒲江、遂宁、乐至、合川等地在五代时期开凿造像，安岳大足一带的五代造像也比较多见。

从隋唐五代的摩崖发展分布来看（图3.5），主要集中在川北和川西一带，但五代的造像开始集中在川中。剑南道内分布的唐代摩崖最多，其成都府周边的昌、合、普、嘉、眉、邛、简、资等地区都有大量的摩崖石窟存在。剑南道的经济发展相对良好，为摩崖石窟的大量开凿提供了物质条件。

从唐代中晚期的摩崖石窟开凿来看，山南西道和剑南道集中了隋唐五代大部分的摩崖石窟。川北广元一带的摩崖石窟开凿减少；而山南东道和黔中道分布的摩崖造像一直不多，且分布较为零散。

宋代的摩崖造像在唐代的基础上发展，而相对集中在梓州路的普州（今四川安岳）、昌州（今重庆大足）、合州（今重庆合川）一带，并且在摩崖艺术上有了创新性发展，形成巴蜀地区的摩崖奇观（图3.6）。尤其是大足宝顶山、石门山、石篆山、南山、安岳毗卢洞、华严洞、圆觉洞、合川涞滩二佛寺等处的摩崖石窟，达到了巴蜀摩崖石窟创作的巅峰。资州、遂宁府、潼川府等在宋代也相继开凿新的石窟造像。成都府的眉州、夹江等处在宋代也有相应发展。利州路的摩崖石窟开凿逐渐减弱，而夔州路的造像相对隋唐时期要活跃，尤其是元明时期的南岸弹子石大佛和江津石门大佛是后期造像中的佼佼者。

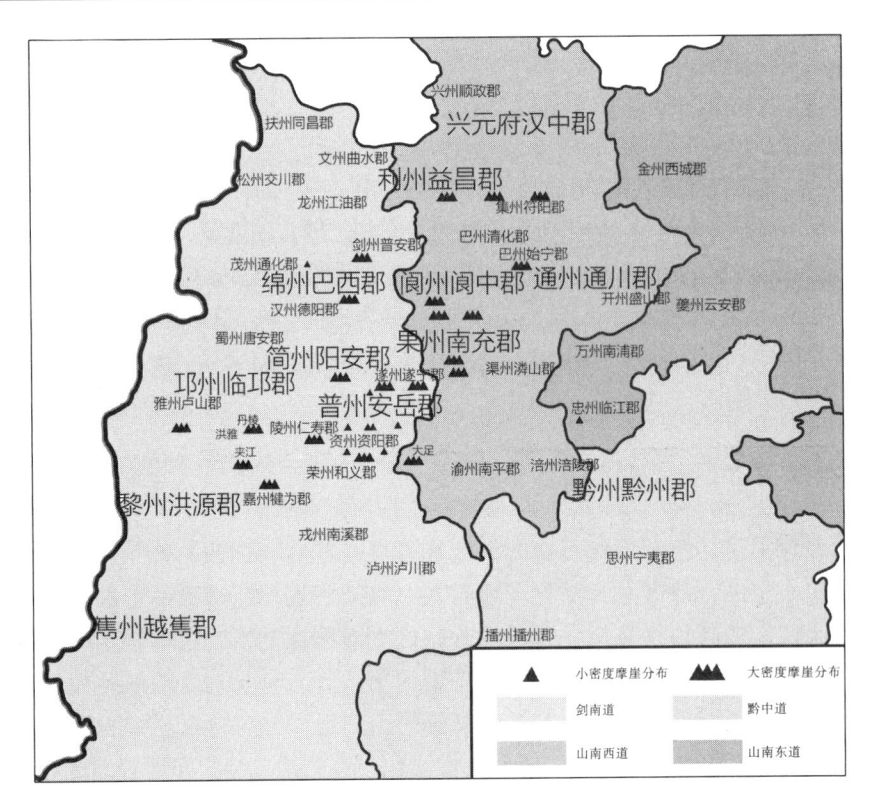

图 3.5　隋唐五代摩崖分布图

(谭其骧：《中国历史地图集·第5册：隋、唐、五代十国时期》，上海：地图出版社，1982年)

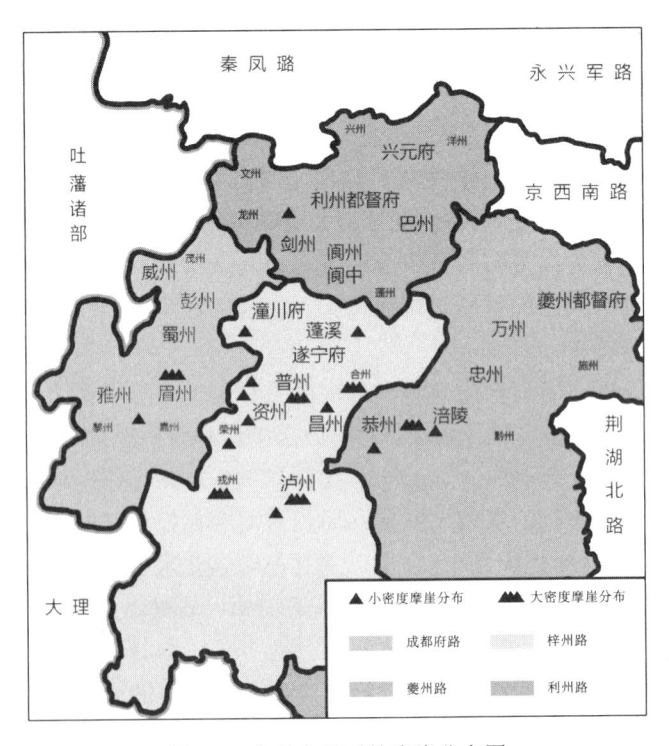

图 3.6　宋及宋以后的摩崖分布图

(谭其骧：《中国历史地图集·第6册：宋、辽、金时期》，上海：地图出版社，1982年，第29、30页)

对比图 3.5、图 3.6 可以看出，摩崖造像随着年代推移，有由川北往川中、川西往川中相对集中分布的趋势。通过文化中心向其他城市传播是宗教传播的基本方式，但在历史文化传播的过程中，由于种种原因，有文化传播转移的现象，摩崖造像的分布也存在这样的特点。摩崖石窟经历了从隋唐时期以川北一带为核心，逐步往川中及其腹地转移的历史发展趋势。这是历史发展过程中与当地的政治经济、社会文化紧密相关的结果。根据巴蜀摩崖在不同区域的开凿规模及造像题材可以推测出摩崖石窟的兴起曲线及历史发展轨迹。

行政区划与巴蜀摩崖石窟集中分布圈：特定的历史环境及文化氛围、地方政府官员的重视、佛家文化名人等的影响，使得在特定的行政区域内形成相对集中的摩崖石窟分布。巴蜀的摩崖石窟存在明显的重点分布区域。根据现状，我们可将其分为巴蜀摩崖石窟四大集中分布区域：以邛崃、夹江、乐山为核心的南部摩崖石窟分布圈，以广元、巴中为核心的北部摩崖石窟群，以眉山为核心分布的西部摩崖石窟圈，以大足、安岳为核心的东部摩崖石窟圈。这些摩崖石窟在特定的政治文化背景中，充分展现自己的特色，逐渐形成自己浓郁的地方特色(图 3.7)。

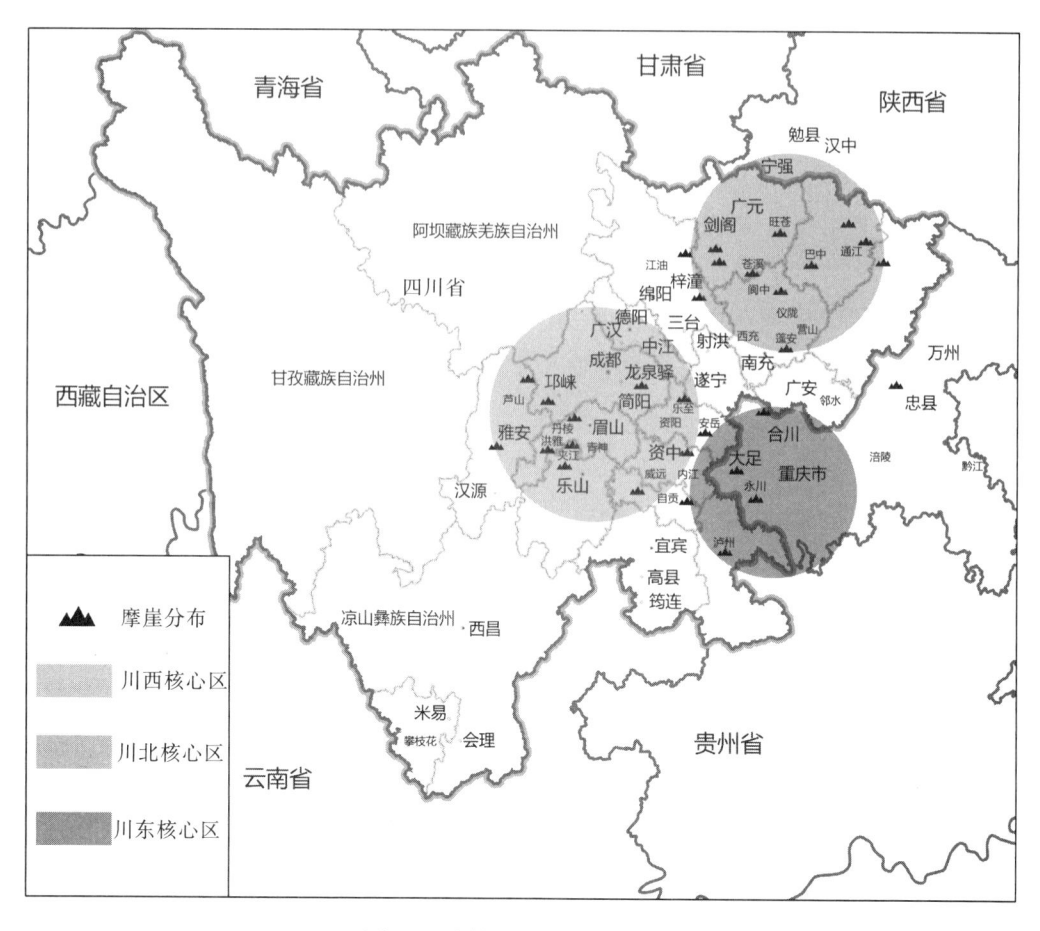

图 3.7 多核心分布的摩崖石窟

以邛崃、夹江、乐山为核心的南部摩崖石窟分布圈：邛崃、乐山、夹江一带是巴蜀古文明发源地带，又曾是南方丝绸之路的必经之地，佛教文化从这里逐渐向巴蜀腹地渗透。这一带分布的摩崖石窟造像年代主要是从北魏到唐宋。尤其唐代的摩崖石窟最为集中，并渗透着较为浓厚的中原佛教造像处理手法。最有影响的是邛崃摩崖石窟群、夹江千佛崖和乐山凌云寺大佛造像。

以广元、巴中为核心的北部摩崖石窟分布圈：广元古称利州，是中国唯一女皇帝武则天的故乡，处于四川的北部，素有川北门户之称，是古代巴蜀通往长安的必经之路。这一带的摩崖石窟分布也相当广泛，从时间跨度上可谓从北魏到明清时期都有摩崖石窟的开凿，其中以隋唐时期的摩崖石窟最为著名。

巴中古属梁州之域，北魏置巴州，唐代为益州，从北魏以来一直都是州府的治地，经济文化相对发达，为摩崖石窟建设奠定了良好的经济基础。政府官员非常重视摩崖造像（巴州刺史严武为保护南龛摩崖石窟作《乞额疏》，向皇帝奏请修建西龛"光福寺"等），以及历代文人的书画篆刻，都为这一地区摩崖石窟的发展起到了积极的作用。形成了以南龛、西龛、东龛为辐射中心的巨大摩崖石窟群，根据调查统计，在巴中的历史辖区内，分布的摩崖石窟有100余处。

以眉山为核心分布的西部摩崖石窟圈：包括仁寿牛角寨、丹棱郑山、蒲江飞仙阁等著名的摩崖窟龛。主要集中了唐代的精彩窟龛，从题材上来看，佛、道两教都有所反映。

以大足、安岳为核心分布的东部摩崖石窟圈：其特点是分布密度大、历史延续时间长、以宋代的摩崖石窟最为集中、造像类型丰富、题材多样、带有浓郁的地方文化色彩等。根据目前的统计，大足、安岳地区分布的摩崖石窟有300余处，可谓巴蜀摩崖石窟分布最为集中的地方。这与特定的历史环境有关。唐代末昌州刺史静南军大使韦君靖在龙岗山开建永昌寨，开创北山石窟，州县官吏和当地士绅、平民、僧尼等相继效法，摩崖石窟造像活动迅速升温。

造像的核心领域开始从隋代的川北核心圈向川中转移，在中晚唐时期，由嘉陵江领域上游往中下游转移。由川北广元、巴中等地往川中如资中等地转移，川西的临邛、眉山、仁寿、丹棱、乐山、资阳等地开始出现大量的摩崖造像。其分布领域除了在隋代的基础上继续发展外，还拓展到了现在的安岳、大足以及长江中下游忠县一带。巴蜀的摩崖历史发展可分为两个带状：其一是纵向分布的自北向南发展带，即沿着嘉陵江流域，从川北自南充、遂宁一带到合川；其二是横向的自西向东发展带，自川西重点区域眉山、乐山一带往川中自贡、资中等地往东传送，直到密度最大的大足、安岳一带（图3.8）。纵横两带在川东靠中地区交叉，在交叉地带里出现了安岳、大足、合川这三地摩崖，成为中国石窟晚期造像的巅峰。

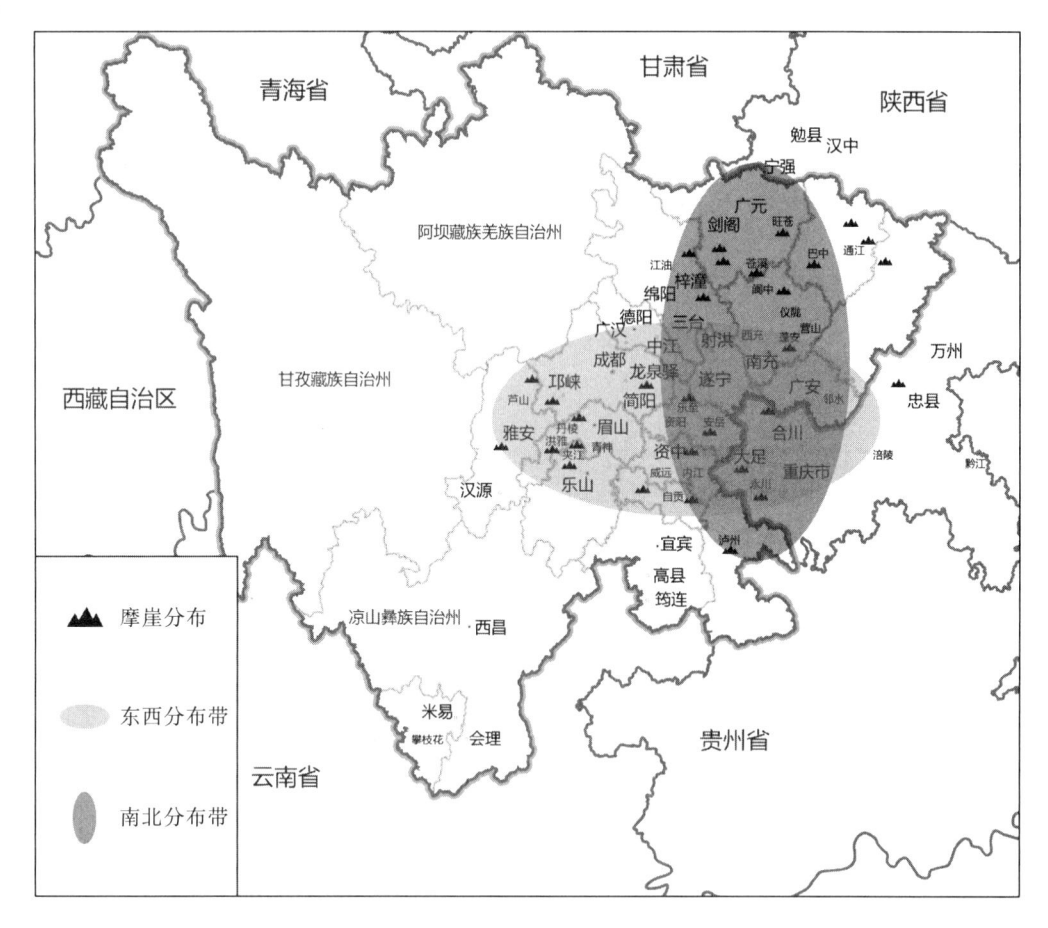

图 3.8 带状分布的摩崖

第二节 摩崖石窟选址与区位环境特色

摩崖石窟的选址，在考虑便捷的交通和有利的建设环境的基础上，十分注重摩崖石窟的环境气势与山水格局、园林景观环境的塑造，形成了浓郁的巴蜀摩崖石窟选址布局特色。

一、摩崖石窟营造环境与山水格局

在历代诗人对摩崖石刻的题诗中，可以看出摩崖石刻的选址与山水格局的关系。如元葛湮题千佛崖："绝壁悬崖阁道连，惶惶巴蜀几更年。三千佛诵华严偈，五色云开宝座莲。剑石林僧镌梵像，嘉陵江月印心禅。"（《中国地方志集成》编委会，1992）明杨慎题飞仙阁摩崖："飞仙阁上元珠侣，千佛崖前巴子水。"（《中国地方志集成》编委会，1992）勾勒出摩崖与山水共存的情景。说明了良好的自然环境，是摩崖选址的首要条件。在摩崖选址中，往往根据所营建的摩崖形态、规模，而选择相应的山水自然形态、地势格局等。摩崖选址于山水格局方面有以下特点。

1. 注重选址的山水环境气势

有山有水是摩崖石窟选址的良好环境条件。巴蜀地区山地起伏，江河纵横，又因丰富的丹霞地貌，往往在沿江地带形成许多垂直的崖壁，这给摩崖石窟的开凿创造了良好的地质条件。开阔的江河水面又为摩崖造像创造了良好的空间环境，这是摩崖石窟首选的场地环境。这样的选址在巴蜀江河地带最为普遍，并各具环境气势。这种地形地貌有利于摩崖石窟的垂直叠龛和水平延展，与山水结合并形成壮观的宗教环境气势。

嘉陵江、岷江、沱江及其支流形成的陡峭崖壁规模巨大，很适合开凿大佛。例如，乐山凌云寺大佛，高70余米，就是借助岷江、青衣江、大渡河汇聚处的陡峭崖壁雕凿而成，摩崖与山体、摩崖与江面形成宏大景观，数里之外可见其势，可谓最有典型意义的以山水造势的选址环境(图3.9)。类似的大佛摩崖造像还有长江上游的江津石门大佛、南岸弹子石大佛等。

图3.9 摩崖营造与山水格局(乐山凌云寺)

[(清)文良等修，(清)陈尧采等纂：《中国地方志集成——四川府县志辑》之《同治嘉定府志》，成都：巴蜀书社，1992年，第25页]

沿江崖壁和崖壁上形成的台地，是摩崖与佛教寺院组合的选址环境。这样的选址环境，有利于大规模的佛教组群建设。典型的例证是潼南大佛寺佛教建筑群选址环境。位于涪江旁的断崖台地，其垂直坚硬的红砂石崖壁高20余米，顺江面延绵数华里[①]，崖壁之上是开阔平坦的台地。岩崖壁上是系列的佛教摩崖题刻和大佛摩崖造像，台地上的佛教寺院与摩崖造像建筑浑然一体，形成浩大的佛教环境气势，沿涪江下游十里之外可见其形，可见这种选址的环境优势。

摩崖多顺江连绵，绿色的山体、红色的砂岩、万千佛像各分置在大小龛中，此般壮阔景象倒影于江水之中，天上人间，虚实相映，更显得气派非凡。

有的摩崖石窟选择环境优美的沟谷崖壁，较之沿江崖壁，虽然没有那么气势浩大，但

---

① "华里"是古代的长度单位。1华里=500米。

往往形成相对封闭的山水格局。如大足的北山摩崖石窟，选址于大足龙岗山的台地半山腰，整个山体林木茂密，通过数华里长的爬山石板大道进入台地，有长500余米的断崖掩映于林木之中，形成一种安静而颇有气势的佛教环境，这里是大足开发最早的摩崖石窟群，更具巴蜀佛教寺院的选址特色。巴中的南龛等均属于这样的选址环境特色。

2. 灵活利用山水格局进行营造

摩崖选址不仅在于善用具有气势的山河沟谷，还善于选用灵活的自然山水条件营造摩崖环境（图3.10）。

1.广安冲相寺

2.丹棱郑山

3.安岳圆觉洞

图3.10 摩崖选址环境

(自摄)

在四川盆地的浅丘地带，山丘走向平缓，山体构造呈剥蚀或侵蚀状，周边形成崖壁，状若方山；或形成断续变化的崖壁，岩层倾角不大，立面若割切般齐整。摩崖石窟选址于这样的地形环境，并根据山体崖壁连续状况分布不同的窟龛，形成多段摩崖，如安岳千佛寨、圆觉洞，大足石门山等均属这样的选址类型。

利用因地壳造山运动遗留的簇生巨石营造摩崖石窟，灵活利用山石环境进行选址。这种类型的摩崖石窟，虽然规模不大，但因巧妙地利用自然山水环境而显得精致玲珑，形成独特的佛教文化景观，如安岳玄妙观、宜宾灵石寺、丹棱郑山、仁寿牛角寨等处的摩崖选址属于这种类型。

摩崖的主要功能是供奉神仙佛祖，在经文中诵称佛祖的居住环境内有"如意功德水""多宝池"等水景。这是宗教教义内容对净土世界的阐释。同时，由于摩崖寺院内有僧人居住，选址附近必须有水源，以满足僧人日常生活之需。因此选址需近于江河、湖泊、水库等。

在远离江河的地带进行摩崖造像，通常会结合自然地形环境进行水环境的人工营造。如安岳的千佛寨，在山腰南北岩交叉处即有人工水池，较好地营造了山水环境气氛；或引山涧溪流汇聚成池，如阆中东山园林，于摩崖地带上方砌筑圆形水池，即引小溪活水于池，构成自然与人工结合的山水环境；或巧妙利用崖壁渗水，形成小巧玲珑且具有神秘感的圣水池，如合川涞滩的二佛寺摩崖造像，在大佛造像靠近地面一侧，即有清澈见底的小池，皆由大像及崖壁的岩体渗水汇聚而成，成为求佛拜神者几乎必饮的圣水池。四川南部县的禹迹山大佛背靠山崖，平面呈马蹄形，可绕佛像双足观览。佛像的双脚与山崖间利用崖壁渗水形成神秘的水体；江津石门大佛为脚踏莲花之观音，其造像右下角处有滴水长流，形成小小水池，常有信众以此为神水而接饮。

石窟寺的规模大小，很大程度上取决于其选址的山水格局。连绵的河边沟谷是连续的千佛崖的理想选址用地；高而平整的山体崖面适宜大佛造像的选址，巴蜀特定的历史文化和独特的山水环境格局，成为国内大佛造像分布最为密集的地方；低山丘陵、巨石堆积之地则进行分段式、组团式雕刻。对于水的引导利用，亦有规律可循，可利用大江、自然湖泊进行造势，或者人工挖掘沟渠池塘，改善其自然环境，这些都是根据摩崖石窟山水格局进行的不同的石窟寺营造方法(图3.11)。

1.资中重龙山摩崖

2.乐山青神中岩摩崖

图3.11 摩崖环境与水格局

(自摄)

3. 注重选址自然形态的完整性

摩崖石窟的选址，除了便于开凿，还十分注重有利于佛教的空间环境烘托。在开凿造像时，尽量利用并结合山体的自然特征来设计雕塑内容，不破坏原有沟坎的岩石结构，利用其山间沟谷的自然形态，形成相对封闭的空间来适应佛教的环境气氛，是最为理想的选址环境。大足宝顶山大佛湾石窟寺和安岳卧佛院就是这样的典型选址环境。

大足宝顶山大佛湾石窟，位于平坦丘陵台地的凹陷谷地，东西长约 500 米，南北宽 40～120 米，崖壁高 15～30 米。三方围合，一方敞开，呈"U"形平面，当地俗称马蹄形平面。环绕"U"形平面周边是垂直陡峭的红砂岩崖壁，是雕凿摩崖石窟的良好场地。马蹄形开敞的一面，有清澈的溪流，溪流对岸有自然优美的山峦，与马蹄形场地构成围合的空间环境。环绕崖壁的是系列佛教雕刻题材，穿插着碑记、题刻、塔等，组合了华严三圣、千手观音、大型经变等雕刻，形成气势磅礴的宗教道场。崖壁顶部是开阔平坦的自然台地，林木葱绿，动静分明，景观层次富于变化，当属巴蜀摩崖石窟的精品之作（图 3.12）。

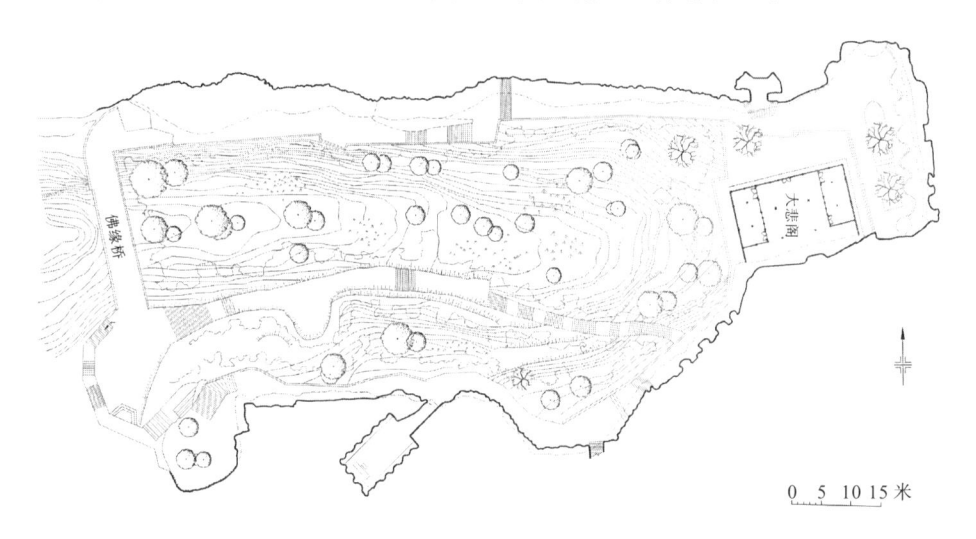

图 3.12 大足宝顶山大佛湾石窟寺平面图
（重庆大学建筑城规学院历史研究所提供）

安岳卧佛院也属于这样的沟谷选址类型。卧佛院西面有伍家桥河，南面有琼河，东面有跑马滩河，三河绕卧佛院而过，形成大型曲面冲沟，整个平面如"几"字形。冲沟长约 1 千米，两边崖壁高约 20 米。在沟的两边高约 20 米的灰砂岩崖壁上，结合崖壁走势和天然形态，雕凿有 20 余米长的卧佛及佛教造像 140 余龛。这种内聚性的摩崖布局的优势在于摩崖山沟陷于山洼低谷之处，空气对流较小，日晒时间较短，可避免日晒风吹导致的造像过早过快风化。另外，在相对封闭的环境内，崖壁较陡直，宗教氛围更加浓厚，容易使人凝聚心神，提早领悟，窥得法门。

为取得天然峭壁与优美的景色，石窟选址往往都注意依山面水，并根据具体的地形特点，在恰当的位置选址开凿。如利用高低落差，顺应自然山地，依山开凿，形成有规模的摩崖石窟。即使是在田间地头，也可巧妙地利用地形高差开龛造像，形成有特色的摩崖石窟。其田间作物四时变换，枯荣更替，龛内神像恒持微笑视之，禅意无尽融于山野。

二、摩崖石窟的选址类型及特征

选址类型：摩崖的选址类型可概括为四种，即河边沟谷阶地、山间断崖台地、沱湾山麓、丘陵间地（图 3.13）。

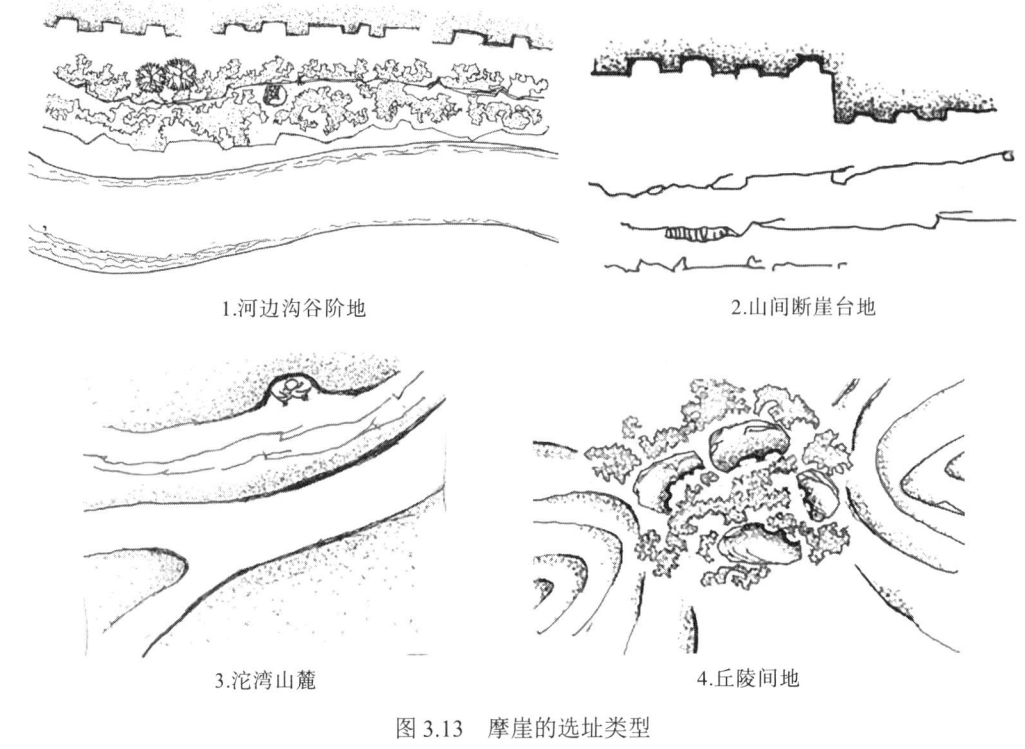

1. 河边沟谷阶地

2. 山间断崖台地

3. 沱湾山麓

4. 丘陵间地

图 3.13　摩崖的选址类型

（自绘）

河边沟谷阶地：这种类型是摩崖选址中最常见的一种。利用"V"形河谷两边的崖壁营建大型的摩崖石窟，或是利用沟谷边的带状阶地创造大幅摩崖景观。这样的选址通常注重营造良好的视觉景观，并创造出宏伟的宗教气势。著名的广元千佛崖、夹江千佛崖就是这种类型中的典型。

山间断崖台地：选择山峰起伏较小、崖壁状况良好、崖壁前有较开阔台地的地形进行开窟造像，也是摩崖石窟的佳选。例如，巴中的南龛摩崖石窟、大足的北山摩崖石窟、石篆山摩崖石窟、南山摩崖石窟皆属此种类型。此外，摩崖石窟寺往往选择有局部断壁形成沟壑的山体，并顺应断崖台地沿纵深发展，道路随地形高差起伏变化，形成景深层次丰富的摩崖景观。部分摩崖石窟寺选址于山顶或山腰的崖壁裸露处，并进行分段造像。例如，安岳千佛寨，就是在山腰的南北两处多段崖壁上进行开龛开窟，形成一定的气势。此种选址注重山体前有较为开阔的台地，或选址之处台地形成环带，通绕山体，形成循环的交通线路，摩崖多建于山脚或山腰，采取集中式或分段式布局。

沱湾山麓：此种选址类型多以大佛窟为主，选择在沱湾处的山峦进行大像开凿，通常选择在山峦山腰处进行造像，大佛朝向江河转流的沱湾处，水面宽阔，拥有良好的视野景观。涞滩二佛寺、江津大佛寺、弹子石大佛等，皆为此种类型。

丘陵间地：在低矮丘陵间地中簇生的巨石上进行多龛开凿，以散落的巨石阵围合成形。这种类型适宜小型的摩崖创作。如宜宾江安灵石寺，于寺旁若干巨石上开龛造像；仁寿牛角寨，也是在几处大石上进行开龛造像；旺苍木门寺前有两块巨石，一称晒经石，另一称佛爷石，共凿20余龛于其上。此外，在青神中岩伟岸的"V"形大山岭中，散布着巨大的红色砂岩，掩映在茂盛的植被中。这些岩石上分布着大小不一的窟龛，和山岭中的上寺、中寺、下寺结合起来，形成石窟、玲珑寺院和自然景观融于一体的盛况。但这种在巨石上开龛的摩崖规模通常都只有一两个主题，不能联系或围合为具有一定规模的道场空间。

巴蜀地区的摩崖选址基本沿着佛教传播所到之地，于临河、临江的河湾沟谷地带、山腰带状地区选择地质岩层稳定、岩石质地较好、剖面幅面较广的红砂岩崖壁进行造像；也有在已有的寺院周围选择有造像条件的巨石或崖壁进行开龛。除此之外，摩崖选址还要倚靠自然地形，结合江河湖泊，利用城镇周围山体，选择不同的台地进行不同规模的创造，摩崖的选址除了环境静谧、植被良好外，还有以下特点。

背倚山崖，前庭宽阔：摩崖石窟大多选择在气势磅礴的天然崖壁，前面有较宽阔的场地。依山面水是其特色，往往是面向大江大河，形成气势庞大的环境场面。如嘉陵江上游的广元千佛寺摩崖(图3.14)，在碧绿的嘉陵江旁的绵亘山崖上，凿出数万计的窟龛，这些窟龛与建筑、栈道一起构成了宏伟的摩崖景观。

图3.14 广元千佛崖示意图
(自绘)

摩崖选址多靠近江河汇聚处，形成视野开阔的空间环境：巴蜀地区河流众多，并多与山川结合，形成良好的摩崖之势。开凿于山崖的如潼南大佛寺、江津石门大佛、合川涞滩二佛寺、广元千佛岩等，均属此种类型，或开凿于大江宽阔处，或造像于江河汇聚处。潼南大佛寺开凿于涪江江畔，从大佛像的视角看去，可俯瞰涪江在此处形成的巨大河湾和良好景致。

江河汇聚的地方，多建有城镇，石窟寺的香火供应主要来自城镇居民或过往商客。通过定期举行庙会，或者佛、菩萨的生日，形成大型的佛教盛会。百姓涌入寺院，观看造像，香客跪拜佛像，烧香许愿，祈福消灾，寄托他们最大的愿望于宗教。这种行为持续至今，已不仅是单纯的宗教行为，还是地方世俗文化的一种展现。

摩崖选址于交通便捷之处，有利于保持旺盛的石窟寺香火，是石窟寺选址的关键要素。石窟寺与所依城镇的距离，多为一天步行可往返的距离。

三、摩崖石窟选址与城镇关系

从摩崖石窟的选址来看，多依托重要城镇而建，临水近山的城镇格局是摩崖石窟的首选。原因之一是摩崖石窟和城镇的选址都讲究山水环境，巴蜀地区的城镇选址多选择山间盆地或者山水紧密联系的河谷、河流交汇处及河流阶地等。而摩崖石窟的选址还在"天下名山僧占多"的概念内进行，同时对水体环境亦有讲究。两者在选址上的共通性使我们可以看到摩崖石窟与城镇的关系多为摩崖石窟在城镇周围的绵亘青山、红砂岩上进行选址；对于选址于山脚河谷的城镇，摩崖石窟就在山地升起、河床下沉而形成的带状峭壁上进行开龛造像。

多数大型的摩崖石窟寺选择在城镇附近，充分利用城镇周围的山川地形及自然环境进行选址，多在拥有良好崖壁的浅丘、台地等处进行开凿。摩崖石窟与城镇距离约数千米，因为古代人交通多靠步行，这样的空间距离利于人们的活动需求，可于当天往返。以大足摩崖的选址为例，以大足县城为中心，分布着重要的 5 处摩崖石窟寺：北山摩崖选址于县城西北处约 2 公里处的龙岗山上，多为晚唐五代时期开凿的作品；南山摩崖选址于大足县城东南面约 2.5 公里的南山上，以道教题材闻名；宝顶山摩崖选址于大足县城东北处 15 公里的谷湾地带，以大佛湾、小佛湾和万寿寺构成南宋摩崖道场，并以宝顶场镇形成依托；石门山摩崖选址于距离大足县城东面约 20 公里的浅丘崖壁处，以石马镇为依托；石篆山摩崖选址于大足县城西南面约 25 公里的连续崖面地带，依托于就近的三驱镇(图 3.15)。

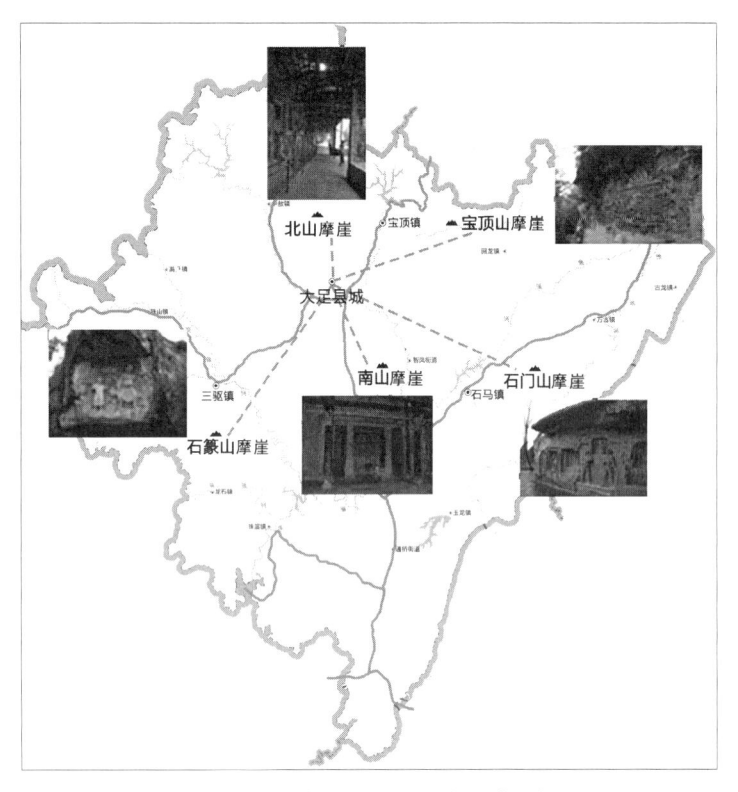

图 3.15 大足摩崖选址与城镇关系示意图

第三章　摩崖石窟分布规律与选址布局　　73

从大足的摩崖选址与县城的关系可以看出，摩崖选择城镇周围具有良好开龛条件的崖壁进行造像，并择就近之地建设寺院(或在寺院周围选择有条件的崖壁进行开龛)。寺院僧人生活和香火则依赖于与其距离较近的城镇。南山和北山距离县城较近，当天步行可往返，而石门山、石篆山和宝顶山摩崖相对较远，则选择就近的小场镇依托。

安岳是巴蜀地区摩崖选址与城镇关系最为密切的典型例证之一。如图3.16所示，有27处摩崖围绕安岳进行选址。最主要的有千佛寨、圆觉洞、毗卢洞、卧佛院、玄妙观、毗卢洞、孔雀洞、华严洞等。其中从安岳县城步行可达的有圆觉洞(选址于县城东南角1.5公里的云居山)、千佛寨(选址于县城西郊2.5公里的大云山)。距离县城较远的石窟则依托就近的小场镇进行选址，如毗卢洞位于县城东南50公里左右的塔子山和箱盖山山上，两者以就近的石羊镇为依托选址；卧佛院距离安岳县城约40公里，依托附近的八庙乡场镇选址；玄妙观位于安岳县城北面20公里的集圣山山腰，依托就近的鸳大镇选址。

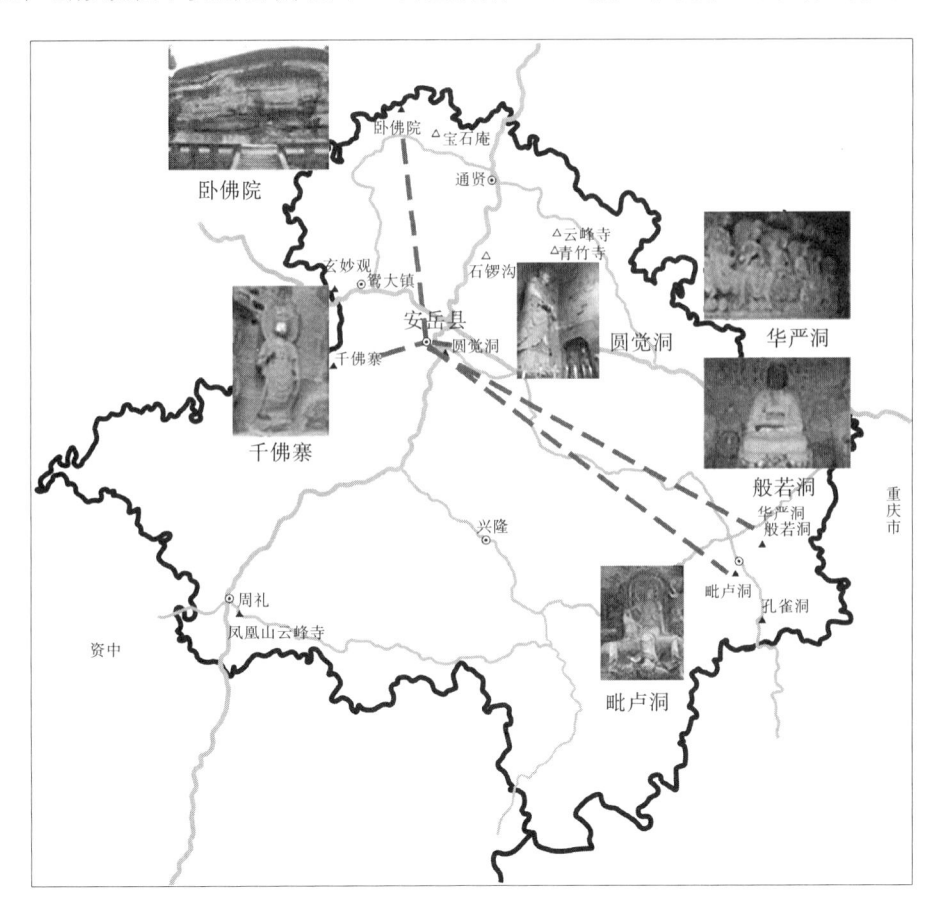

图3.16　安岳石窟选址与城镇关系示意图

(梁公卿主编：《中国西南文献丛书》，兰州：兰州大学出版社，2004年)

摩崖石窟通常根据城镇周围的山体走向，或者河流穿行形成的崖壁走向进行选址布局，如广元本地形成三处石窟寺：千佛崖、皇泽寺和观音岩，三处都沿着嘉陵江两岸崖壁选址。以邛崃临邛镇为中心进行选址的花置寺、磐陀寺等，都是在南北走向的邛崃山体支脉上开凿，自西向北依次分布有金华山、鹤林后山、花置寺、磐陀寺、石笋山等摩崖。蒲江县的摩崖石窟多选址于县城的西南面和东面。东面的大佛寺、太清观、长秋乡、石马沟、鸡公树等摩崖皆沿着南北走向的山脉进行选址，南面的飞仙阁、佛儿湾、猫儿洞、尖山寺、看灯山等石窟则沿着东西走向的山脉进行选址布局(图 3.17)。

图 3.17 蒲江、邛崃摩崖石窟选址与城镇关系示意图
(朱晓丽：《蒲江邛崃唐代佛教摩崖造像的题材和编年》，四川大学硕士学位论文，2005 年)

川东北的巴中地区有著名的四大摩崖石窟群，围绕县城按东西南北方位进行选址，称为东龛、南龛、西龛和北龛，这几个石窟寺距离巴中城区只有几公里(东龛位于巴中城东 0.5 公里的插旗山下；南龛位于巴中城南 1 公里的南龛坡；北龛选址于巴中城北 1 公里的苏山南麓；西龛在巴中城西 2 公里之西华山)，四龛围合县城进行选址布局，形成良好的宗教氛围，一直保持着旺盛的香火。

摩崖石窟寺选址与城镇的关系：摩崖石窟寺往往围绕人口较为密集的城镇进行选址，以城镇为核心，再以当天步行可达的距离为半径进行选址，是最为明显的特点。

第三节 摩崖石窟布局与空间环境特色

巴蜀摩崖石窟造像往往沿着河畔沟谷、带状山腰、大型巨石分布，并与传统佛教寺院并存，这种建筑与山水环境相互渗透的布局是巴蜀摩崖石窟的主要特点。凡规模较大的摩崖石窟，都有香火旺盛的佛教寺庙作为依托。摩崖的布局及其与寺院环境的关系，可以分为以下几种模式。

一、以寺院为核心的放射状空间布局

摩崖石窟往往与地面寺院共生，在空间布局上有密切的联系。

放射状布局有两种：其一是寺院置于摩崖石窟的一旁，环绕山腰开凿，与寺院呈扇形放射状布局；其二是以寺院为中心，摩崖石窟围绕寺庙、结合周围景观呈中心放射状布局。

扇形放射状布局：通常选择在山顶或山腰部分，寺庙置于山峰南面，摩崖石窟沿着与寺院对应的崖壁开凿，结合亭台建筑和景观小品，形成以寺院为中心的扇形布局。

形成这种布局的历史原因：寺院建筑一早落成，摩崖石窟沿寺院一旁的山腰开凿，多经过数朝数代持续开凿而成，其时间跨度通常从唐代开始一直延续到两宋元明清。

此类布局模式以安岳的圆觉洞[1]（《中国地方志集成》编委会，1992）和千佛寨为典型。圆觉洞位于安岳县岳阳镇东南面的云居山上，距县城约1公里。云居山南面地势较为缓和，原在此处建有真相寺，山体北面崖壁较为齐整，沿壁自东向西分布着北宋的数龛摩崖，著名的圆觉洞、净瓶观音和西方三圣龛就分布在这一崖段上。西面山体入口处有一龛，内存十三级浮屠一座。摩崖总量70多处窟龛，整个布局顺应山体，呈弧线形，以真相寺为核心，呈扇形放射状分布。

安岳千佛寨摩崖居于安岳县城西郊2.5公里的大云山上，山上原有唐代寺庙——栖岩寺，现存遗址位于大云山山顶东面，山顶天然的崖壁环绕呈带状，约20米高，摩崖顺延崖壁重叠开龛，间隔分布以窟。窟龛开凿时间由唐至宋延至元明清，其中唐宋两代规模较大，所占崖壁面幅大、雕刻艺术精美。唐代摩崖多选址于朝向较好的南段山体崖壁，宋代摩崖多在山体北段，在利用山体崖壁形态结合造像方面，宋代摩崖表现出成熟的艺术处理技巧，呈现出连续大气的摩崖气势。整个摩崖环境上有丛林掩映，下有青石铺路。摩崖崖面共计长700多米，100余龛，与寺院呈不规则的扇状放射布局。

摩崖石窟还顺应特殊地形呈扇形放射状布局，如沿着口袋形地形、巨石形成的巨石圈等开凿摩崖石窟；与寺院对应形成的独特放射状空间布局，如宜宾江安灵石寺摩崖、仁寿牛角寨摩崖等。

以佛教寺院为中心的空间模式：以规模巨大的佛教寺院为依托，摩崖石窟围绕寺庙布局，充分利用陡峭的天然崖壁自然延伸，烘托出宏大的宗教氛围。大足宝顶山石窟是这种空间布局模式的典型。如图3.18所示，宝顶山佛教建筑群由大佛湾石窟、小佛湾石窟、佛教禅院圣寿寺、广大寺和佛教遗迹圣迹池等组成。大、小佛湾均是摩崖石窟，圣寿寺是佛教寺院，三者构成三角形构图，构图中心是七层楼阁的万岁楼，成为联系上下佛湾的视觉中心，也是进入大佛湾石窟建筑群的标志。建筑组群以宝顶山为核心，山顶地势开阔平坦，分别布置规模宏大的佛教寺院圣寿寺、广大寺。中间有洼地，洼地积水形成有佛教传奇色彩的圣迹池。山谷内的马蹄形台地周边是环境优美的石壁断崖，摩崖石窟造像环绕崖壁延续展开，是典型的以佛教寺院为中心的群体空间布局模式。整个宝顶山大佛湾石窟呈"U"形，"U"之两臂较长，形成一处坐东朝西的深幽谷地。北、东、南为三面围合的摩崖崖

---

[1] 《道光安岳县志》载："……云居山，山有真相寺，寺后峭崖开数洞，洞内各有佛井、观音像，皆唐造，胸围古雅……由此转南，洞差小，像亦皆小，又转而西，摩崖石刻'龟鹤'二字，周围几丈许……"

壁，西面为"U"形出口。每幅摩崖独立成文，幅幅之间意义关联。由于是大型经变故事，图幅较广，因此在进行摩崖石窟规划的同时，不仅要考虑大的经变故事分布以及之间的逻辑关系，还要考虑雕塑之间的结构组合，并结合崖壁的多样性和独特性进行处理。整个规划深思熟虑，一气呵成，同时演绎出宗教内在的逻辑性、趋进性。

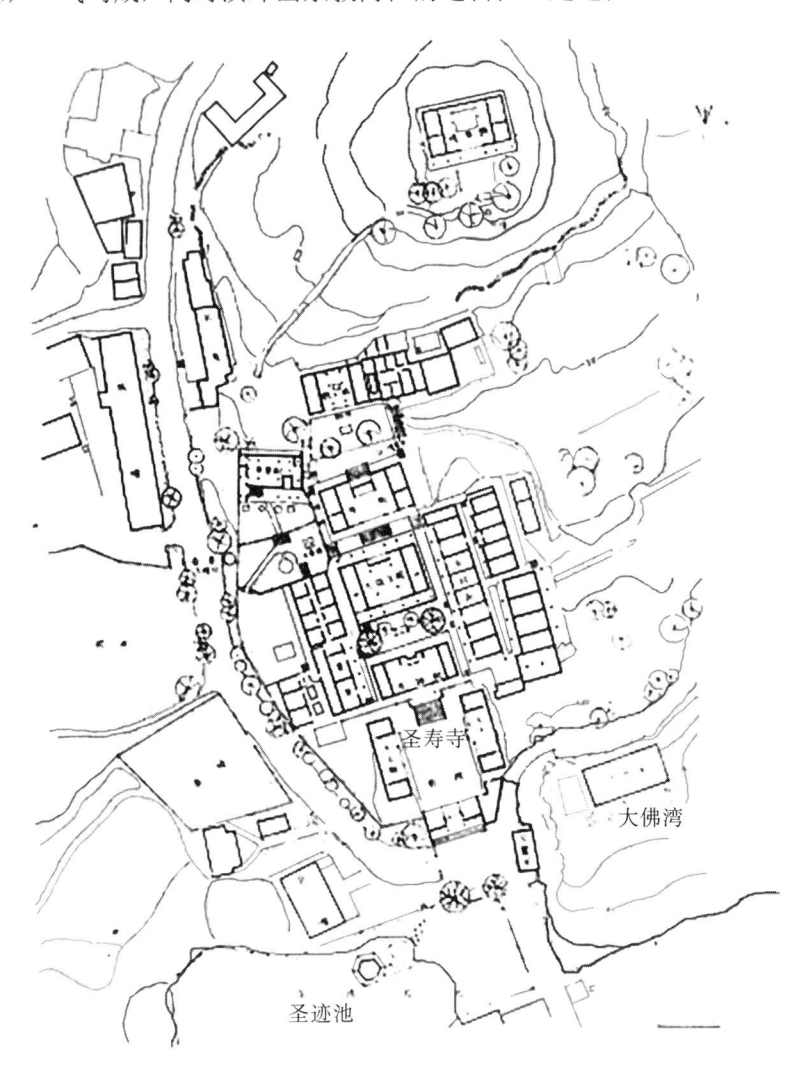

图 3.18 以寺院为核心布局的大足宝顶山摩崖
(重庆大学建筑城规学院历史研究所提供)

巴蜀地区目前保存的以寺院为中心呈放射状布局的摩崖石窟环境较少。因寺庙易于损毁，许多香火鼎盛的寺院如今唯余崖壁。例如，巴中西龛佛爷湾，早期以寺庙为核心，周围分布着龙日寺、流杯池等多处摩崖石窟，目前建筑环境已毁，而摩崖窟龛以寺院为中心布局的格局尤在。

二、顺应崖壁延伸的线性空间布局

顺应崖壁延伸形成线性空间布局的摩崖石窟道场比较多见，通常以"千佛崖"命名的摩崖，都是沿崖壁排列窟龛而形成的带状摩崖。这种模式又因地理环境不同而分成两种类型：其一是沿自然干谷形成的断崖分布，如大足北山、巴中南山等；其二是顺应江河峡谷分布，如广元千佛崖、夹江千佛崖等。

由于自然场地环境的限制以及摩崖石窟的艺术形态表达特点，线性空间布局模式较为普遍，如巴中南龛(图 3.19)、大足北山(图 3.20)、阆中东山园林、夹江千佛崖、潼南大佛寺、广元皇泽寺等均属此种类型。

图 3.19　线性布局的巴蜀摩崖石窟(巴中南龛)

(自摄)

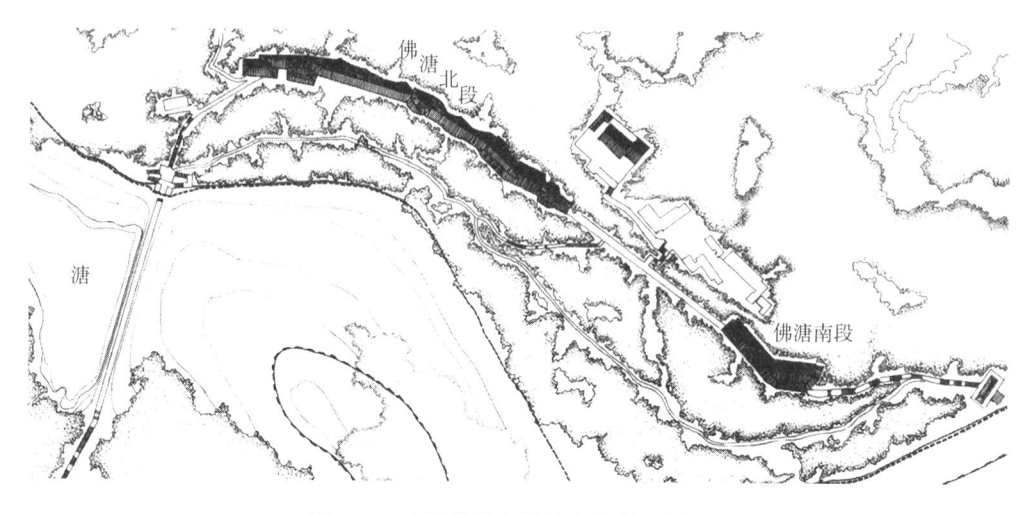

图 3.20　水平线性布局的摩崖(大足北山)

(重庆大学建筑城规学院历史研究所提供)

潼南大佛寺是这种空间布局类型的典型例证(图 3.21)。崖壁顺嘉陵江直线展开，由东往西依次是佛教造像和文字题刻于一体的摩崖石窟，独立于崖壁孤石上的是鉴亭楼阁式建筑，接着是保护摩崖大佛造像的大佛殿，殿内有 18 米高的唐头宋身释迦牟尼摩崖造像，构成潼南大佛寺的主体，最后以木构建筑观音殿作为尾声。信徒烧香求佛多从山上而来，利用天然崖壁凿洞，洞顶建筑四方攒尖亭，构成进入佛教寺院的第一道标志，通过洞门，一座五层的楼阁建筑构成轴线核心。另一条路径沿江而来，立于孤石上的鉴亭成为突出的入口标志，并与大佛殿从空间格局上构成门形框景。虽为一字布局，但空间起伏变化，场面壮观又具有丰富的天际轮廓界面。

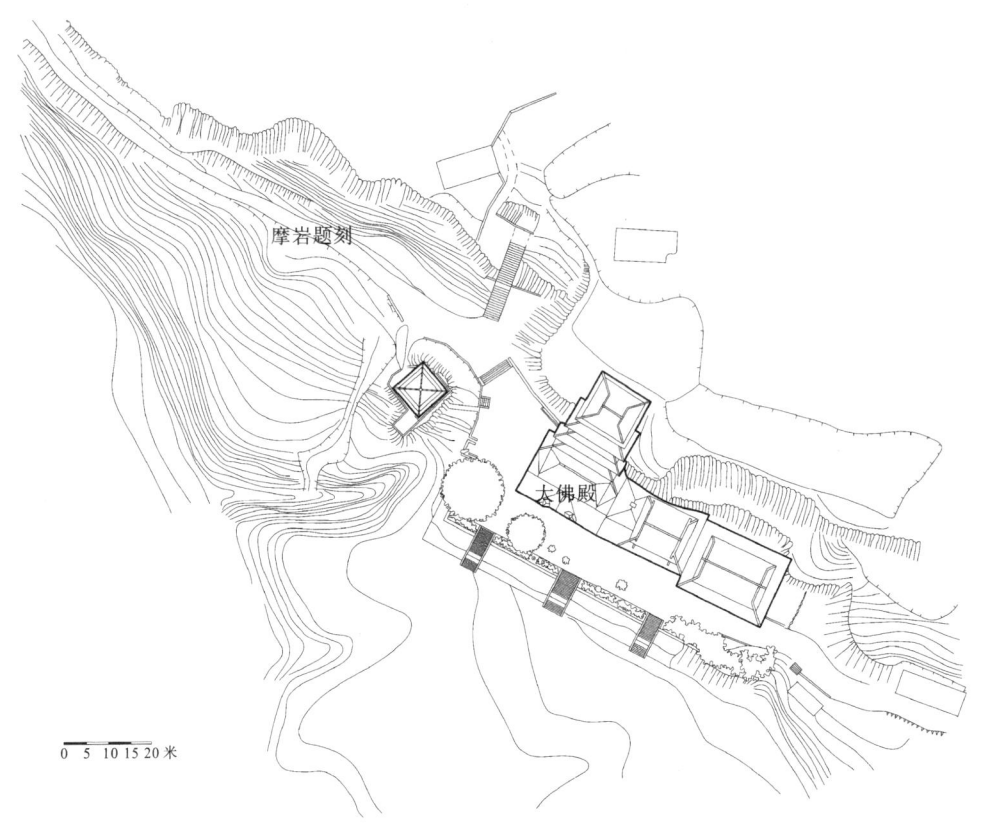

图 3.21 潼南大佛寺摩崖石窟总平面图

(重庆大学建筑城规学院历史研究所提供)

阆中东山园林以整个崖面为分布线，以题刻、建筑、大佛窟、序列浅龛形成现在的带状分布。高丈余的"虎溪"楷书是起点，紧接着是 10 米左右的大佛造像，接着是古朴舒展的北宋墓亭，最后以 150 余米分布着数龛唐宋摩崖石窟的天然崖面为尾声。整个布局排列铺张、洋洋洒洒，寺庙与书法石窟、摩崖石窟等前呼后应，衔接得自然合理，形成连续性的、丰富的、富于变化的线性布局。

大足北山石刻则以连绵 1 公里左右的连续摩崖取胜，如图 3.20 所示。其窟龛开凿按照时间顺序逐渐完善，北段摩崖多在晚唐时期凿就，五代及两宋摩崖自北向南开凿，形成了以时间为脉络的线性空间布局。

而夹江千佛崖则顺着青衣江分布，摩崖所在崖壁岩体下有暗河相随。此处摩崖石窟空间布局是顺着江边地形高差，形成沿垂直等高线变化的线性空间，并利用地坪高差，通过踏步进行转换，到达有退台的主龛造像。以入口牌坊、古镇、自然奇石、山顶寺庙等景点形成丰富的线性序列空间。如图 3.22 所示的沿青衣江分布的夹江千佛崖。

图 3.22　沿江分布的线性摩崖石窟（夹江千佛寺摩崖）

（自绘）

巴中南龛石窟的线性空间则是沿整体岩石断裂形成两壁相对的沟壑分布，南侧崖壁顶上建通透长廊，北侧崖壁则满刻陀罗尼经幢、文字诗词以及各式石窟。

顺着崖壁的天然走向进行多窟龛组合的巴蜀摩崖石窟宗教道场，环境特色各异。总体来说，线性空间布局的摩崖石窟的特点是选择合理台地，沿水平等高线崖壁进行凿窟开龛，尊重地质构造合理凿浅龛或开深窟，配合空间环境形成拥有一定气势的宗教道场。

三、利用地形的垂直转换空间布局

垂直水平转换的台地空间模式多沿着山体半坡逐步自下而上布局，或是环绕山体山腰布局。这种空间布局参照了中国以轴线为中心的传统建筑院落空间模式。作为群体空间布局的垂直轴线，摩崖石窟及地面建筑依附崖壁上升，而后由垂直轴线转为水平轴线，向山崖顶部台地纵深延展，布置佛教寺庙寺院。

重庆合川涞滩的二佛寺，即为此种布局模式。二佛寺分为下殿和上殿两大部分，上殿和下殿皆顺山势而立，以石牌坊为界；下殿是高 20 余米的摩崖楼阁式建筑，内置 12 米高的大佛造像和若干以佛教题材为特色的组群摩崖石窟。大殿既为殿内摩崖造像提供保护空间，又为信徒提供礼拜空间。通过摩崖建筑的垂直交通体系，往上攀登到山崖顶面台地，有沿轴线纵深布局的三进院落的佛教寺院，为二佛寺上殿。上殿和下殿均根据功能各自利用地形环境布局。上殿顺应地形高差纵深发展，庭院深深，是典型传统佛教寺庙建筑群的空间格局。而下殿则面向气势浩大的嘉陵江沱湾，依附崖壁拔地而起，构成雄浑的摩崖建筑气

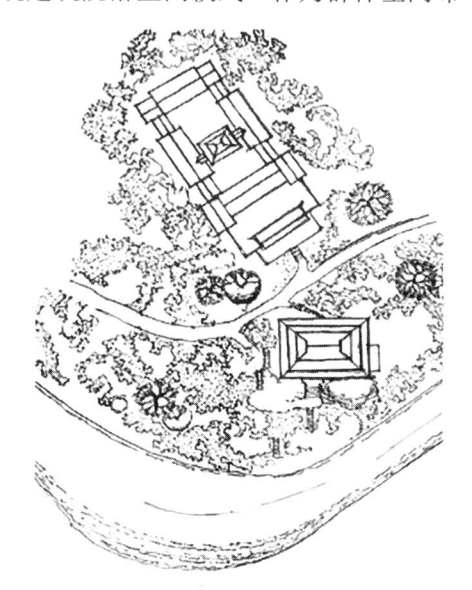

图 3.23　垂直水平轴线转换的摩崖寺院空间（合川二佛寺）

（重庆大学建筑城规学院历史研究所提供）

势。上殿和下殿虽然各具空间特色，但又统一在无形的轴线之中，构成山地摩崖石窟与建筑和谐的环境气氛(图3.23)。

巴蜀摩崖石窟以塑造大佛造像为特色，尤其是根据大佛造像而建构的大佛殿，为人们开展佛事活动提供了空间环境。从大佛殿外部空间来看，其高大的靠崖式佛殿沿崖壁垂直向上，建筑挺拔，天际轮廓线突出，成为摩崖石窟建筑群的显著标志。同时，大佛殿的纵向空间处理与横向崖壁、等高线上分布的寺院形成垂直转换关系。

资中北岩重龙山摩崖、巴中西龛佛爷湾也属于此种类型。资中北岩摩崖位于重龙山北山山腰，分为两组：一组位于古北岩下端的台地岩壁；另一组沿君子泉台地崖壁与第一组略呈平行布局，两组摩崖和重龙山南麓山顶平台的永庆寺呈转折轴线关系。大足宝顶山的大佛湾内，沿着山间洼地的带状崖壁雕刻着著名的大足卧佛，其与小佛湾处的圣迹池及圣寿寺，形成空间上的垂直转换关系(图3.24)。

图 3.24　垂直水平轴线转换的摩崖寺院空间(大足大佛湾)

(自摄)

四、自由灵活的分散式空间布局

自由灵活的分散式空间布局主要以大佛像摩崖石窟和巨石摩崖石窟为主。巴蜀地区的摩崖造像形式多样，其单体规模和组群形式迥异。唐宋以来，塑造大佛造像成为风气，促进了楼阁式建筑空间技术的发展。巴蜀摩崖石窟更以塑造大佛造像为特色，其中乐山大佛、安岳睡佛等都是有名的力作。大佛造像分两种布局模式：一种是形成群体摩崖造像中的一部分，如大足宝顶山大佛湾中的卧佛、合川钓鱼城卧佛等；另一种是以大佛造像为绝对构图核心，其余造像从属于大佛造像，如乐山大佛、资阳半月山大佛等(图3.25)。

图 3.25　巴蜀大佛分布图

中国建造大佛的风气从云冈昙曜始，但是目前保留的大佛多为唐宋造像，且多集中在巴蜀地区，究其原因有三。其一，唐武宗灭法，使佛教在北方中原的主要势力受损，西南域的造像却不断壮大发展，尤其是大佛造像形成多点分布，其造像特征具有年代持续性。其二，巴蜀地区的封建经济在唐宋时期得到良好发展。艺术家的大量入蜀，中原佛教人物与本土佛教的交流，本土艺术家、雕塑家的崛起，使得佛道文化艺术在巴蜀地区独放异彩。其三，巴蜀地区的地质地貌为开凿大像提供了很好的物质条件，且早期的汉代崖墓开凿技术为大佛开凿奠定了一定的技术基础。

大像窟的分布在巴蜀地区比较零散，目前保留的大佛造像时间多为唐，部分为宋代和元明所凿。大像窟的选址对于山体崖壁的高度有一定要求。山体崖壁的规模决定着大像窟的最终成像布局。

点式布局的大佛造像，多以主像山头为核心，控制着周围其余小型造像窟龛。其环境景观、建筑布局，以突出点式为主，如江津石门大佛，位于长江边，坐北朝南；实为一尊高13米左右的观音；佛殿建筑高20余米，外观处理为七层九脊殿楼阁式建筑；耸立于宽阔的长江边上，蔚为壮观。类似的布局有容县大佛和仁寿牛角寨大佛、弹子石大佛(图3.26)等。除了大佛造像为点式布局外，还有在独立巨石上开凿摩崖形成的布局，如青神中岩摩崖石窟、宜宾灵石寺摩崖石窟、丹棱郑山摩崖石窟等。丹棱郑山摩崖石窟选址于山腰处一平台，若干巨石呈扇面状分布于平台上，沿着其中三块巨石周围密布摩崖窟龛，如图3.27所示。

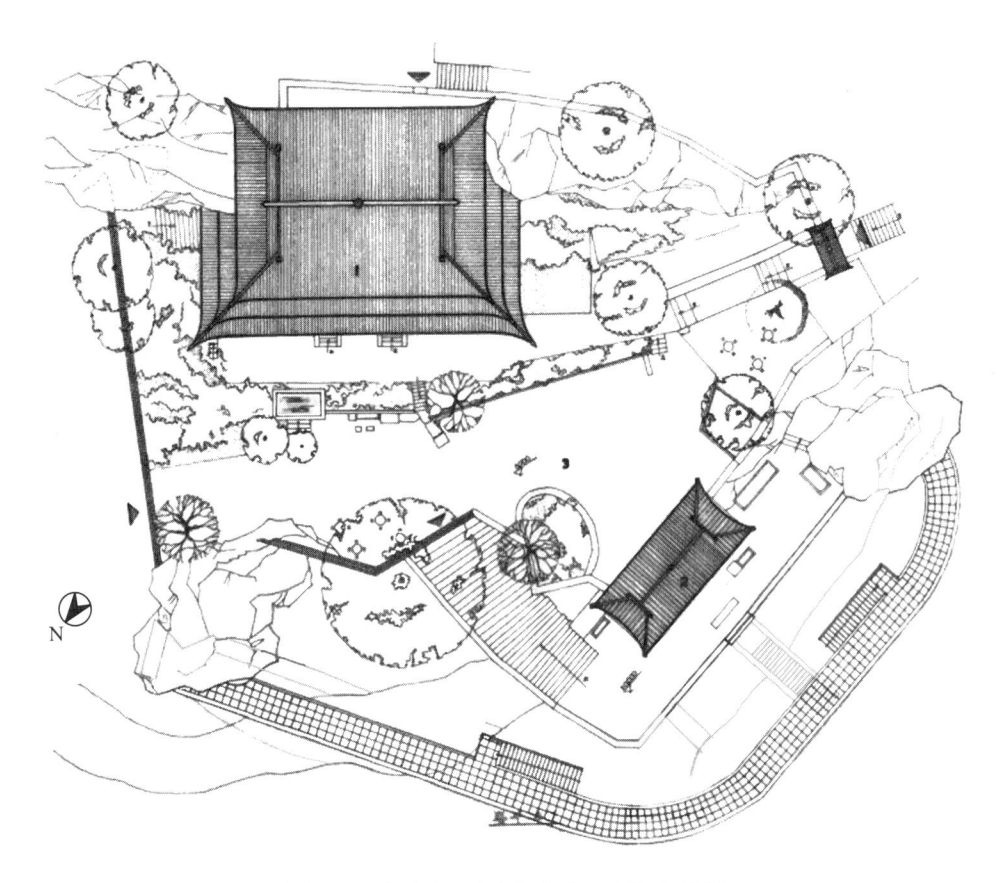

图 3.26 点式布局(重庆弹子石大佛平面图)

(重庆大学建筑城规学院历史研究所提供)

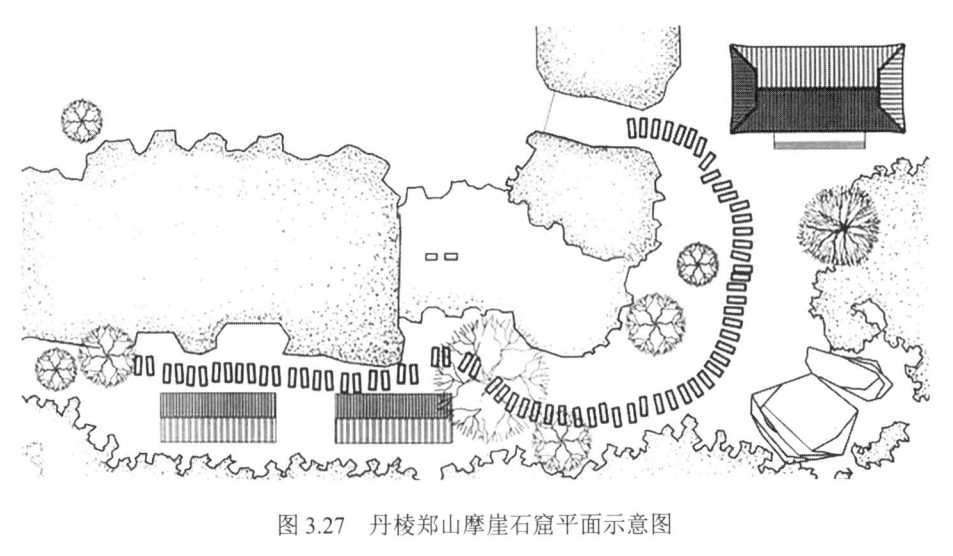

图 3.27 丹棱郑山摩崖石窟平面示意图

(自绘)

第四节　巴蜀摩崖石窟与环境景观塑造

元人察罕不花题咏广元千佛崖的诗歌中，总结了摩崖石窟与自然环境、寺院建筑、栈道路线等之间的关系。诗云："凿石穿崖作楹殿，肖形刻琢俨如生。路临峻壁龛边过，人在危崖栈上行。蔼蔼云峰当户秀，滔滔江水入檐清。"（《中国地方志集成》编委会，1992）很好地阐述了巴蜀摩崖石窟园林在环境景观塑造方面，是由摩崖、建筑、路径、山水环境组合而成的。

摩崖石窟园林的景观环境塑造跟寺院园林接近，皆由楼阁、亭子、廊道、径、池、树、花等元素构成。唯一不同的是，摩崖石窟园林是以摩崖为主题来组织园林布局。巴蜀摩崖石窟选址讲究近山临水，选择植被覆盖良好的地方。除了大面积摩崖排列错叠开龛造像外，还有与之呼应的寺庙、塔、水池以及结合自然地形开辟的景观，形成了非常有特色的摩崖石窟园林。

摩崖石窟是人工结合自然营造的纯净的宗教场地。与普通的寺观园林相比，摩崖石窟园林多了一层宗教艺术氛围。造像微启的唇边将要说出来的世间真言的神秘感、造像艺术代表的宗教美感、宗教力量产生的敬畏感加上厚重的文化气息和人文气息等因素，使摩崖石窟园林从宗教园林中独立出来，自成一体。

一、摩崖石窟与自然环境

匠师在开凿摩崖石窟时，常考虑对自然景观的纳入和引导，使摩崖石窟与寺院、山体自然环境，组合成为多样的摩崖石窟景观。

摩崖石窟园林开创甚早，从摩崖开龛之日起，便世代累积经营，结合宗教文化与中国传统园林文化，在以摩崖石窟为主题的园林里营造出一种深邃隔离的意境，形成融宗教造像、传统建筑、人文景观、自然山水于一体的巴蜀摩崖石窟园林。目前发现最早的摩崖石窟园林是成都万佛寺保留的石刻。如图3.28所示，园林内建筑保持围合的院落模式，建筑之间无廊道联系，园林布局有一定的轴线对称关系，注重景观围合。但是这样的园林布局在丘壑纵横、山川叠起的巴蜀地区只能是一种理想模式，尤其是在摩崖石窟分布的特殊地域环境内更难实现。摩崖石窟造像的形式与摩崖石窟园林的布局有着最直接的关系。摩崖石窟造像通常有大像窟、卧佛窟、千佛崖。大像窟：常在崖体上凿出高十几米甚至几十米的佛像，因此对山体有极高的要求。卧佛窟：由于表现佛祖涅槃情景，因此为横向构图，造

图 3.28　4 世纪的四川万佛寺石刻
(李松等：《中国古代雕塑》，北京：外文出版社，纽黑文/伦敦：耶大学出版社，2006年，第272页)

像沿着横向崖壁开凿,通常亦是 10 米以上,在崖体选择上,也会选择横向走势的崖体。千佛崖:这种开凿模式相对灵活,在横向山崖壁带上进行窟龛组合排列,以大量的窟龛形成大幅面的摩崖景观。摩崖石窟与自然山水的格局可分为以下几种。

1. 与自然山水结合的整体环境景观

巴蜀地区的四川盆地,有山峦起伏、江河纵横、依山傍水的优美环境。这样的地理环境不仅为摩崖石窟的开凿提供了便利的交通条件,而且创造了开阔的视野环境景观。较之北方的石窟,这样的景观更加突出了巴蜀摩崖石窟的选址环境特色。

利用天然崖壁,临江顺势组织线性摩崖石窟景观:此种类型的摩崖石窟选址往往是顺着较为平直的江面,江岸边是垂直于江水的崖壁,崖壁与江岸之间有道路,摩崖石窟顺路组景。沿着江岸展开的摩崖石窟通过水平或垂直的交通方式,构成各具特色的视觉景观效果。造像面向大江,视野开阔,多龛摩崖造像沿江一字排开,显示出气势磅礴的景观环境气象;经崖壁上垂直的古驿栈道,步移景换,一幅幅摩崖图卷展现在眼前。摩崖窟龛内的丰富内容、道路的高差变化,从不同的视角可获得不断变幻的美景,如大足北山摩崖(图3.29)、广元皇泽寺、千佛崖,夹江千佛崖等摩崖石窟,即是典型的线性景观环境。

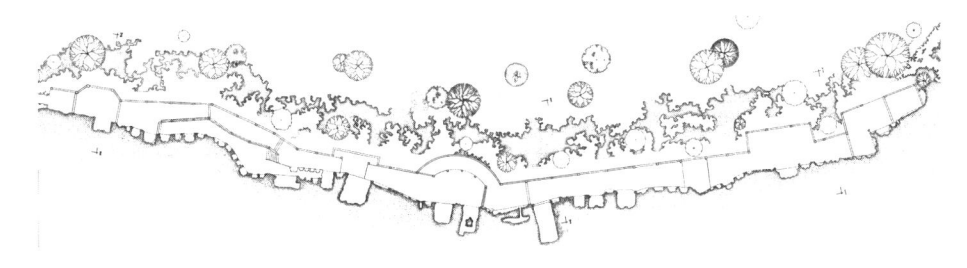

图 3.29 大足北山摩崖平面图

(重庆大学建筑城规学院历史研究所提供)

2. 利用沱湾山麓,组织气势浩大的点状环境景观

巴蜀地区的江河,随山川沟谷的变化而恣意流淌,形成许多江面开阔的沱湾。沱湾宽处水面平静,坡度较缓,多为临近城镇的码头选址。沱湾转折处,江水平直深远。转折处的山峦,居高临下,可俯视整个沱湾,又可远眺江面。在这样的场所内的山峦上组织摩崖石窟景观,既可形成居高临下俯视江景的景观环境,同时又和江河构成轴线对应关系,在几百米之遥的江面,皆能看见摩崖石窟的整体环境,如图 3.30 所示。

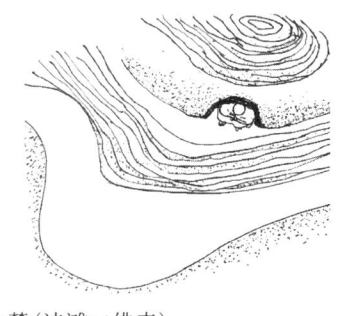

图 3.30 摩崖选址于沱湾山麓(涞滩二佛寺)

(自摄、自绘)

除了结合自然环境组织景观外，还利用地形，根据摩崖造像的题材，建构垂直向上的多层楼阁，更加突出江面的视觉景观。江津石门大佛寺(图3.31)、潼南大佛寺、涞滩二佛寺等都使用了这种典型的视觉景观组织手法。充分利用自然山水环境，组织具有地标性的景观环境，是巴蜀摩崖石窟独特的选址布局手法。

3. 利用沟壑与山腰台地，营造静谧的景观环境

此种摩崖石窟的选址环境，虽然不如上述江河组景那样宏大开阔，但却营造了另一种幽深静谧的景观环境，对于佛教徒的修行悟道，有一定的促进作用。

选址于自然沟壑，除有天然的可雕凿的崖壁外，更有自然茂密的丛林围绕，步入其中，有平心静气的自然感受。根据丰富奇特的自然地形，利用多种方式营造景观环境。例如，巴中南龛(图3.32)，其造像用地是崖壁断裂形成的沟壑，沿着水平方向延展的垂直崖壁，组织一系列摩崖窟龛。主题崖壁的一侧是密林，另一侧是由地质构造运动形成的断裂崖壁。从整体形象来看，前后崖壁之间构成"V"形沟谷，利用沟谷的自然低洼地带组织人工水景，崖壁顶端是葱郁的林木。茂密的崖顶密林、大面积的红砂岩摩崖，与低处的水景相映射，形成绿冠红岩、临水而立的壮美景观。

图 3.31 选址于江边的摩崖(江津石门大佛寺)
(自摄)

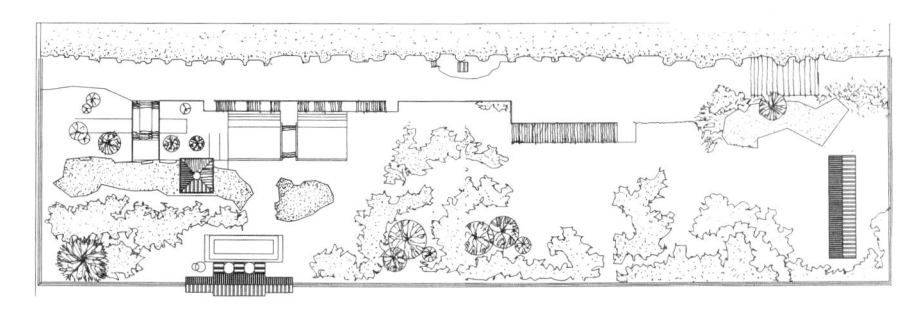

图 3.32 巴中南龛平面示意图
(自绘)

摩崖窟龛顺应断崖台地自然布局，环境幽静，是参佛悟道的绝佳环境。例如，大足北山摩崖，选址于林木茂密的山腰台地，台地上是近500米长的摩崖窟龛，连续展现在眼前，形成恢宏的佛教造像气势。在台地四周，植被葱茏，围合形成有佛教氛围的静谧环境。

4. 利用断崖阶地，组织垂直变化的环境景观

在巴蜀的丘陵山地，有众多具有特色的断崖阶地。自然断裂的崖壁，将地形分成平行发展的两层或三层阶地。断崖陡如刀削，台地开敞平缓，利用这样的场地布局摩崖建筑，可构成层次丰富的视觉景观环境。例如，潼南大佛寺，从整体环境景观上，是与涪江形成轴线对应的沱湾场景，而在摩崖建筑的建造场地上，却是具备山地建筑环境的断崖台地。断崖以摩崖大佛造像为主体，并以高 30 余米的七重檐式楼阁覆盖。大佛既是摩崖造像的主体景观，又是上下台地的交通连接纽带。台下崖壁呈线性布局横向展开，摩崖石窟以不同规模的建筑覆盖，构成舒展起伏的建筑环境景观。上层台地上现存一长方形水池，正与大佛楼阁的纵向轴线交合。根据现场踏勘，此台上原来应该有一座两进院落的佛教寺院，结合目前保留的建筑来看，此摩崖寺院的规模应该相当可观。

大足宝顶山摩崖石窟，也属这样的断崖阶地景观环境（图 3.33）。宝顶山阶地崖壁平面呈"U"形，是摩崖石窟的主题雕刻区域，人们习惯上称为大佛湾。大佛湾"U"形平面的开口，流淌着一条常年不断的溪流，溪流对面起伏缓慢的山峦，犹如天然屏障，将大佛湾围合成相对独立的空间环境；佛湾断崖台地上，是极为开阔的空间环境，布置着寺院建筑或佛教遗迹。与大佛湾呈轴线对称的台地上有小巧玲珑的观音殿，正好构成大佛湾摩崖造像的背景，观音殿面对的是具有开阔水面的池塘，因塘中有石，形如人体脚掌，传为神佛所留，因此水塘冠名"圣迹池"。以圣迹池为核心，并与观音殿形成垂直转换轴线的是具有多进院落的圣寿寺。圣寿寺的各进院落随台地逐级而上，最后一进收尾于山顶主峰前。圣寿寺旁是一组保存于佛教寺院中的摩崖造像，据说这里是为大佛湾造像的工匠们练习雕刻技艺的地方，称为小佛湾，与台地下的大佛湾形成对应关系。台上台下、大佛湾与小佛湾、圣迹池与圣寿寺，这些景观利用地形高差，通过轴线的转折变换，形成整体和谐、气势浩大的摩崖景观环境。

图 3.33 宝顶山大佛湾鸟瞰

5. 与建筑组合构成竖向的环境景观

佛教造像中逐渐出现了大量的大佛造像,这样大体量的造像模式甚至引起了容纳造像的佛教建筑结构空间构架的变化,如唐宋时期出现的金厢斗底槽就是适应大佛造像的空间结构布局。辽代的天津独乐寺观音阁、山西应县释迦塔等均属这种建筑类型。

巴蜀地区的摩崖造像也以大佛造像为特色。四川、重庆皆有大佛之乡的美称。摩崖造像中的大佛像多以建筑覆盖,各式各样的摩崖佛殿建筑形成了摩崖石窟群环境的构图核心。典型例证如潼南大佛寺,横向展开的崖壁高18米,长约1公里。中间的释迦牟尼造像高约18米,与崖壁齐高。整个大佛造像以木构架楼阁覆盖,楼阁外观为七重檐,内部空间实际为两层,底层高18米,是瞻仰佛祖造像的殿堂。整个楼阁高30余米,高出崖壁10余米,气势宏大,天际轮廓线尤为突出,为整个摩崖石窟群的构图中心。江津大佛寺、涞滩二佛寺和荣县大佛寺的摩崖都有异曲同工的以佛殿为核心的构图手法,可谓是巴蜀摩崖造像视觉景观的一大特点。

这种竖向构图的多层摩崖式楼阁,不但解决了大佛造像遮风避雨的庇护空间问题,也巧妙地解决了上下台地的垂直交通联系问题。这种形式除了在摩崖石窟中运用外,其他山地建筑也采取类似的空间布局手法,如长江沿岸的忠县石宝寨的楼阁式建筑(图3.34),其功能主要是解决上下台地的垂直交通,却创造了独特的竖向景观环境,被誉为长江沿岸一处绝美的建筑景观。

图3.34 靠崖式楼阁(忠县石宝寨)

(自摄)

大佛造像的尺度不一,小则七八米高,大则高几十米。它们是摩崖造像群的构图核心,也是人们观赏和瞻仰的重点。大佛造像在崖面位置上处于山体较高处,除了构成远处视觉景观的重心外,其联系了大佛纵向交通的栈道,还为人们提供了欣赏丰富景观的多个视点。按照大佛造像的观摩线路,多以台阶、栈道来组织景观,如乐山凌云寺大佛造像,高73米,雕凿于凌云山的栖鸾峰上(凌云山共有九峰,除栖鸾外,还有集凤、灵宝、丹霞、拥翠、望去、就日、交兑、祝融八峰),大佛脚下即是岷江、青衣江、大渡河汇流处。大佛高大的尺度和造像的神秘，形成壮丽威严的佛教景观。大佛造像两旁有栈道可扶壁攀缘而上，可遍观大佛，亦解决了因大佛而造成的垂直交通关系问题。大佛上方的台地建造了大型寺院——凌云寺。寺门外有著名楹联："大江东去；佛法西来。"凌云寺历史悠久，唐代著名诗人岑参曾作诗赞叹："寺出飞鸟外，青峰戴朱楼。""殆知宇宙阔，下看三江流。天晴见峨眉，如向波上浮。"亦可反映大佛造像与寺院结合形成的景观环境气势。

摩崖石窟园林是富有宗教气息的综合性园林，通常集书法、题词、碑刻、建筑小品、摩崖、寺院等于一体。其构成主题是摩崖窟龛。这些深窟或者巨幅面的排列群龛既能形成良好的远观效果，又可近观感受窟内精妙的人物雕塑艺术和装饰艺术等。摩崖窟龛成为摩崖园林一定范围甚至整个园林的构景中心。同时，由于摩崖在开龛选址之初，即是择风景绝佳处开凿，因此，摩崖石窟所处的位置，或在江面开阔处，或在高山一侧，或自成一体。其位置、朝向及开敞的空间处理，都能在摩崖石窟寺处获得很好的观景点。

二、摩崖石窟的人文环境

巴蜀摩崖石窟的选址不但关注优美的自然环境，重视自然环境与人文环境的结合，还特别注重以山水造势，构成有浓厚地域特色的摩崖园林景观。

视觉景观环境的延伸：巴蜀地区的摩崖石窟，较之北方的石窟，更注重整体空间环境的塑造。摩崖石窟往往与地面的佛教寺庙及山水园林的建筑景观结合起来，因此它的景观环境突破了摩崖石窟本身的狭窄意义，其景观环境范围的界定更加广阔。

地标性建筑与景观环境的扩展：塔和楼阁是塑造视觉景观乃至心理景观环境的突出要素。如大足北山宋代白塔就与北山摩崖石窟有着密切的对景和借景关系，从而构成了北山摩崖石窟重要的景观要素。白塔是北宋时期的密檐式砖塔，共12层，富有音乐节奏感的塔身玉立山峰，方圆数里可见，是整个摩崖区的核心，虽然摩崖石窟藏于密林之中，而密檐塔数十里外即可看见，使人产生强烈的领域之感，是进入北山摩崖石窟的第一视觉景观，为人们进入石窟所在地建立了坐标定位。

又如大足宝顶山摩崖石窟，有五重檐的木构楼阁"万岁楼"，置于宝顶山山嘴的大佛湾石窟一侧的顶部。从广大寺、圣寿寺(图3.35, 2)等几个方向进入大佛湾前，都可看到"万岁楼"突出的绿色琉璃瓦楼阁，是大佛湾的入口标志，极大地丰富了宝顶山摩崖石窟的空间环境景观。

荣县大佛寺旁的白塔(图3.36，4)，其古朴沧桑的巨大塔身屹立在荣县大佛寺的一旁，照映着另一旁连绵里许的高大崖壁上的数龛摩崖，形成静穆又有跃动性的空间。

1.荣县大佛寺寺院　　　　　　　　2.大足宝顶山摩崖旁圣寿寺

图3.35　摩崖窟龛的寺院环境

(自摄)

1.乐山凌云寺灵宝塔
（自摄）

2.大足北山白塔
（重庆大学建筑城规学院历史研究所提供）

3.阆中东山园林白塔
（自摄）

4.荣县大佛寺摩崖旁的白塔
（自摄）

图 3.36　摩崖石窟园林标志性建筑

　　人文景观与自然景观环境的融汇：巴蜀摩崖石窟较之北方正统石窟，更加注重人们的民俗心理和心态，在石窟造像内容上，可以佛道交融；在视觉景观上，也注重民俗化的心理需求。例如，大足宝顶山大佛湾睡佛前的排水明渠，顺大佛走势处理为波浪形曲线，暗合传统典故曲水流觞之意，以此来纪念文人风雅之事，从而形成大佛湾石窟一道特色人文景观（图 3.37）；卧佛佛头处是"九龙浴太子"的浮雕，巧妙地将崖壁的自然排水与佛教传说故事结合起来，成为人们喜闻乐见的人文景观。

　　将自然环境产生的声和形结合起来组织景观，以满足人们对自然奇迹探索的心理追求，是巴蜀摩崖石窟人文景观的又一特点。例如，潼南大佛寺从崖壁顶端而下开凿通往石窟的梯道，不但由鉴亭构成进入大佛石窟的对景，形成颇有气势的景观，其精妙之处还在于利用声音组织景观。这一组景观被称为"石蹬琴声"，又称"七步弹琴"（图 3.38），是由于人工开凿的梯道，两侧石壁质地坚硬，踩踏在梯道中部的七级石阶上，能引起清脆的回音，犹如弹琴的音阶变化。又如通过江岸道路进入大佛寺前的"海潮音"景观，是因为崖壁倾斜的岩石正好与远处涪江沱湾处之滩口构成反射夹角,每当人们进入石壁下方,就能听到雷鸣般的回音,石壁上坚挺有力的"海潮音"三个大字,更增加了这种听觉景观的联想效果。

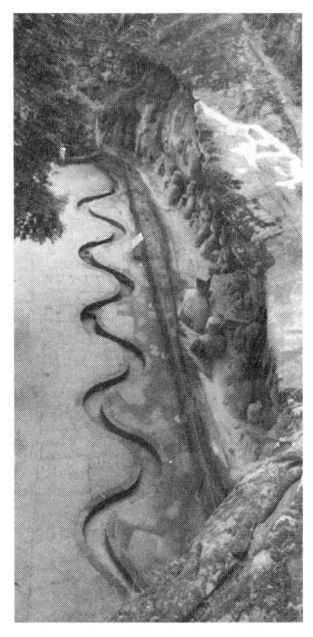

图3.37 历史典故与宗教的结合
(大足宝顶山卧佛与曲水流觞)
(自摄)

图3.38 人文景观(潼南大佛寺"七步弹琴")
(自摄)

图3.39 摩崖与自然景观的结合
(青神中岩上寺摩崖)
(自摄)

青神中岩上寺位于山顶,可俯瞰整个中岩山的"V"形山谷。山顶有4座石峰,状若笋,其中三峰呈"品"字形布局,另一峰荡开,立于山顶边缘,与著名的诺巨罗尊者窟为邻。四峰上皆摩崖开龛,其中"品"字三峰之中两峰对峙,自成山门,一峰封住去势,形成转折空间(图3.39)。人入其内,莫不被巨石的天然气势所震撼,并惊叹于高狭石壁上的人工摩崖石窟。人工造景混融于自然景观,虽由人作,宛若天成。

书法篆刻、名人逸事与摩崖造像的结合:书法篆刻是巴蜀摩崖石窟的重要组成部分。有摩崖石窟之处,无论是佛教造像、道教造像,还是儒家造像的石窟建筑群,几乎都有书法篆刻的出现,其内容之丰富,除了反映儒释道主题外,其他言情议事应有尽有,赋予了摩崖造像景区丰富的文化内涵。佛、道教与中国文学的渊源由来已久,佛教圣地通常也是文人骚客流连之地,传统文化和宗教文化并存。在摩崖石窟寺所在的范围内,宗教雕刻和传统书法、诗词文学以及文人逸事传说相联系,形成引人入胜的环境景观。

宗教石窟、文人题刻与摩崖同壁。摩崖石窟中反映佛教内容的题刻较多，有佛教典故或直接书写巨型"佛"字，如潼南大佛寺旁所篆刻的"佛"字，工整的楷书，字高 8.85 米、宽 5.57 米，笔画粗达 1.25 米。字体融合宗教、中国书法、中国雕刻于一体。宗教热忱中的石窟风潮简化为文字，简单的一个字，却传达了多元的文化信息。

题刻、碑文以及名人雅事结合摩崖创作，是摩崖石窟园林结合人文景观的佳作。阆中东山园林因山起势，中有天然崖面长达 200 米。著名的阆中大佛和数尊唐宋摩崖石窟占据了崖面的主要部分。而入口即可见南宋时期遗留下的两个丈余高的楷书大字"虎溪"，传是为纪念"药王"孙思邈而刻。凛凛有古拙之风，与一旁高约 10 米的坐佛以及系列排龛形成连贯的空间序列，如图 3.40 所示。

1.夹江千佛崖石窟：逝者如斯　　2.潼南大佛寺石窟：佛

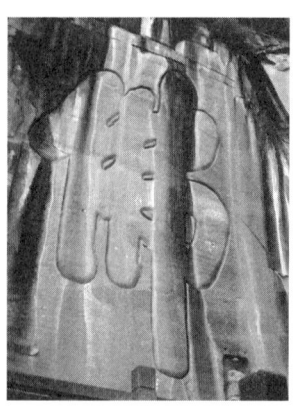

3.阆中东山园林石窟：虎溪

图 3.40　摩崖题刻

（自摄）

将场地环境内容引入景观描述，同时结合名人逸事组景，也是摩崖石窟景观塑造的常用手法。青神中岩下寺，一竖向巨型崖壁从山顶直下入山底青池，如图 3.41 所示。崖面摩崖数窟，最大的一窟约 3 米高、2 米宽、1 米深，内刻有两座巨型经幢。靠近池面的一排小龛内，刻有一"鱼篮观音"，显然是结合池面景观而刻，此"观音"着当地民女装束，手携一竹篮，架云而至，准备唤鱼，但蹑足如莫惊鱼状。池有山涧活水注入，池中鱼约百条，群列而行。摩崖之携篮观音与群鱼争涌，构成有趣的景观。青神是苏东坡的妻子王弗的故乡，中岩被传为是苏东坡与王弗的相恋之地。优美的自然环境，被赋予历史名人佳话，与摩崖石窟一起，形成丰富的摩崖石窟文化景观。

图 3.41　集自然景观、人文景观、历史传说于一体的摩崖石窟园林景观

（青神中岩唤鱼池）

（自摄）

三、摩崖石窟的组景要素

摩崖石窟即是通过古代匠师的双手，对裸露山崖进行再创造的一种艺术景观。造像是整个摩崖石窟园林的关键因素，以大佛、千佛、佛湾等不同形式的组合控制着摩崖石窟园林的空间关系。大佛造像或横亘近百米（卧佛），或两肩与山齐，高达数十米（大佛窟）；千佛崖往往贯穿整个山体的壁立崖壁；佛湾则自成庞大体系，通过对摩崖造像的组织，营造出不同的景观氛围。虽然摩崖景观风格各异，但其中景区组景要素却有共通之处。因势就形的入口、灵活布局的园林建筑、引导联系各个景点的摩崖交通路线、灵气古朴的景观小品等组景要素共同形成了丰富的摩崖风景。

1. 因势就形的入口

摩崖石窟选址常临水近山，用地相对局促。景区内地势高差较大、地形复杂。因此其山门前多有多级踏步，入口起着一个空间转折、空间界定的作用。摩崖石窟景区的入口形式基本可以总结为以下几种：牌坊式、门楼式、利用自然岩石形成的入口。其共同特点是善于结合地形处理入口空间，如图 3.42 中 1 为大足北山摩崖入口山门背面，山门前为坡度较大的台阶，到山门稍微宽阔，山门后即为收紧的山口，山门入口扼守要处。乐山凌云寺大佛入口，在紧张险要的用地处建立两层楼阁式建筑入口，形成空间转折。图 3.43 中 1 所示的青神中岩下寺入口，位于岷江江畔，山体坡度大，用地局限，因此，山门位于近江旁道路边的一块台地上，平面处理为"八"字形。双门对开，门前即为台阶。摩崖石窟景区入口在用地局促的情况下尽量少占空间，从构图上形成占据险要的守势效果。

1.大足北山摩崖入口

2.乐山凌云寺大佛入口

图 3.42　摩崖入口：门楼式

（自摄）

1.青神中岩下寺入口

2.泸县玉蟾山摩崖入口

3.夹江千佛崖入口

图 3.43　摩崖入口：牌坊式

（自摄）

图3.44 青神中岩中寺某摩崖石窟入口
（自摄）

许多摩崖石窟景点的入口被处理为隐蔽性、暗示性强的入口，并直接利用地形地势即天然岩石来强调入口空间。如图3.44所示，青神中岩中寺景点入口，借助天然岩石出挑形成的关口，加上婆娑树木遮蔽，形成纯净、静谧、神秘的空间，并造就窟外广阔天地、窟内别有乾坤的景致。

摩崖石窟园林空间入口常以茂密的植物或巨石将入口收窄，其形成的空间的暗示性和铺垫性很强。在摩崖石窟不集中分布的山地景区，用不同的入口形式强调不同的空间领域控制。这些入口标志有着强烈的传统地域风格，或被处理为简练的牌坊，或是瓦屋蓬门，并用文字楹联进行点睛作用装点，暗示着下一个摩崖景区的到来，如图3.43泸县玉蟾山摩崖入口、夹江千佛崖入口。

2. 灵活布局的园林建筑

摩崖石窟景区内的建筑除了庇护摩崖外，还针对不同的景观需要，或提供游人休憩，或对特殊空间进行强调，或在景区内形成点景、对景等。景区内的建筑布局相对自由，突破中轴线的牵制。端庄大气的大佛殿和玉立高耸的佛塔都可自由布局。其他小型建筑如亭、台、小桥等应景而生，点缀其中，形成层次丰富、错落有致的空间环境。

以楼阁式建筑为构图中心，配合其他景点：以楼阁式佛殿建筑为主要构图元素，主次建筑相搭配，并与山、石、水、路及其他景观形成呼应和协调。这样的布局中，重要建筑常以高大的形态控制着整个摩崖石窟园林，与园林其他建筑和景点形成主从关系。

摩崖石窟园林中的重要建筑常和摩崖石窟形成对景关系，起着相互协调、相互呼应的作用，大佛殿或高塔通常作为整个摩崖石窟园林的制高点、转折点、导向点，有着标志性和控制性的作用。亦可形成远景构图，统率整个风景区。

如潼南大佛寺，主要以7层的大佛主阁和与之成线形排列的观音殿、玉皇殿两次殿为组群，与一旁的三层楼阁——鉴亭形成对景关系。与鉴亭转折相望的是著名的石蹬琴声（又名七步弹琴，踏此石阶有回音，并有音阶差），由此石阶可从大佛殿脚下到达大佛殿顶端。石蹬琴声旁是一高大连绵的崖壁，上有一8.85米高的石窟"佛"字，以及几窟唐早期的道教造像。另又有一处回音岩——"海潮音"，此处能听见巨大的海潮来袭之声。依靠自然声学原理形成的"声音景观"、硕大的石窟题字、高大的佛殿与观景而用的鉴亭，加上两处回声景观，形成丰富的以建筑为主的多层次摩崖石窟园林景观。

处理园林空间节点的建筑：此类建筑作为园林空间网络的节点，起着景点间承接转折的作用，既组织空间又创造空间。尤其是在以千佛崖或卧佛为主的横向构图的园林中，因时代不同或天然崖面断裂而形成的不同分期的摩崖带状空间，多用中小型的建筑处理空间节点，形成景观转折点。

乐山凌云寺路旁之亭、凌云寺山门建于山势收拢之处，山门外登山转道处地势稍宽，此亭(图3.45)即建在此悬崖峭壁顶上,亭子一面正对上山山道,另一面朝向山门与之呼应。于亭内面山可细赏靠山之弥勒佛像,回头可眺望青衣江及远处的城镇轮廓,入口过渡空间的处理用一个亭子完成。大足北山佛湾摩崖分南北两段,两段之间由一个孝经亭作为承接,此亭可供人驻足休息,同时与对面宝塔遥相呼应,起着对景作用(图3.46)。

图 3.45　乐山凌云寺路旁之亭

(《园林建筑设计》标准手册,华南工学院,第63页)

图 3.46　大足北山孝经亭

(自摄)

摩崖石窟园林融建筑结构和图像功能表达于一体，在摩崖造像周围建筑寺院，挖池填畦，种植花树，砌石理径，人工营造出的配景和静默的摩崖造像共同烘托出宗教的神秘，形成独特的摩崖石窟园林景观。

楼台亭阁为观赏点，同时形成景观：利用地形高差结合建筑景观的改造，是摩崖石窟景区常用的手法。《圆冶》"相地"中云："高方欲就亭台，低凹处可开池沼。"在园林内最高点、转折处或景点处，设置楼阁或亭子，争取更好的风景景观面和风水朝向（图3.47～图3.49）。

于摩崖石窟所在山地险处着建筑，可成景、点景、观景，获得人与自然的交流空间。

图 3.47　巴中南龛岩亭
（自绘）

图 3.48　乐山凌云寺山亭
（《园林建筑设计》标准手册，华南工学院，第 63 页）

图 3.49　大足宝顶山亭
（自摄）

园林内的园林建筑,如亭子、桥、楼阁、塔等,一方面为游客提供休憩场所;另一方面,这些建筑选址皆是观览山水的最佳处。同时,建筑形态配合着旖旎风景而建,起着点景的作用。亭子是摩崖石窟园林内常用的建筑形式,有山顶亭、溪边亭、岩畔亭,为游览摩崖石窟园林的游客或虔诚祈佛的香客提供良好的观景、休憩空间。

如在巴中南龛摩崖石窟景区内,于入口低凹处开挖成池,上跨三座曲桥,又于入口至鬼子母雕刻处,蓄水成池,传为杜甫"洗手池",上架小桥(图3.50)。洗手池转折而行,则有耸立巨石,于巨石上建光福亭,亭有长廊连接内园兰桥,于亭上可观南龛之全景,是整个摩崖石窟园林中最好的观景处。

图 3.50 巴中南龛之杜甫洗手池

(自摄)

结合建筑小品形成的景观环境:建筑与山水、摩崖石窟、景点相互呼应,形成古朴典雅的景观。传统建筑的外形、色彩、尺度、风格与环境浑然一体,形成古意盎然的空间环境。如青神中岩摩崖分布于大山之山脚(下寺)、山腰(中寺)、山顶(上寺),结合山涧溪水构建造型优美的小桥,形成有情趣的空间转折变化。如图3.51所示,石拱桥、飞瀑、叠石、修竹与庄重的摩崖雕塑营造出出尘的空间特点。

摩崖石窟景区内用地较小,山势起伏变幻多端。建筑平面处理多顺应狭隘的摩崖用地,屋顶形式亦结合江岸及自然环境。例如,青神中岩"唤鱼池"处小亭,于路径弯曲处,藏于树丛中,唯露出部分四角攒尖顶,与周围环境协调得当(图3.52)。

1.青神中岩摩崖园林之涧桥　　2.巴中南龛之兰草园拱桥

3. 巴中南龛入口处桥

图 3.51　摩崖园林内的桥

（自摄）

图 3.52　青神中岩路边亭

（自摄）

摩崖石窟园林建筑尺度与环境景观亦十分协调，如大足宝顶山大佛湾摩崖，在牧牛图上方建构牧牛亭，亭子下方出庇檐顺应崖壁走势，庇檐为悬挑处理，无柱落地，在景观效果上强调了重点空间。于亭上，可观佛湾对面大型无量经变组景。而其优美的形态，又与摩崖石窟融于一体并形成点睛之笔。

3. 引导联系各个景点的摩崖交通路线

摩崖石窟景区内各景自由布局，由各种道路穿插其中，亦起到引导组景的作用。摩崖石窟多在山势险要处开凿，栈道是摩崖石窟景区内常见的道路，大段的摩崖石窟的凿成，通常借助于石制栈道和木制栈道。石制栈道是直接在山崖上凿出工匠落脚之处并形成行道，使工程可以继续完成；木制栈道是依靠打木桩入石，然后相互联系形成栈道。从目前摩崖石窟的栈道孔上可以做出工程时序的判断。

栈道连同景区内其他道路，通过循环或者多向的道路把散落在景区的景点结合起来，并制造出"悠然见南山""柳暗花明""曲径通幽""豁然开朗"等多种景观心理效果。

利用道路的曲折收放，对主配景的出现形成引导和暗示；摩崖石窟景区避开闹市红尘，寄情思于山水，托逸趣于空门。无高墙封苑，而疆域自生。在山体之中，人工砌筑或自然沟谷形成了高低错落、迂回曲折的引导路线。这些路线因景点特质不同而形成或宽阔或曲折或急转等特点，并与景点构成多种视角关系，或可平视大佛，或可仰望山顶红亭，或可俯瞰大江奔腾。例如，夹江千佛崖沿江而凿，景区先以狭隘、悠长、深邃的小径做空间过渡铺垫，

第三章　摩崖石窟分布规律与选址布局

至摩崖石窟处，渐渐变宽，突出主体空间。于主佛前，则有宽阔台地，可供香客跪拜主佛。在摩崖石窟尾声处，续以弧亭做引导，形成空间转折，于亭后上山可达山顶寺院(图3.53)。

1. 青神中岩　　　2. 夹江千佛岩

图3.53　摩崖与栈道
(自绘)

地形的高差，在竖向上形成俯景与仰景：摩崖石窟园林内通常有较大的高差，因此园内道路多为栈道或台阶，把摩崖造像与寺庙以及各个景点联系起来，宏大的自然背景、摩崖窟龛的退进序列、立体的交通体系(无论是大佛殿还是裸露的摩崖道场)，真山真水，大江大河所形成的气势，都是人工造景难以企及的大尺度环境景观。

曲折错落的栈道丰富了空间层次，增加了空间的渗透性，如图3.54所示的乐山凌云寺大佛栈道，于大像脚处栈道可仰望巨大的佛像、威严的山体，盘旋而上时可平视大佛和栈道旁的小佛龛，高处可鸟瞰大佛，取开阔江面。处处皆可体会运斤之匠的巧思。其获取的景观视觉往往可以让心灵出界，超越凡俗。

形成夹景与框景：沿途利用左右岩石的障碍，结合植物的收拢形成夹景。摩崖石窟景区的道路通常两旁枝叶连连相抱，形成连续景框。结合前景岩石上的摩崖石窟造像、树木后蜿蜒的小路，形成丰富的空间层次(图3.55)。

图3.54　利用栈道构成仰景、俯景(乐山凌云寺大佛)
(自摄)

图 3.55　利用植物和建筑形成的夹景

(自摄)

道路组织引导景点，从景区入口，整个景区如同戏折子一样展开，道路穿插巡回，引领着整出戏，从入口起景，到中景徘徊转折、铺垫正景高潮，完成同一空间内的不同心理境界游历。

4. 灵气古朴的景观小品

摩崖石窟园林景观的展现如同戏曲结构的情节叙述一样，有铺垫有高潮。从入口到各个景点，多点缀些景观小品来使景区更加生动有趣，小品多以独立雕塑为主，有的雕塑也结合地形和水池，处理成有独特意蕴的小品建筑。如图 3.56 所示的巴中石龟，其一龟做了龟跌，另一龟为自由身，正缓慢地向龟跌靠近，象外之情，油然而生。青神中岩寺山门台阶护寺神兽神态古朴，气势凛然。在上寺的水池中雕刻有二龙戏水，其中一龙仅刻出部分龙身，其余龙爪、龙尾部分分散雕刻于崖壁，望去仿佛此龙穿石而出，极具动感和场景性。丰富的景观小品为园林增添了古拙多义的趣味性，使本来比较严肃的宗教氛围融进了几分活泼自然的气息。

总体来说，巴蜀摩崖石窟景区具有以下特点：组景真山真水，合理改造自然景观，小心处理摩崖建筑，形成了融历史、文化、宗教为一体的壮观的摩崖石窟山水园林。借势于自然山水风貌和植被，并结合人工造景以及大型的建筑组合、小型的亭阁点缀，善于处理复杂的地形地貌与景观布局；不局促于一地一景中；形成人工造景难以跨越的大尺度、大景致。山势的高低屈伸隐显，加上摩崖窟龛的大肆铺排，形成丰富的景观。江上雾气涌起，山中岚霭升降，云雾动景，朝夕不同，又给摩崖石窟园林增色不少。园林景观建筑与摩崖石窟、寺庙相互呼应，又有许多名人古迹穿插其中，形成别致的摩崖石窟寺院园林景观。人在园中游览不仅感受外在形态美感，也是一种宗教世界的精神游历。

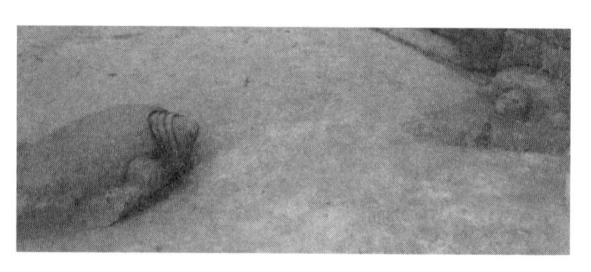

图 3.56　摩崖园林景观小品(巴中石龟、青神神兽等)

(自摄)

四、摩崖石窟与环境意境

原本以摩崖石窟为主题的创作活动，经历代扩展，糅合了以名人遗迹、书法碑碣、民间传说为一体而形成的风景园林，弱化了宗教因素而增强了传统文化氛围。

园林与诗意，古典美学以"象""意""境"之层次来分析研究文、诗、画作品。而摩崖石窟园林也可被视为自然与人工结合的艺术作品。其亦存在与"象""意""境"对应的景观层次，以此角度切入，对摩崖石窟园林进行赏析和研究。

摩崖石窟意境的独特之处在于：通过对富有独特意味的摩崖石窟园林意象进行多样组合，使人们体会到情景相融、意发其中、境生象外的摩崖石窟园林审美体验。

摩崖石窟园林之象：是指构成摩崖石窟园林必备的客观构筑物。例如，摩崖石窟园林之山门、崖壁、窟龛、窟龛内的佛像、园中径、寺院建筑等。其中最主要的"象"有摩崖石窟、寺院、亭阁楼台、水体、各种植物。"象"本身是没有情感色彩，或是审美倾向的。从某种意义上来说，象是一种不具体的存在，只是概念，即摩崖石窟园林由以上的多种"象"组成，但这些"象"的具体物征却是不固定的。

摩崖石窟园林意象：意象是表意之象。园林之象在具体空间内得到了具体的体现，即具有一定的艺术特点和蕴含一定的内在美学特征，结合它们所处的空间位置和人们的审美经验，就产生了"意象"，即具有了审美的个体体现。例如，长满青苔的青石桥、由本土材料铺就的小径、在壁立山崖上出挑的栈道、红色砂石崖壁上开凿的佛教窟龛、居于山崖险处的小亭子、独立的高塔、退为远景的远山等。这些意象自身拥有的美学特征，使它们能被认识和欣赏。意象的个体设计很重要，摩崖窟龛的形制、龛的装饰细节、龛内摩崖造像的图例分配、桥的尺度形态、亭子的用材质地、铺地的图案等，造园者需要拥有大量的相关知识才能胸有成竹地制造经典"意象"。

摩崖石窟园林意境：通过对"意象"的设计和对"意象"进行不同形式的组合安排，可产生不同审美意味的意境，获得出尘的禅意空间。一青山一红崖，一方院一古塔，几个小亭，一缕细溪，一方清池，大像端坐，敛神垂眉，于无声处听梵音，于有形处思无极，营造出禅学境界，使人获得精神层面的超脱和升华。意象是有形有尺度有比例的，而通过意象获得的意境是无形无尺度无比例的，只能通过意会领悟。

意象万千，情景交融：意象多为固定的、不变的，但通过道路的组织来改变景观视觉感受，通过季节变换的"季相"、朝暮景异的"时相"以及由不同"气象"引起的景观变换，能给同样的摩崖石窟景区带来不同的景观效果，生出不同的意蕴。

巴蜀摩崖石窟景区通常形成于唐宋间，经过元明清的补充修复维系至今。其构成是以摩崖石窟为主体，配合靠崖建筑或园林建筑，沟通自然而形成的景观。其意象多以大山、大水、壁立红崖、大佛窟、千佛窟等形成。其山水特征是山多为雄壮之山，水多为奔腾江水，但也有秀美山峦与微波镜池。摩崖面山而筑、因水而居者，如江津石门大佛寺，面向滔滔长江；而夹江千佛崖沿青衣江而凿；著名的乐山大佛，则立于大渡河、青衣江、岷江三江汇聚处。摩崖借景远山者，如潼南大佛寺，远望里许外的沱江；涞滩二佛寺，则与涪江相视而立。以崖为身，临水而立，携群山共坐，抚清江为弦。两岸青山印佛身，一曲流水留佛影，形成一种摩崖石窟与自然融合而成的出世禅境。

摩崖石窟园林意象万千，除了借大山大河的大气意象外，还因气候的变换而有多重的意象，营造出化外之境。四季变换，各得其景。晨风夜露，朝阳晚霞，一天之内景色常异。以气候来获得意象的变换，从而获得多重意境是摩崖石窟园林的特点之一。借自然之手以云雾遮，岚霭隐。组景大山大河，变换气候景观而成新景。例如，嘉靖年间杨瞻[①]摹写阆中东山园林大佛寺景色，写出自然给摩崖景区带来的景物变换："丛林无日不阳春，呵护丛林有鬼

---

① 杨瞻，字叔后，山西蒲坂（舜原）人。进士出身。嘉靖二十年（1541年）任四川巡检司金事，分巡川北道，驻保宁。修举废坠，整饬文学。重建、新建锦屏山、大佛寺、将相堂、三陈书院、玉台观、云台观、灵山寺、观音寺、怀陈馆等。编修嘉靖《保宁府志》。所写阆中名胜古迹之诗，凡百余首。自（清）黎学锦、徐双桂、史观等纂修《保宁府志》。

神。翠竹悬崖常是伴，白云穿户转相亲。冲天松柏山前老，绕径莓苔雨后新。月外流霞水底月，俗襟莫作等闲论。闲坐名山草色苍，披襟欲受谷风凉。东头隐隐楼台出，说是陈家教子坊。"(《中国地方志集成》编委会，1992)此文，以阳春、白云、新雨、流霞、月色、谷风等，巧妆出丛林、翠竹、悬崖、松柏、莓苔、水、草、楼台诸元素，使旧物生新意。摩崖造像源于山体，却做人形，执佛事。

意发其中，境生象外：意境来源于意象的组合，但又超越了意象的简单相加。意象组合的意境，其构图方式的处理、步移景换的空间节奏、意境的创造，使有限的空间表达出无限的意味。其中有弹性的山体灌木植被，与裸露的表达宗教艺术的硬质山体形成视觉冲突，自然与人工、自然与超自然形成的心理对比带来美感。视觉影响和精神影响引起的心理愉悦，有别于自然山水带来的感受，又并非对人类力量的直接反映赞赏，而是模糊的宗教艺术产生的吸附力而唤起的审美体验。

自然世界在短时间内是不可改变的，能改变的唯有心灵世界。自然景观被摩崖造像影响形成"禅意"，而这种"意"被各种主体意识、情感经历、审美体验不同的人来体验，能形成不同的主观意境感受。绝壁上的摩崖造像除了宗教神秘美感以外，也在瞬间唤起或满足了对于不可及空间的向往(就像对于水中之小岛、悬崖上的亭子及对高空的向往而建立的高塔一样)。注重和自然山体、江河湖溪的协调，即使是削山而为，也没有强势入侵感或生硬感，如此雕塑的摩崖仍是自然的再现。摩崖窟龛的宗教纯净性，使人们在观赏时与宗教世界对视，感受到宗教的力量，从而产生某种敬畏或尊重的心理。

经过改造的自然景观营造出无数有趣味的意象，如流水。水本无形，随岸而成，水本无声，跌落有声。通过对自然溪水的引导，或于缓滩处围成池，或于绝壁处跌落成瀑，都能形成多样的意象。例如，眉山青神中岩有一水沿山体蜿蜒而下，通过人工的梳理围合，形成了"唤鱼池""玉泉岩""伏虎池"等几个景点，其转折起伏而形成的节奏感和韵律感，激活了整个摩崖石窟园林。这些意象与富有雕刻感和永恒感的摩崖石窟、山体环境组合在一起，形成了意发其中、境生象外的观景美感。

山体因地理位置、观赏角度或自身形态的差异，横看成岭侧成峰，从而形成不同的意象。摩崖石窟园林最主要的意象是大面积、大体量的摩崖。摩崖意象是园林的核心，或是与寺院构成园林的双核心。其功能和审美(更倾向于审美的纯精神载体)融于一体。摩崖石窟对于整个崖壁起着化实为虚的作用。摩崖石窟的构成单元是窟和龛，这些窟龛或大或小，层层相累，与紫红色或金黄色的山壁构成图底关系，起着加强和强调背景的作用。在整个自然环境中构成了大比例、大尺度、大体量的摩崖石窟园林空间。其中大型的面式摩崖点景，对自然景观起着修饰、点缀和改善作用。河流的不断流淌和造像的永恒表情形成冲突性审美。这些意象诱发和开拓的审美想象空间，获得了脱离意象的审美意境。可用唐人苏颋对广元千佛崖所题的诗来总结此种意境之美："重岩载看美，分塔起层标。蜀守经涂处，巴人作礼朝。地疑三界出，空是六尘销。卧石铺苍藓，行縢覆绿条。"[1]

---

[1] 彭定求：《全唐诗·利州北佛龛前重于去岁题外作》卷74，北京：中华书局，1960年。

第四章　巴蜀摩崖石窟的建筑空间构成

第一节　龛窟的空间组合特征

摩崖石窟是重要的宗教建筑类型之一，其内部空间是以雕塑为主的宗教文化展示空间。其中龛是在窟内壁、塔身、阙身或崖壁上凿出一定形状的空间以供佛像。窟，是指在崖壁上凿出较大空间，主要提供供养空间、叩拜空间甚至修行空间。窟龛空间在艺术表现上亦是建筑、雕刻与绘画结合，并利用建筑原理，从结构受力、通风采光、防雨排水等方面建构合理的空间环境。不同的窟龛形制，其构造及艺术处理手法不尽相同。

巴蜀摩崖石窟多以崖面排列浅龛随机布局窟组合而成，与北方石窟以窟为主的空间形式不同。巴蜀摩崖石窟浅龛、单龛之体量不能与北方大进深之石窟并论，在对宗教氛围的宣扬上，尽量以数量众多的浅龛排列于山崖之上，形成一定气势的宗教道场。各种窟龛形制毗邻重叠，密布于壁立崖面，不同进深的窟龛和大小形制各异的窟龛构成丰富的崖面肌理，形成壮丽的宗教景观。

一、龛的基本形制

龛原本是南亚次大陆石窟的一种小型石室，僧人可以在其中栖身与打坐、入定，作为日常修行的一部分。中国早期大型石窟群内，就有许多这样的禅定龛，如新疆克孜尔石窟、云冈石窟和敦煌石窟。龛更多的是供养佛像的场所。寺庙中供养佛像时，也模仿石窟的做法，在佛像上罩一个龛，后来人称之为"佛龛"。早期的佛龛龛形都比较简单，但在发展的过程中，结合中国传统文化和地域特点，形成了十分丰富的窟龛形制。北朝早期的麦积山石窟中出现的平顶敞口龛在巴蜀地区的盛唐、中唐时期继续发展，并大量存在，但是巴蜀地区自身的窟龛装饰性风格却往更丰富、更系统的方向发展。

巴蜀的山体石质多为红砂岩，岩体较坚硬，要开凿空间较阔绰的石窟比较困难，不像北方山体多为砂质石崖，容易凿进取出大量石方为窟，在石窟中还可以继续凿窟，窟内四壁可凿龛以供像，或者直接以窟为室保存宝贵经文、器物等。由于巴蜀摩崖石窟全是在山崖上开凿，工程量不可小觑。因此，像北方那样大型的窟内有龛的开凿方式比较少见，转而改变为在崖体上凿进深较浅的小佛龛的做法。龛体本身也是摩崖组成的重要内容，它的作用是界定单龛范围并同时形成摩崖的表面肌理分隔；运用出挑等建筑手法保护龛内造像少受风雨侵蚀；同时以其丰富多样的造型、堂皇细腻的装饰，体现一定的宗教文化氛围。

巴蜀地区的龛形制很丰富，有方形龛、圆楣龛、尖拱龛、屋形龛、佛帐龛等。摩崖石窟所处的地理区位不同，其窟龛形制也有所甄别，如广元一带的龛多为方形敞口平顶龛以及尖顶拱券形龛；巴中石窟的龛，其特点是多以佛帐龛为主，龛侧卷草图纹精致秀美。大足、安岳一带的宋代摩崖，则逐渐打破以龛为单位的组合模式，转而以连续叙事的手法进行摩崖雕刻组合。通过对巴蜀摩崖龛形制的研究，总结各种龛形制特点如下。

1. 方形龛

这是一种常见的龛形。从外龛套到内龛，都是方形。通常会有两到三层的内龛。方形龛通常可以组合成为连续的龛，在一个矩形龛套内并列开凿多个方形龛。如图 4.1 所示，在曲面的岩体上，毗连三个方形龛，拥有共同的外龛和排水槽。

图 4.1　方形龛单龛、双龛、三龛（夹江千佛崖）

（自绘）

2. 圆楣龛

圆楣龛是将内龛立面的龛楣处理为圆楣状。龛立面比例通常比较接近正方形，如巴中北龛和安岳千佛寺之圆楣龛即如此。圆楣龛主要分布在川北的通江、广元以及川东的安岳一带。

圆楣龛以装饰华丽见长，装饰纹路为卷草纹、团花纹，或是卷草团花纹。除了以卷草装饰龛楣外，也有用混合火焰纹、连珠纹、团花纹进行龛楣装饰的，如图 4.2 所示。

1.团花纹圆楣龛（安岳千佛寨）　　2.火焰纹圆楣龛（安岳千佛寨）

图 4.2　圆楣龛

（自绘）

3. 尖拱龛

尖拱龛是在圆楣龛外再雕凿一层尖拱,形式与火焰纹比较接近,通常为双层龛:外龛为方形或者圆帐形,内龛为尖拱形或是尖拱圆楣形。尖拱弧线流畅,并有对称的花纹装饰,如巴中北龛、西龛,安岳千佛寨的尖拱龛就比较多,而且装饰图纹精美,有的在尖券处还精心设计了二龙戏珠的纹饰来强调尖拱。尖拱圆楣龛形式多样,如图4.3所示,其外部尖拱皆一致,变化在于尖拱内的圆楣装饰以及龛内挂帐和龛座纹饰。

1.外尖拱圆楣佛帐龛
（巴中南龛）

2.外尖拱圆楣佛帐龛
（巴中南龛）

3.外尖拱、内回字纹圆楣龛
（通江千佛崖）

4.外尖拱圆楣佛帐龛
（广元皇泽寺）

5.外尖拱圆楣佛帐龛
（广元皇泽寺）

6.外尖拱内圆楣龛
（安岳千佛寨）

图4.3 巴蜀地区尖拱龛

（自摄、自绘）

4. 屋形龛

屋形龛是指将龛楣处理成传统房屋的外观形式,尤其指龛上方屋顶形式的表达。屋形龛分两种:其一为内龛处理为传统房屋的外观形式,檐口装饰以纹路,外面仍套有外龛,如图4.4中1所示,龛套为方形,内龛上方处理为屋顶形式;其二没有外龛套,整个龛直接处理为屋宇形式,在建筑当心间上开龛供佛,犹如一幢完整的建筑形式,如图4.4中2所示。屋形龛在夹江、安岳、蒲江一带多有分布。

第四章　巴蜀摩崖石窟的建筑空间构成

1. 夹江千佛崖屋形龛　　　　2. 安岳玄妙观屋形龛

图 4.4　屋形龛

（自摄）

5. 佛帐龛

这种龛形在北方比较普遍，如北方的云冈、须弥山等北朝时期大量流行有垂帐纹的龛窟。

佛帐龛（强调横楣垂帘）横楣两端微微向上反翘，类似唐代升起的屋檐线。横楣饰花纹如卷草、团花、飞天，或几种图案组合而成（图 4.5）。这里要区分一个概念，即佛帐龛与佛道帐的区别，佛道帐是宋代李诚编写的《营造法式》之《小木作制度》里描述的一种神龛做法"佛道帐：造佛道帐之制，自坐下龟脚至鸱尾共高二丈九尺，内外拢深一丈二尺五寸，上层施天宫楼阁，次平坐，次腰檐，帐身下安芙蓉办叠涩门窗龟脚坐。……帐身高一丈二尺五寸……外皆拢帐柱。……天宫楼阁共高七尺二寸，深一尺一寸至一尺三寸，出跳及檐并在柱外。下层为副阶，中层为平坐，上层为腰檐，檐上为九脊殿结瓦。……唯殿身施重檐……上层如用山花蕉叶造者，帐身之上更不用结瓦……"[①]这种龛是用于放在屋宇内部进行供奉神佛的构筑物，对摩崖之龛有一定的借鉴作用。《营造法式》中另外记载了牙脚帐和九脊小帐的做法，这些神龛与巴蜀地区的佛帐龛有很大的不同，从做法和形态上都有差异。

巴蜀佛帐龛有两种：一种佛帐龛强调龛楣装饰效果，其基本形制是龛外观以方形构图，如图 4.5 所示的龛为重檐，在上方挑出两层，重檐以宝珠和山花、蕉叶装饰。在帐的处理上，分垂帐纹和璎珞帐帘以及垂帘饰物。垂帐纹在里层、上端边缘压着三角纹的垂帘饰物，下面是璎珞帐帘，这些都是在龛楣上组构而成，龛侧是龛柱，一般并没有软性丝织帷幕的表达。

另一种佛帐龛强调佛帐，即龛两侧悬有软性的丝织帷幕。

巴蜀佛帐龛特点是刻画细腻生动，对细节的反映追求真实的效果。这种龛形式多出现在摩崖内雕刻佛殿中，如邛崃磐陀寺和花置寺等摩崖中的佛殿殿内龛即有此做法。

---

① （宋）李诚：《营造法式·小木作制度四》，上海：商务印书馆，1933 年。

图 4.5 佛帐龛（巴中南龛、北龛）

(自摄)

佛帐龛的影响很深远，从川北的巴中南、西、北龛，水宁寺，通江千佛崖、巴蜀腹地安岳卧佛院等，都有大量的佛帐龛。安岳卧佛院的重檐帷幕双重套龛，第一、二层处理为重檐，装饰花纹有山花、焦叶。重檐之上设置为佛帐，帐内有龛，龛内供佛，是非常有特点的佛帐龛形式。

巴蜀地区窟龛形制依然继承中原北方之风，同时加入新的地域元素和时代元素。其中方形龛、圆楣龛、尖拱龛、佛帐龛都是传统题材，但是做法又有不同，其中的人物造型、人数、组合皆有创新。此外，用力士、飞天、乐伎等装饰题材装点龛楣，在龛阶或龛侧也出现了大量的地域性风格的佛教装饰题材，如图 4.6 所示。

图 4.6 四层龛（巴中水宁寺龛）

(自绘)

二、窟龛的空间艺术

巴蜀摩崖石窟主要以崖面重叠凿浅龛，结合部分石窟形成。其中的中心柱窟、单室以及打破窟龛桎梏形成连续展示的摩崖石窟都有着独特的空间艺术特征。

摩崖石窟中的石窟是由建筑和雕塑共同组成的。按照其空间类型可分为中心柱窟、单室窟、背屏窟等几种形式。相比龛来说，窟的室内空间大，雕塑内容更丰富，其雕塑装饰与结构达到了高度的统一。

1. 装饰和结构高度统一的中心柱窟

中心柱窟的原型是印度的塔院窟，在大同云冈石窟较为多见，而洛阳龙门石窟则少见中心柱窟。巴蜀地区的中心柱窟规模都比较小，但其结构和装饰的结合达到了高度的统一。如图4.7所示，北魏晚期的广元皇泽寺45号中心柱窟，窟平面为四方形，其中心柱的位置约在进深的三分之一处，中心柱的宽度与窟室面阔宽度的比约为1∶3.5。中心柱截面为方形，三壁皆开单龛，余壁装饰千佛造像。中心柱柱身处理为三段式，由柱基、柱身、柱顶三部分组成。柱身有两处收进(模仿多层塔身)，作四面开龛，凸出的柱身上雕刻有覆莲、仰莲以及万字纹，在柱顶端，四面转角处各雕有塔2座，共8塔，皆为单层塔形式，塔刹甚为壮观。其外观形式，犹如楼阁式建筑与塔刹的结合。虽然整个柱体雕饰繁复，但不影响其结构功能，柱高与窟的体量比显得洞窟结构非常稳定。

图4.7 中心柱窟(广元皇泽寺)
(自摄)

巴蜀地区中心柱窟在唐宋期间，从窟内造像到中心柱形式，再到窟内装饰细节，都发生了较大的变化。中心柱地域化的最大特征是强调镂空中心柱的做法，以大足北山第136、155号窟为例。

大足第136号窟平面为不规则长方形。窟高4.3米，进深为6.94米。其中，中心柱的处理非常有特色，如图4.8、图4.9所示。柱宽约2.8米，约占整个洞窟进深的三分之一。中心柱由柱基、柱身、柱顶组成，雕刻相当繁复，运用了透雕、线雕、圆雕等手法。柱基最下端为覆莲，中间束腰部分绕以一巨龙戏火珠的造型。柱基上部分施以仰莲，并雕刻有童子嬉戏图，是这个时期雕塑中的精品。柱身镂空雕刻为八根柱子，皆绕以龙形。中心柱柱顶平面为八角形，八面皆雕刻建筑，建筑类型有宫殿、塔等，象征净土世界。窟内雕像的分布亦是三壁三龛式。窟顶为平顶，未见天花修饰。中心柱的处理除了支撑整个窟顶重量外，其透雕的中心柱为进深较大的窟室内提供了更大的采光面。镂空雕出八根支撑柱，需要很高的技艺水平。与实心的中心柱处理的石窟相比，此窟更成功地融结构、功能、装饰于一体。

图4.8 中心柱柱基雕刻（大足北山第136号窟）
（自摄）

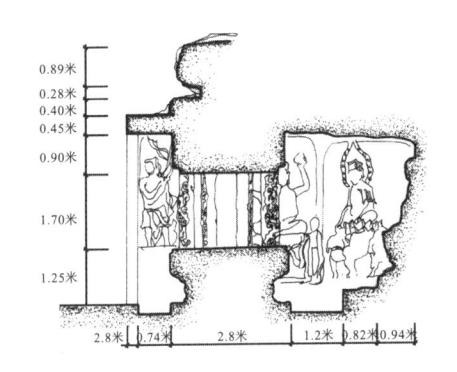

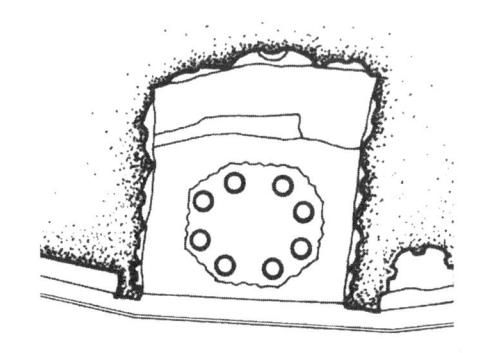

图4.9 中心柱窟：大足北山第136号窟平、剖面图
（重庆大学建筑城规学院历史研究所提供）

北山第155号窟亦是中心柱结构和装饰完美结合的窟形。如图4.10所示，窟内中心柱横截面扩大成屏风式，三壁不再开龛，只以中心柱为主体造像。平面为不规则长方形，面阔与进深的比约为1∶2，为开敞形窟。窟高为3.73米，进深为6.68米。中心柱位于进深三

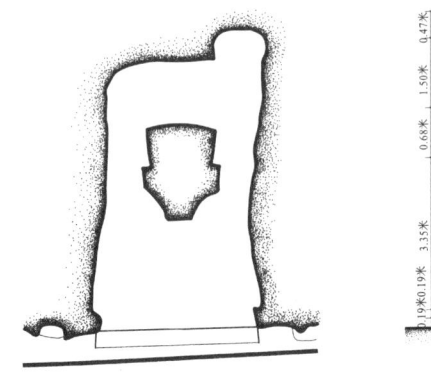

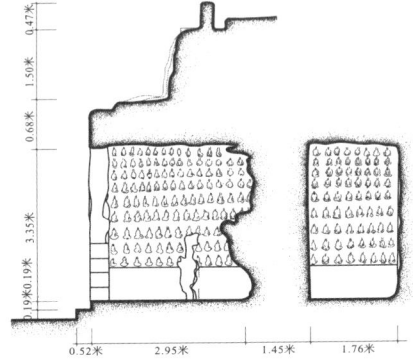

图4.10 大足北山第155号窟平、剖面图
（重庆大学建筑城规学院历史研究所提供）

分之二处，柱身最宽处约为窟室面阔的二分之一。这种粗壮的中心柱比例利于洞窟承重，其平面位置后置是由于洞窟进深较大，后置可使整个窟室的结构更加稳定。主体造像是孔雀明王，在处理中心柱时结合造像主题，把整个孔雀明王雕刻为中心柱，孔雀反屏向上，直至窟顶，其背上置莲台，明王坐于莲台之上，周围装饰千佛。

中心柱窟构件的结构和装饰功能达到了高度的统一，每一个结构构件都起着装饰作用，而几乎每一个装饰构件都具有结构功能。因此在中心柱窟中，无论是摩顶而立的菩提树，还是身着飘逸精美服装的造像，或是支撑窟顶起结构作用的中心柱，都达到了装饰和结构的高度统一。

2. 造像主题和形式巧妙结合的单室窟

巴蜀地区单室窟通常为空间统一的殿堂窟，大型的单室窟在宋代摩崖石窟中较为多见，如安岳千佛寨圆觉洞，安岳华严洞、般若洞，大足宝顶山大佛湾圆觉洞等。其平面通常为不规则的方形平面，窟顶多为平顶。

单室窟的结构空间、雕像组织与其宗教主题严密结合，如大足宝顶山大佛湾圆觉洞，结合宗教主题说法仪式，石窟内造像或装饰做均衡布局，两侧各肃立六尊菩萨造像，正立面为三尊主像，主像前正中置一菩萨发问，获得主题的延伸。石窟的宗教主旨和石窟造像形式分布得到了巧妙的结合。

单室窟的空间处理较为灵活，为了在形式上深化造像主题，人们对窟龛形制进行了改造。如把中心柱后移至墙呈扶壁柱形式，留出足够完整的空间来满足宗教主题需要。如大足宝顶山第 14 号窟 "毗卢道场"（图 4.11），此窟是把中心柱后移至后壁正中，部分柱体嵌入石壁。中心柱平面为八边形，凸出三面，仍按照三段式处理，底座为莲台，凸出的三面柱身正中为毗卢遮那佛，柱身上端与柱顶部分处理为仿木构屋檐，如楼阁式塔身造型。柱顶每面施双层楼阁三座。此窟主题是密宗毗卢遮那佛说法图，由于窟内空间较小，中心柱移至后墙后，置主佛于中心壁柱，两侧分布菩萨和众弟子，加强了主像对整个说法空间的场控力。两侧的菩萨坐在高大的莲台上，弟子散布于空壁中或莲座间，在对称的布局中形成相对自由的点缀。其单个人物雕塑和群体空间布局，都处理得得心应手、落落大方，造像主题和形式之间密切结合、互相烘托。

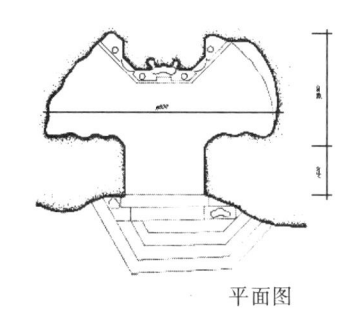

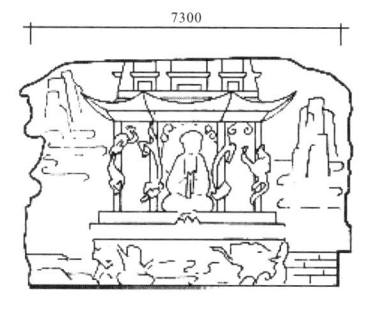

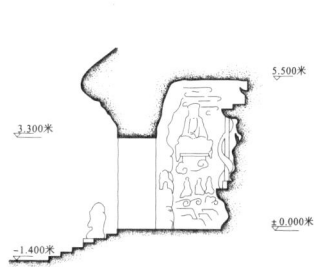

图 4.11 大足宝顶山毗卢道场平、立、剖面图

（重庆大学建筑城规学院历史研究所提供）

3. 打破窟龛桎梏形成连续展示的摩崖

无论是窟还是龛，都是由一个个相对独立的空间形态构成的，每一个窟、龛都有自己的主题表达，通过窟檐来展示各自的空间。巴蜀摩崖造像在南宋时期打破了窟龛的概念而形成自由的摩崖展示空间，其在整体崖壁上进行连续的雕刻，形成延续的主题内容。不同的主题之间没有明确的空间界限，打破了传统的对称布局而形成以叙事型为主的连环画式的连续摩崖界面。此种例子中最为典型的是大足宝顶山大佛湾摩崖。在"U"形崖壁上依次雕出牧牛图、六道轮回图、华严三圣、千手观音、释迦牟尼涅槃图、父母恩重经变相、大方便佛报恩图经变相、观无量寿佛经变相、地域经变相和柳本尊行化图等。这些经变造像处理相互关联、相互渗透、互相承接。在同一等高线的崖壁上进行摩崖雕刻，形成层次丰富、自由组合的构图。在处理经变故事的大型摩崖雕刻时，通常结合崖壁岩石的原貌进行雕塑处理，如图 4.12 所示。经变内容结合佛教经文，同时根据石头肌理、走势、壁面凹凸，进行摩崖规划，或处理成群像，或就势造景，或以石隔断另起新义，或以重叠形式深化篇章，进退结合，明暗相济。同时照应整个佛湾的自然地理关系，形成良好的景观格局。

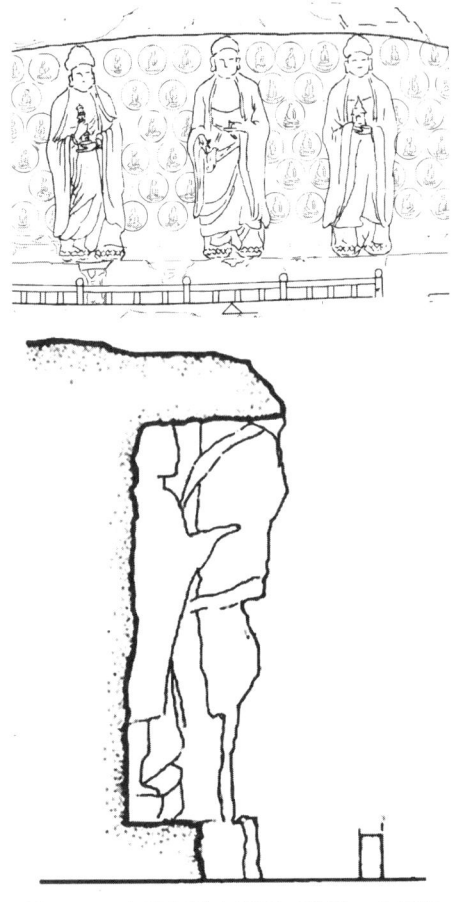

图 4.12 大足宝顶山华严三圣剖、立面图
（重庆大学建筑城规学院历史研究所提供）

4. 排水技术和空间环境的统一

巴蜀地区摩崖石窟所在地多为丘陵地带，亚热带湿润气候导致日照少、雨量充沛、空气湿度大，而这样的气候条件是造成摩崖快速损毁的主要原因。其中，水对摩崖的侵蚀，是最为关键的。地表冲刷水、自然降雨、岩体渗水等，都会对摩崖造成损坏。因此，古代摩崖石窟对排水系统相当重视，多根据不同的水源采取不同的排放手段。许多大型窟龛，在建构之始，即富有远见地统一规划排水。不同的石窟寺选址，针对其造像特点，应用不同的排水系统。许多大型石窟寺，置于江河之两岸，自山崖中间起龛，因此必须考虑江河的历史常年水位，如潼南大佛寺摩崖崖壁带上就有水位标高纪年。一字形排列的千佛崖形式的摩崖，常在山体自然褶皱或有意形成的断裂处，组织山体冲刷水集中排放。在马蹄形摩崖或收成口袋形的石窟寺内，多利用围合范围内的冲沟集中排水。

摩崖石窟由于造像体态和形式迥异，其排水方法也一一有别。除了借助人工建造构筑物如佛殿、窟檐、外廊等方式进行排水外，工匠在缔造摩崖石窟时系统地考虑了很多排水方式。这些排水结构借助天然环境，结合造像形式，融合佛教意义，形成独特的排水系统，体现了古代匠师在营造摩崖时的群体智慧。

利用建筑环境进行排水和采光处理：如借用天然崖面的出挑、在崖面上处理与窟龛相应的排水沟，尽量在不破坏空间环境的情况下，开凿排水系统以保护摩崖造像。

在雕凿佛像时，根据造像所在的岩石情况，留出一定厚度的窟檐，窟檐下方凿进为像，形成天然出挑的檐口来排除崖面冲刷水。这种利用出檐的建筑手法进行排水的例子在佛祖涅槃经变造像中最为多见，如安岳卧佛院卧佛、大足释迦涅槃圣迹图、合川钓鱼城卧佛、乐至卧佛等。涅槃像通常为横向布局的卧佛形式，横向布图长达数十米，如安岳卧佛长 23 米、高约 5 米，合川卧佛长 12.5 米、高约 3 米，大足宝顶山卧佛长 31 米、高约 7 米，这样的横向布局很难用传统建筑形式覆盖，用窟前接木构建筑的方式同样不太适合。因此，需要依靠天然崖面自身出挑来保护。这种以出挑深远的石檐来保护卧佛的手法是雕刻卧佛造像的一部分，即在进行摩崖造像之前，匠师对窟檐的标高、出檐的深度、岩石的肌理等方面已心有成图。此外，对视觉采光、排水通风的考量，也是开凿摩崖石窟时成熟的系统性规划中的一个步骤。

这些出檐根据具体的岩石结构和造像需要以及物理承重等不同进行考虑，出挑 1 米到数米不等。如今巴蜀地区之卧佛历经数百年甚至上千年而保存尚好，皆是天然石檐之功。除了卧佛外，其他宗教题材组合的摩崖石窟群雕也常采用这种出檐深远的保护方式，如安岳毗卢洞柳本尊十炼龛造像和大足宝顶山石窟。尤其是宝顶山石窟，其出挑石檐根据摩崖造像组合随意曲展，除了入口处的牧牛图一段利用人工庇檐外，其余皆依赖于岩石天然出檐来保护摩崖造像。

在窟龛上方的崖面上根据窟龛的形状或者岩石纹理雕凿出相应的排水沟，及时排走冲刷水或积水。排水沟根据位置和功能形式分两种：其一，在窟龛上端直接凿出"人"字形的浅排水沟形式，排走大量自然降水；其二，在垂直于单个窟龛的上方根据石窟纹理和石窟造型，凿出一定深度的排水沟，排走渗水和表面冲刷水(图 4.13)，并形成整体的排水系

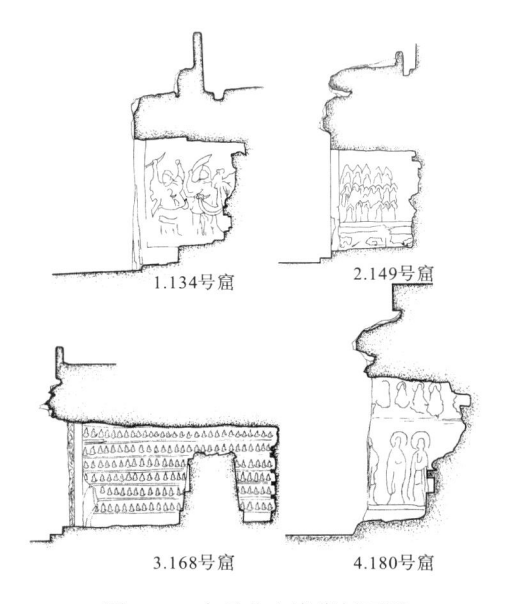

图 4.13　大足北山摩崖剖面图

(重庆大学建筑城规学院历史研究所提供)

统。由于摩崖石窟多开凿于陡峭壁立的山体上，有许多浅龛自身的窟檐出挑较小或几乎没有出挑，因此在岩体表面有因自然雨量过大而形成冲刷水流下时，浅龛就会受到一定程度的侵蚀。此时，即要依赖崖面处理进行排水。崖面处理多采用在单龛或排龛上方凿成"人"字形排水沟，排走雨水。这种方法在龙门石窟奉先寺大像龛就有采用。巴蜀地区对单龛或大量组合小龛都采用了这种方式，如图 4.14 所示。

图 4.14　巴中三江龙门山摩崖

(四川省文物管理局等：《巴中石窟内容总录》，成都：巴蜀书社，2006 年，第 128 页)

巴中三江龙门山摩崖，其摩崖浅龛分布于一巨石表面，其中 1～4 龛组合得较近，因此在这个组合龛上面有一"人"字形浅沟，使崖面排水通过人字形的夹角斜面排向两边，同时在人字形两股上开凿导水处，如果排水量过大，人字形主坡排水不及，就从导水口处溢出，导水口开设在窟龛之间或者出挑的窟檐上方，最大限度地保护窟内造像。图 4.15 为夹江千佛崖崖面排水，除了几龛组共用一个大"人"字形沟排水外，一些小龛龛顶也单做人字形排水沟。

图 4.15　摩崖崖面排水沟(夹江千佛崖)

(自摄)

结合造像形式设置的排水结构：把摩崖造像形式与排水功能结合起来，将排水装置隐藏于造像内容中，是巴蜀摩崖造像排水的另一个特点。

大佛湾的"牧牛图"系列中根据造像形式设置的排水系统颇有生趣。其"牧牛饮水图"中，牛牵颈做饮水状之处，即为山顶蜿蜒至此的一处排水沟，若逢雨天，则有水汇聚排水沟而下，牛立一旁，若饮真水，如图4.16所示。把摩崖造像与排水系统智慧地组织到造景之中，使整个体系呈现出功能融于审美，排水结构与雕塑、景观、宗教情节浑然一体的特点。

图4.16　结合造像形式设置的排水系统（大足"牧牛饮水图"）

(自摄)

大足宝顶山圆觉洞是一进深为12米的石窟，其处理渗水的方式结合摩崖造像的艺术形态，渗水经过收集处理从窟顶隐藏的排水道接入石窟内的盘龙雕刻之龙口，然后滴入窟内一老僧手中之钵内。此钵又与窟底排水暗沟相通，循此排出窟外。其排水设计之收放自如，与造像形态相结合，给幽深的窟内增加了净境梵音，是古代雕刻艺术和排水系统结合的典范。

而在大佛造像中，更是集中地考虑了摩崖造像艺术形象与排水的关系，进行了巧妙合理的设置，如乐山大佛，智慧地融排水与造像形式于一体。大佛的螺旋纹、两肩衣褶以及耳朵等，都是隐形的排水系统，可以排出岩体自身内部的渗水。渗水是摩崖石窟所有水害中最严重的一种，轻则形成表面盐蚀，滋生地衣生物，加速风化；重则引起摩崖石窟内部结构变形，使岩体产生隙缝或加大为沟缝，威胁摩崖石窟的存在。这种和造像形式紧密结合的排水系统，既可以迅速排出表面天然雨水，保护宗教造像，又可以为摩崖石窟造像增添艺术设计感。

与佛教文化相融的排水处理：在进行摩崖造像的排水处理时，结合佛教寓意进行巧妙创作，形成经典的结合排水技术与摩崖艺术的作品。

大足宝顶山大佛湾摩崖之涅槃图睡佛旁，睡佛佛头处有"九龙浴太子图"，寓意佛祖出生之时，九龙为之洗浴庆祝的教义。其中壁立的九个龙头雕刻即是隐藏的排水管，上接小佛湾处圣迹池的渗水，自龙头排出，其中下端最大的龙头为主要排水孔，排出的水柱浇在释迦的坐像上，形成"浴太子"一景。此景排出的水沿着旁边巨大的睡佛平行流淌，地上的排水沟处理为九曲形式，寓意"九曲流觞"，水渠在睡佛尽头的墙壁处流进玄极井内，此处同时汇集了卧佛出挑的巨大庇檐的排水。整个排水系统与摩崖佛教文化结合得天衣无缝（图4.17）。

图 4.17 与佛教文化相融的排水系统(大足"九龙浴太子")

(自摄)

在处理佛像造像排水的同时,结合宗教教义宣扬。摩崖造像与山崖相系,其崖体渗水较多,通常在造像一侧或石窟下方集中排出,形成小池,如潼南大佛寺和江津石门大佛寺,皆在大佛左脚下方凿出排水孔,滴水成池。涞滩二佛寺在入口右下方凿有专门处理岩体渗水的地下水池。这种岩体渗水被加以宣传,说有去病驱邪之功效,在水池旁置以竹勺,教众以为神水,纷纷引勺而饮。排队取饮佛像渗水以求吉利逐渐成为民众赶庙会中的一个习俗。

三、窟龛的装饰艺术

龛的形制大小不一,其龛内雕刻造像题材内容迥异。窟龛装饰一般出现在龛的龛套外壁、龛阶、内龛楣、龛顶、造像背光、莲座以及窟龛之间的联系崖壁等处。

在装饰图纹的雕刻技术处理上主要以浅浮雕、线雕、圆雕等手法来表现,在构图上通常对称布局。装饰题材有人物类(主要是乐伎、飞天、力士、童子等)、动物类(主要有狮子、祥瑞鸟、龙、龟等)、植物类(主要有菩提树、忍冬、卷草、莲花等)。

窟龛的装饰题材丰富,既有典型的一直沿用的佛教题材,又有中国传统装饰题材的渗入,在石窟寺逐渐地域化的发展方向中,又融入有地方元素的装饰题材。

(一)以地域化的佛教艺术题材为主体装饰

窟龛中的装饰题材很大部分起着烘托宗教氛围、塑造宗教神话的作用,火焰纹、卷草纹、垂帐纹、莲花纹、飞天、力士、佛座、千佛等装饰题材在窟龛中比较常见。

1. 火焰纹

火焰纹通常用于佛像的背光。也有少量的火焰纹结合卷草纹组成龛楣装饰,属于传统的佛教装饰题材。巴蜀火焰纹的特点:纹路圆润,形成华丽的升腾气势,并结合其他样式的纹路进行装饰,如火焰纹与连珠纹形成的背光(图 4.18),火焰纹形成的清丽背光(图 4.19),内层卷草、中间连珠、外层火焰形成的佛像背光(图 4.20)。

图 4.18　火焰纹背光（夹江千佛崖）（自摄）

图 4.19　火焰纹背光（大足北山）（自摄）

图 4.20　火焰纹背光：眉山青神中岩寺（肖卫东、蔡光洁:《昨日佛光——青神中岩寺摩崖造像白描集》,成都:四川出版集团,四川美术出版社,2007 年,第 49 页）

2. 卷草纹

巴蜀摩崖石窟中的卷草纹形态极其丰富。有的卷草只出现连续卷曲的叶子,有的卷草中有花卉或者直接由花卉构成卷草形式。

卷草纹通常用于龛楣、造像背光、龛阶等。卷草形态或肥美丰隆或纤秀细长。有匀称的花中吐花,也有于主茎中伸出若干细软枝叶陪衬着缠绕的主花茎。在窟龛的门楣上,于左右对称的卷草纹对接处,常用龙头纹或饕餮纹连接,如巴中的卷草纹饰(图 4.21)。

1.北山卷草纹

2.夹江卷草纹

3.巴中卷草纹

图 4.21　巴蜀摩崖石窟卷草纹

(自摄)

卷草纹是一种简朴的装饰纹样，南北朝时期广泛用于佛教寺庙和世俗生活的装饰中，沿丝绸之路向东传播的"忍冬纹"，被认为是源于希腊，小亚细亚地区的利西亚(现土耳其)仍然保留有这样的纹饰。其造型取材和中国人十分热爱的"忍冬花"(金银花)接近，并有"延年益寿"的吉祥之意。装饰纹路虽来自异邦，但是在文化传播的过程中，同样走上了地域化的道路。

将卷草纹与其他纹饰如连珠纹、火焰纹、团花、宝珠等组合起来，形成绮丽的装饰效果。广元皇泽寺五佛龛之主佛像圆光，主要由卷草纹结合宝珠形成主要的装饰图案，应用了连珠纹做辅助装饰(图 4.22)。这种在传统装饰题材中，进行多元题材的组合形成突出的装饰效果，是巴蜀摩崖石窟装饰的特色之一。

第四章　巴蜀摩崖石窟的建筑空间构成

1.佛光卷草纹：广元皇泽寺

2.火焰卷草纹：巴中北龛

3.尖拱卷草纹：巴中沙溪龛楣

图 4.22　各种卷草纹装饰

（自绘）

3. 垂帐纹

垂帐纹通常结合流苏纹一起形成组合装饰，是巴蜀地区摩崖窟龛中一种常见的纹饰，多用于佛帐龛的龛楣。其辅助纹饰多为菱形纹、璎珞纹、齿形纹、铃铛纹、团花纹等，搭配形成华丽的龛楣（图 4.23）。

图 4.23　垂帐纹(巴中南龛)

(自摄)

4. 莲花纹

莲花的形象在摩崖中应用广泛，除了莲座外，还有藻井、主佛背景等也施以莲花、荷叶等。如图 4.24 中的莲花形象，精致细腻，并逐渐把中国山水画的写意风格融入石窟中。

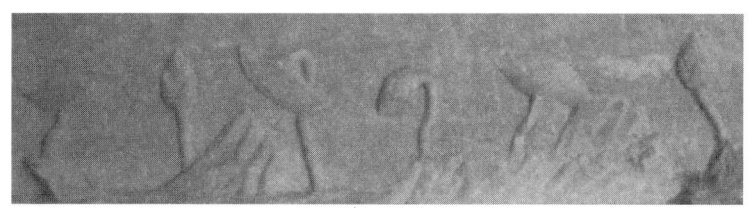

1.大足北山摩崖莲花装饰

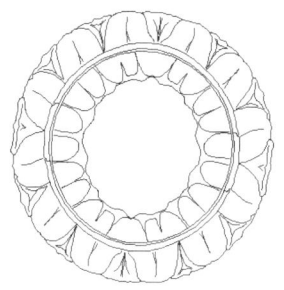

2.大足北山窟顶莲花图案　　3.合川涞滩二佛寺石窟莲花

图 4.24　摩崖石窟中的莲花纹饰

(自摄、自绘)

5. 其他纹饰

除了卷草纹、团花纹、莲花纹、火焰纹，另外还有回形纹、壸门装饰纹等。回形纹出现于通江、巴中一带，壸门装饰纹多用于佛像基座、塔座等处。如图 4.25～图 4.27 所示。

6. 飞天

巴蜀地区的飞天虽不及北方石窟壁画中运用广泛，但其反映的形态十分丰富(图 4.28)。飞天姿势优美，雕刻细腻，富有异域风格，有极强的装饰性。川北地区窟龛内的飞天面相饱满、肢体丰腴(图 4.28，6)。川中地区的飞天形体相对于川北地区较轻盈(图 4.28，2)。飞天或执乐器，或托花篮，或以各种舞蹈姿势出现。

第四章 巴蜀摩崖石窟的建筑空间构成　　121

图 4.25　团花纹（巴中南龛）
（自摄）

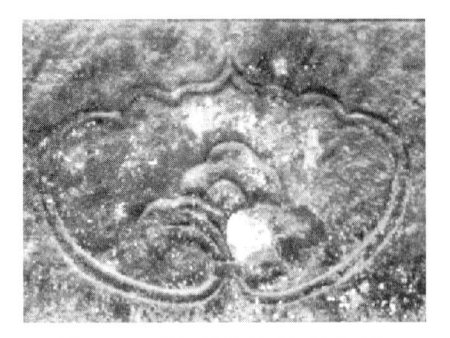

图 4.26　壸门装饰纹（大足北山）　　图 4.27　回形纹（巴中水宁寺）
（自摄）　　（自摄）

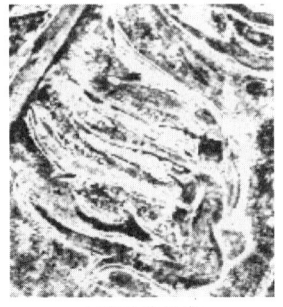

1. 广元皇泽寺 　　2. 广元皇泽寺 　　3. 青神中岩寺

4. 巴中南龛 　　5. 巴中南龛 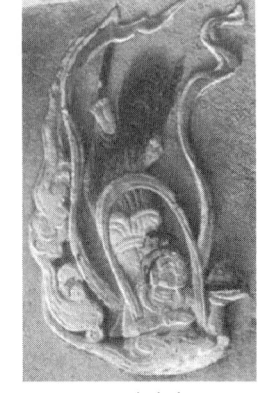　　6. 巴中南龛

图 4.28　摩崖中反映的飞天
（自摄）

7. 力士

力士是和飞天同样重要的窟龛装饰。主要出现于龛柱一侧，呈对称布局。力士（图4.29）通常裸露上半身，下身着裙，双脚抓地，一手握拳向天，一手执衣带，体态舒展，人体美学得到极致展现。

8. 佛座

巴蜀地区的佛座形式与南北朝时期的相比更加丰富，除了传统的须弥座、莲座外，还出现了长凳式、方椅靠背式佛座。巴蜀地区的须弥座多结合壸门装饰处理，上下各施以仰莲、覆莲。如图4.30所示，莲座下端多施以覆莲，覆莲莲瓣刻画细腻；须弥座上方再加以具象的莲座；须弥座的束腰与上下叠涩组合呈现出不同的形态。

图4.29 力士（巴中）
（自摄）

1.蒲江飞仙阁

2.青神中岩寺

3.广元千佛崖

4.丹棱郑山

图4.30 摩崖石窟中的须弥座形式
（自摄）

9. 千佛

在巴蜀地区还出现了一种装饰窟龛的装饰手法，即千佛。千佛用于窟龛装饰较为普遍，如阆中东山园林的唐代摩崖大佛，其身后便有4700余尊排列整齐的小佛。千佛装饰也会结合莲花主题进行，在资中重龙山、仁寿牛角寨、邛崃花置寺皆可见千佛坐于千莲之上，布于窟龛主像周围，具有极强的装饰效果。千佛装饰影响到明清的摩崖造像，如清代的南充小乐山摩崖仍沿用此种装饰。

（二）歌舞艺术装饰题材的运用

伎乐舞蹈题材是巴蜀窟龛的主要装饰题材之一，主要运用于龛阶或外龛套，也用于部分龛内佛像基座或主像背光周围的装饰。

伎乐装饰分为演奏乐器及和乐起舞两种。演奏乐器者手执长笛、古琴、阮、琵琶、箜篌、排箫等乐器。这些乐器既有中国传统乐器，也有后来从西域传入的胡乐器。演奏人既有胡人的自由舒展体态（图4.31，1、2），也有唐代跪坐方式（图4.31，3）。在构图上，除了在窟龛两壁自由布局外，还有的在龛阶形成大型伎乐表演对称布局。如图4.31第4、5图所示，在水平线条排列的纹饰背景上，依次对称布局着手执各种乐器的伎乐人。

1. 巴中西龛

2. 巴中西龛

3. 夹江千佛崖

4. 夹江千佛崖

5.夹江千佛崖

图4.31　摩崖中的伎乐装饰

（自摄）

（三）中国传统装饰题材的运用

在摩崖中应用中国传统元素进行装饰的窟龛随处可见，尤其是动物纹饰，如龙、凤、乌龟、麒麟等（图4.32；图4.33，2）。

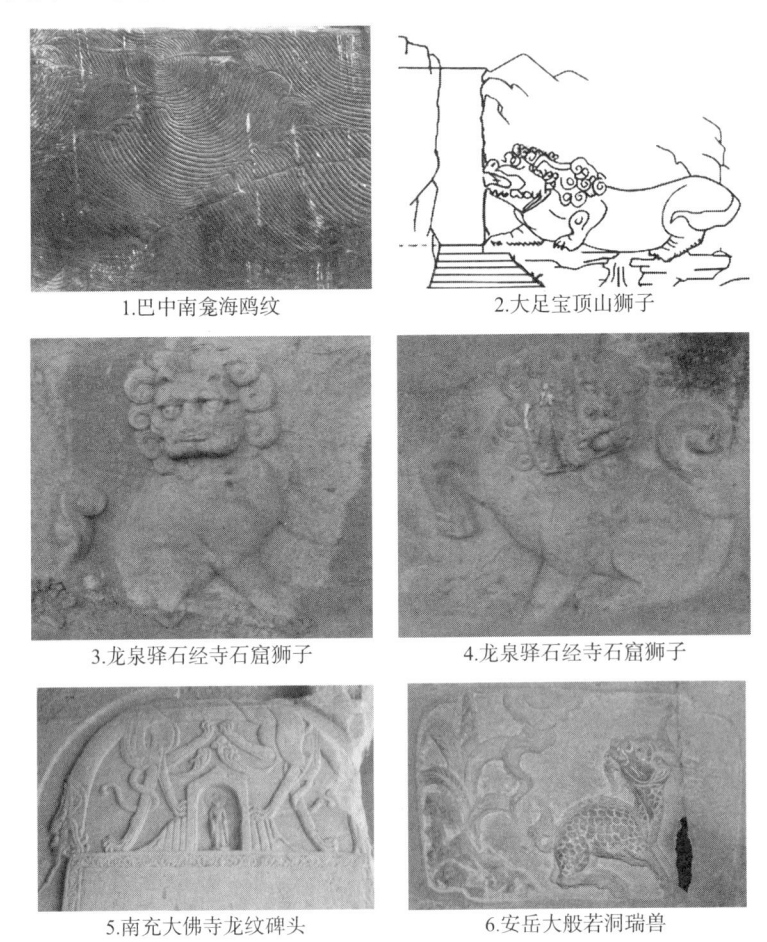

1.巴中南龛海鸥纹　　　　　　2.大足宝顶山狮子

3.龙泉驿石经寺石窟狮子　　　4.龙泉驿石经寺石窟狮子

5.南充大佛寺龙纹碑头　　　　6.安岳大般若洞瑞兽

图4.32　巴蜀摩崖中反映的动物纹饰

（1、3~6.重庆大学建筑城规学院历史研究所提供；2.自绘）

龙本是中国传统文化中的图腾形象，在佛教文化与中国文化相融的过程中，逐渐成为佛教装饰中比较普遍的一种题材。在巴蜀摩崖石窟中，龙纹主要用于龛柱（图4.33，1）和摩崖题记石碑碑头。巴蜀地区唐代龙纹特点是龙身瘦劲有力，尤其强调龙爪的刚劲。从安岳、南充、巴中等处的窟龛中可以看到这些特点。

1.巴中龙形龛柱　　　　2.忠县临江岩龛侧鹤形

图 4.33　龙鹤纹

（1.自摄；2.刘长久：《中国美术分类全集》卷 8，重庆：重庆出版社，2008 年）

与龙纹来源于中国传统文化不同的是，狮子在中国古代的逐渐普及是与佛教的传播密切相关的。佛教经文中以狮子为名者，有《如来狮子吼经》《大广方狮子吼经》等。狮子与佛教文化渊源颇深，但发展到后来，狮子成为中国文化中喜闻乐见的一种镇邪动物，于村口、庙前、祠堂旁都可见其形象。在巴蜀摩崖石窟中，亦比较多见，如大足宝顶山、南充小乐山、龙泉驿石经寺等摩崖石窟处。最有代表性的有龙泉驿石经寺两个"中国化"的石狮，其狮扬爪歪头，做欢腾天真状，与佛教初传时以声势夺人的狮子造型大有不同，已成为寄托一定愿望与理想的既定表情的装饰物了。

在装饰手法中，无论是装饰布局还是造型风格，都在逐步地引入地方手法。到了宋代，摩崖雕刻融中国绘画技法于其中，其装饰图具有浓厚的中国风格。

巴蜀地区窟龛的丰富性、窟龛的建筑原理以及其装饰题材的多样性，都使巴蜀摩崖石窟显示出独特的创造性和浓郁的地方文化色彩。

第二节　窟檐与摩崖空间形态

巴蜀摩崖石窟的窟龛，较之于北方石窟更重视檐部空间的处理，这应该与巴蜀地区湿热多雨的气候环境有关。在窟龛外部建构檐部空间，可起到防止阳光直射，以及防止雨水对摩崖造像的侵蚀，从而起到对摩崖石窟的保护作用。

窟檐与摩崖的空间形态组合有三种构成形式：其一，依靠摩崖自身的自然条件，进行天然岩石出檐的处理；其二，在窟龛前接木构建筑形成悬挑式或檐廊式窟檐；其三，在窟前凿出仿木结构形式的石窟檐。

一、自然崖体构成的窟檐

自然崖体构成的窟檐，是指利用摩崖石窟的本体材料来营造庇护空间，其具体营造手段可分为两种方式。其一是利用自然崖体的出挑，形成天然的保护窟檐。巴蜀摩崖多选用较坚硬的红砂岩，较之北方的砾岩更具整体结构性能，这可能是天然窟檐能得到普遍运用的原因之一。其二是在开凿摩崖窟龛的工程中，人工开凿与造像呼应的石构窟檐。

无论是天然形成还是人工凿就的窟檐，都有顺其自然、因地制宜的特点。窟檐与摩崖窟龛浑然一体，构成和谐的整体空间形态。红砂岩结构强度较高，可使崖体悬挑深远，因此，小到一两米，多至五六米的崖体窟檐比比皆是，形成颇为宏大的空间环境气势。大足宝顶山大佛湾天然窟檐的处理，最为典型地反映了此类空间环境特征。

根据造像组合和崖壁特点，借用自然山体架构，巧妙运用悬挑结构，形成天然出檐对造像进行保护。许多摩崖在带状崖壁上不规则地排列，形成大规模、大面积的摩崖石窟，如大足宝顶山摩崖，顺延崖壁几十米的摩崖造像，数百年来，仍保存相对完整，主要是依赖结合造像形态凿出的石窟檐进行保护。这些窟檐依靠岩石的结构强度，形成相对深远的悬挑檐，并顺着摩崖造像绵延数十米，形成宏伟的造像环境气势。

借用天然岩石出挑深远形成石窟观赏空间，如安岳毗卢洞，其雕刻主题为密宗第五代祖师柳本尊十炼图，窟中雕刻了柳氏生平从事宗教活动的十幅行化图，具有非凡的宗教意义。近 4 米的大型出檐既保护了摩崖造像，又为观赏领悟其中深意提供了良好的空间环境。部分摩崖在险峻的笔立石崖上凿就千龛千佛，佛影重重，仍然就着岩石肌理走向凿出一定深度的石窟檐进行保护。通常在窟龛开凿之初，会对窟龛的防护进行设计，倚靠自然崖面出檐来保护窟内造像。如图 4.34 所示，摩崖上方整体悬挑的大挑檐，形成足够大的空间使摩崖内的神像免遭阳光照射、风吹雨淋等自然因素的破坏。

顺应卧佛崖壁走向，凿出多层次的出檐以保护卧佛。巴蜀地区大佛造像形式的不同，决定了对其采取的建筑保护手法也不同。通常纵向布局的立佛和倚坐佛，多建构大佛殿进行保护并提供更多的宗教活动空间场所；反映佛祖涅槃题材的卧佛形式，由于其造像多沿崖壁顺延 10 米以上，因此，多采用天然崖面出檐的方式来保护，如安岳卧佛院卧佛、合川钓鱼城卧佛以及大足宝顶山卧佛，都是采取两重或两重以上的天然崖面出檐的窟檐形式。

自然崖面出檐是摩崖解决自身隐患问题的一个基本技巧，同时也可以解决一些木构建筑难以达到的技术难题。如沿着壁面延展几十米的安岳卧佛院卧佛，要达到满足其采光和开敞的视觉效果，并保持浑厚大器的审美感观，较为理想的工程处理是沿着佛像上方，凿出随意曲展的双重石挑檐，形成与卧佛形态曲线相吻合的建筑形式。其他石窟窟前大出檐者如窟前有台，则窟檐出挑深远，遮盖石窟前较为宽敞的礼佛空间；部分崖壁壁面开凿有大小不一的浅龛，在整个崖壁上方，出挑整檐以保护零散窟龛；用石板搭建形成遮蔽空间以保护摩崖等，都是利用有利的地形环境对摩崖进行保护，或是在开凿之初即以挖进为檐的处理方法保护摩崖。部分没有设龛的摩崖石窟或造像直接暴露在外（如大足宝顶山摩崖），较之窟龛内的造像，除了雨水外，还有风沙侵袭、阳光曝晒等，因此窟檐对摩崖的保护显得非常重要。

1. 资阳大佛窟檐　　　　　　　　　　2. 大足华严三圣窟檐

3. 安岳毗卢洞窟檐　　　　　　　　　4. 合川卧佛窟檐

图 4.34　摩崖天然出檐

(自摄)

二、木构窟檐的构筑形式

仅仅依靠天然出檐来保护摩崖窟龛，是远远不够的。因此，自古以来，人们对摩崖石窟的保护都很重视窟檐与摩崖石窟的结合处理，不同规模、不同地带的摩崖石窟会采用不同形式的人工窟檐。其形式主要有廊式窟檐、悬挑窟檐、在重点窟龛建造独立窟檐、石窟外面凿出的仿木结构建筑形式的石窟檐。对重点窟龛的保护，人工窟檐必不可少。

木构窟檐是在窟龛前接木构建筑而形成的一种窟檐。这种窟檐从建筑形态、构筑方式、建筑材质上可以分为三种：柱廊式、挑檐式、独立式。

1. 柱廊式

柱廊式窟檐是木构窟檐中最常用的一种窟檐形式，主要应用于大型带状崖壁上的摩崖石窟，如图 4.35 所示的大足北山檐廊。檐廊通常在摩崖的一旁沿着摩崖平行置柱，柱上置梁，梁的另一端直接搁置在摩崖崖壁顶上或置入崖体，梁上再搁置短柱，短柱间有穿枋连接,这样形成一榀榀垂直于摩崖壁面的平行屋架。短柱上架木檩,木檩传递屋面的重量于梁柱,再通过梁架和柱子传给摩崖山体,如大足北山摩崖石窟檐廊(图 4.36)。檐廊的柱子间虚空,第一层梁的高度设置在摩崖所在的山崖顶端,形成高狭空间。尽可能让人们在廊内空间观摩到所有的摩崖,如通江千佛崖崖壁较高,檐廊之穿枋直接伸进崖壁内构成廊下空间(图 4.37,1)。屋顶则相应处理为半坡形式。如果摩崖所在崖壁位置较低,则构架搁置在崖壁顶部,屋面形成双坡,如龙泉驿石经寺摩崖、大足北山北段檐廊(图 4.37,3)和巴中北龛窟檐(图 4.37,4)。它们的檐廊木构架一端置于崖体顶端壁,另一端通过落地的排柱支撑,细长的柱子形成空透的空间(图 4.37,2)。

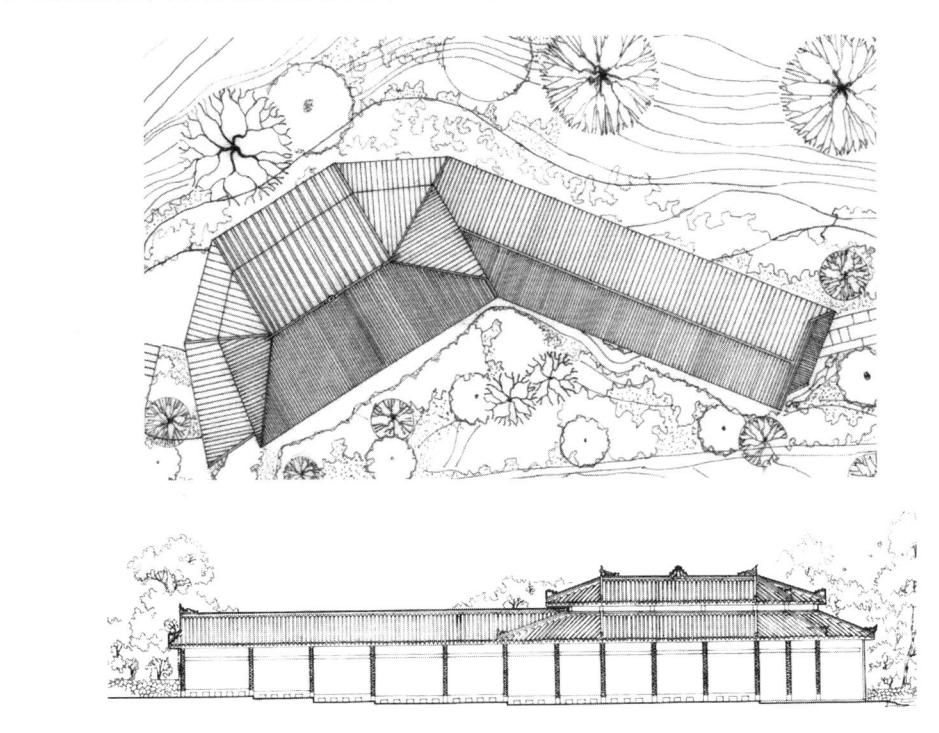

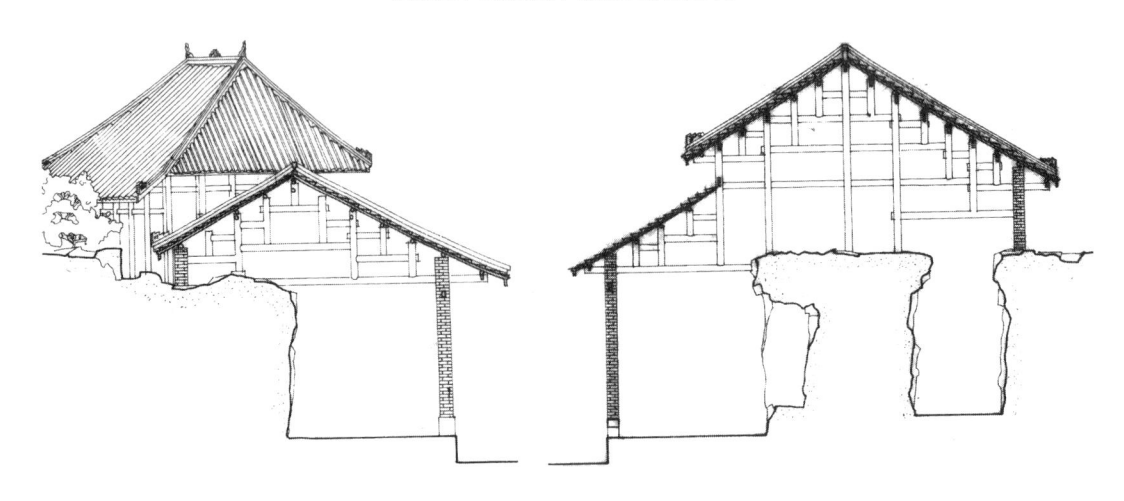

图 4.35 木构窟檐

(重庆大学建筑城规学院历史研究所提供)

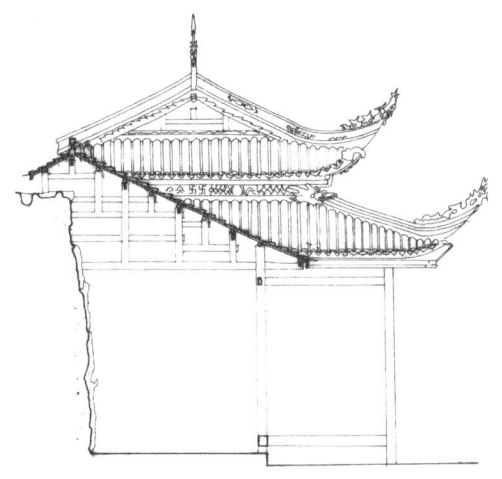

图 4.36　适应不同摩崖崖体的柱廊窟檐

(重庆大学建筑城规学院历史研究所提供)

1.通江千佛崖　　　　2.龙泉驿石经寺摩崖

3.大足北山北段檐廊　　　　4.巴中北龛窟檐

图 4.37　廊式窟檐

(自摄、自绘)

选取檐廊为庇护建筑的摩崖窟龛，其廊内地面与廊外地面无大的高差。廊外是轻快的自然美景，廊内是肃穆的千年宗教造像，人在高而狭长的廊内可以感受到两种空间的不同张力。连续的长廊同时形成优美的建筑景观，如图 4.37、图 4.38 所示。

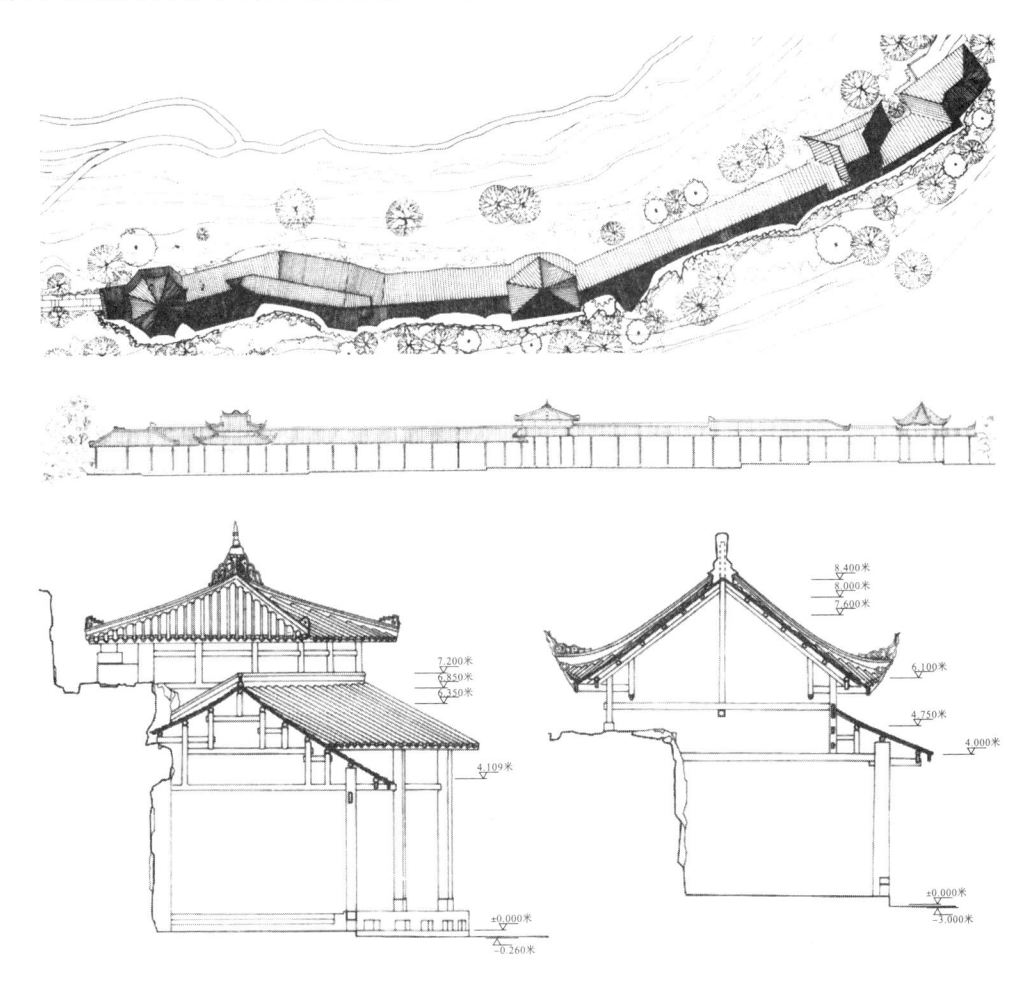

图 4.38 顺应摩崖形成的连续柱廊窟檐

(重庆大学建筑城规学院历史研究所提供)

2. 挑檐式

挑檐式窟檐主要用于用地局促或地形转折起伏较大，不利于建构柱廊式窟檐的摩崖石窟前。

摩崖造像选址于半山，观摩摩崖的道路相对窄仄，因此，采取檐廊的廊柱落地会使平面显得更加局促，而悬挑的窟檐从建筑形态到功能保护都更适应交通狭窄的半坡摩崖形式。大足宝顶山摩崖石窟的挑檐窟檐是此类挑檐中的代表作。

大足宝顶山的挑檐窟檐主要集中在"牧牛图"那段崖壁。在平面呈"S"形的崖壁上方，建有随崖走展的悬挑窟檐。窟檐上方承接三开间的九脊殿建筑——"牧牛亭"，窟檐下是沿壁面展开的摩崖。在亭内可倚栏观览整个大佛湾景观。悬挑的窟檐和牧牛亭一起，构成气势庞大的崖壁建筑(图 4.39)。其造型照顾了不同标高的视线感受。窟檐在建筑艺处理上，尊重自然地势，随山体地形转势起伏而走展，在保护摩崖石窟的同时增强了艺术效果。在建筑风格上，采用当地民居形式，用穿枋、小青瓦、斜撑等本土建筑元素建构，轻巧地和摩崖窟龛一起融入自然之中（图4.40）。

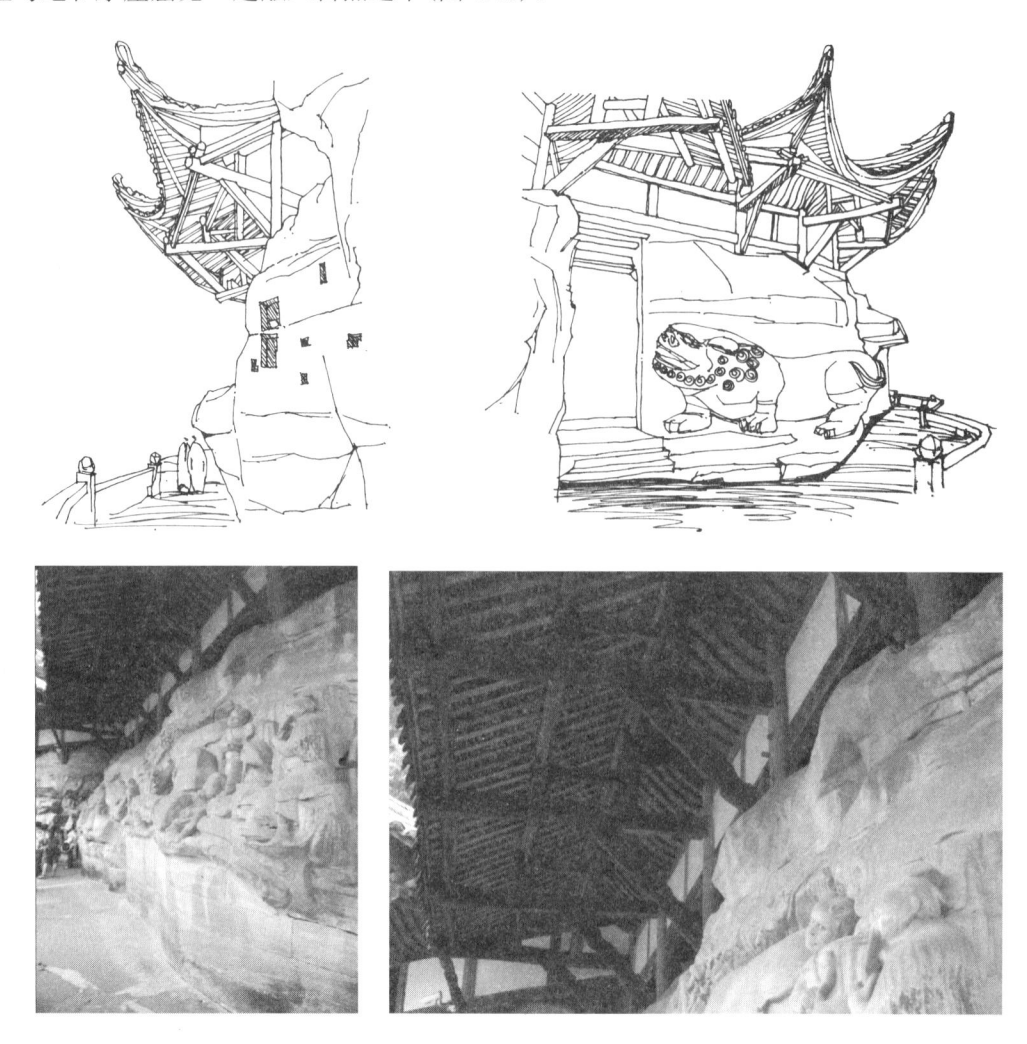

图4.39　挑檐式窟檐与摩崖
（自摄、自绘）

从图4.39中可以看出，整体悬挑式窟檐檐口线呈圆弧状，起伏的、优美的檐口曲线及起翘的屋面翼角，合着摩崖壁面进退节拍，演奏出和谐的韵律。这种带状窟檐，构架原理采用"天平地不平"的手法，即支撑窟檐的短柱并不落在同一水平面上，而是就摩崖天然的崖面随意布局，支撑着齐整的、连续的屋面。

当摩崖随山体峰回路转，形成凸起、

图4.40　悬挑式窟檐（邛崃磐陀寺摩崖窟檐）
（自摄）

收进的高低变化起伏时，悬挑的窟檐相应地根据地形变化进行窟檐转折处理，对转折之处的过渡空间进行艺术加工处理。如图 4.41 所示，摩崖窟檐呈圆弧状出挑，其上有上一段起伏的扇形窟檐覆盖交叉地带。窟檐接近崖面的部分用粉墙围合，可遮盖摩崖上方的裸露山体。粉墙用黑漆木枋压边，并有分格。其上为轩棚，轩棚上方为出挑较远的屋面。山崖转势急促突然，窟檐转折秀美精致。其檐下短柱长枋、斜撑横梁等各种构件虽聚一处，却条理分明，构架暴露于外，却并不凌乱。

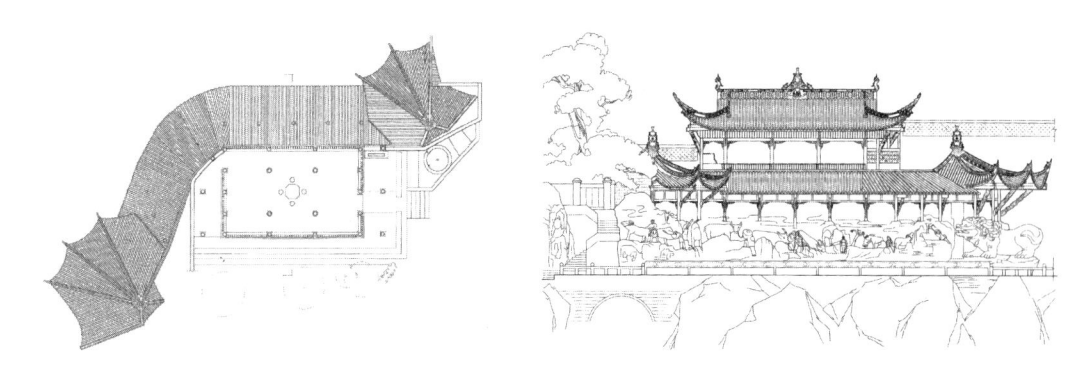

图 4.41　悬挑式窟檐(大足宝顶山悬挑窟檐平、立面图)

(重庆大学建筑城规学院历史研究所提供)

3. 独立式

和悬挑式及柱廊式窟檐所形成的檐廊不同，独立式窟檐通常使用于一片壁立摩崖的重点窟龛前。某些窟龛在山体转角处，易受常年风向吹袭，为了避免石窟内造像风化，历代维修过程中都会对这些窟龛进行重点保护。具体做法：在单个或几个连续的窟龛前平整出相应大小的台地，其上立柱，有横向的枋联系柱与崖体。为了排水和采光考虑，屋顶形式多为半坡形式(图 4.42)。

1. 广元千佛崖窟檐　　　2. 巴中南龛窟檐

图 4.42　独立式窟檐类型

(自绘)

三、仿木构窟檐的空间特色

摩崖石窟皆在裸露的山岩上直接作业，除了自身依靠崖壁出挑处理为石窟、石龛之窟檐外，多变的山体与中国传统木构架灵活结合，形成各种形式的窟檐，对摩崖石窟起到了

第四章　巴蜀摩崖石窟的建筑空间构成　　　　　　　　　　　　　　　　　　　　133

保护和装饰作用。同时，将从崖壁向内凿进而形成的石窟檐，处理为仿木结构形式，也是窟檐形式之一。

石雕仿木构窟檐在北方比较多见，如山西天龙山石窟、河北响堂山石窟等。其结构是在石窟前根据传统木结构建筑形式来处理石窟立面。这种方式保留了许多当时的建筑手法和建筑风格，为建筑史的研究提供了很好的实物形式。

石雕仿木构建筑之窟檐，即把窟室外部立面处理为仿木构建筑，这在开龛或开窟之前已经有清晰的设计。窟立面处理为石雕仿木檐廊的，在开窟时则留出支撑檐廊的柱子位置，挖空成长方形檐下空间。也有檐下空间和窟室内部连为一体的。然后进行立面处理，雕出仿木建筑细节，从立面上看俨然是中国传统建筑外观。巴蜀地区目前石质仿木构窟檐有眉山青神中岩上寺之诺巨罗尊者石窟、阆中东山园林、屏山大佛旁清代的丹霞洞石窟等。

乐山青神中岩上寺唐朝诺巨罗尊者石窟是巴蜀石窟檐的代表作。此窟室立面处理为三开间（图4.43），窟檐中间用两根立柱分隔为三间，两端为石墙垛，包柱形成转角。转角斗栱穿插出头，柱间施阑额。柱腋下有雀替，柱顶施栌斗，有皿板的做法，斗上置栱。柱脚间有地栿相联系。考虑石窟檐出挑自身承重的关系，窟檐的坡度较为平缓。整个窟檐全系石雕仿木建筑。此窟开凿于唐，但在明代曾经重新修葺。其斗栱和柱子比例及用材与唐风格大异。目前保留的石窟构件特征是柱子比例较细、斗栱用材较小、廊子的高宽比例恰到好处。柱、额、斗栱形式简练，仅为简单

图 4.43　石雕仿木构窟檐（乐山青神中岩上寺诺巨罗尊者石窟窟檐）

（自摄）

的线脚装饰。

在巴蜀地区还存在另一种窟檐,立面仿木构处理做法——利用浅浮雕配合线雕,把窟檐外面直接处理为传统木构建筑立面,和牌坊形态类似。这是中国传统建筑文化融入佛教建筑——石窟寺的一种表现形式。即在石窟直接出檐并处理为檐廊的岩石结构和技术难度难以驾驭的情况下,直接用雕塑把佛教造像、中国传统建筑的立面形式结合起来。其对建筑的理解和表达的真实性较强。与北方的窟檐比较起来,此类窟檐的建筑形态更轻巧细腻,同时地域建筑气息浓厚。如阆中东山园林墓亭图、巴中恩阳千佛崖1号龛等。这种做法宋代居多。阆中东山园林之墓窟窟檐,其墓室分七间,明间较宽,次间略小,依次递减(图4.44)。其明间和次间之间有甬道相通。在墓窟上方,有精细雕琢的窟檐,其屋脊鸱吻、瓦垄到檐下斗栱表达得很清晰。柱头斗栱多为简易的一斗三升。整个建筑显得清丽爽直,装饰色彩少而更加注重简练的结构美。有的宋代摩崖石窟直接用开间形式替代了龛,如图4.45所示的巴中恩阳千佛崖的石窟檐,其立面处理为面阔三间、层高两层的牌楼建筑形式。明间设置主像,侍像立于次间。第一层檐出挑较远,第二层则直接阴刻于崖面上。整个建筑形式对于摩崖仍然起着窟檐的保护作用,但用更为简易的做法把摩崖造像和建筑结合在一起。

图4.44 仿木构窟檐(阆中东山园林)
(自摄)

图4.45 石构屋形窟檐(巴中恩阳千佛崖)

(四川省文物管理局等:《巴中石窟内容总录》,成都:四川出版集团,巴蜀书社,2006年,第460页)

第三节　崖壁、造像与靠崖佛殿

摩崖造像依崖而凿，庇护摩崖的建筑靠崖而建。这些靠崖式建筑因摩崖造像形态、规模、主题的不同而形成不同的建筑形态。

云冈昙曜五窟开了造大佛之先河，受到了后代各地石窟寺造像的追捧，在全国掀起了造大像的风潮。唐武宗灭法，使北方石窟开掘发展缓慢，地处西南的巴蜀地区却受此次法难影响较小，佛教势力在此区域一直保持兴盛状态；巴蜀地区经济稳定，为巴蜀地区大佛雕凿奠定了物质基础；从地理条件上讲，巴蜀多红色砂岩山体，具备先天开凿大佛的优势；巴蜀从汉代即有成熟的开凿石室的经验，历代积累的石窟雕凿经验，使巴蜀在大像开凿方面拥有雄厚的技术和艺术基础。加之盛唐以降，弥勒造像、涅槃经变等大佛造像成为巴蜀地区造像流行的主题，种种原因综合起来，使造大佛在巴蜀大地蔚然成风。出现了著名的70余米高的乐山大佛、36米余高的荣县弥勒大佛、32米高的宜宾屏山大佛，以及彭山28米和24米高的双佛等系列高大的造像。其他目前现存的10米以上的大佛还有阆中大佛、南部大佛、大足宝顶山卧佛、安岳卧佛、合川钓鱼城卧佛、资阳大佛、邻水大佛、潼南大佛、仁寿大佛、徕滩二佛寺大佛、江津石门大佛等。许多地方至今仍保留有大佛寺、大佛村、大佛路等名字，这从另一个角度反映了巴蜀地区造大像成风的史实。

大佛倚崖而凿，多暴露于野，保护大佛不受风雨侵蚀的方法之一是在大佛外建造大佛殿。大佛殿是根据佛像造像的尺度而量身定制的建筑，在开凿大佛的时候就根据大佛体量姿势进行规划设计建成，如敦煌石窟、云冈石窟等大佛都采取了大佛殿这种建筑形式保护大佛（图4.46）。

图 4.46　大佛与大佛殿（云冈石窟）

（自摄）

由于南北造像的地质构造不同，其大像形态与自然环境及保护摩崖的大佛殿亦有所不同。北方大佛造像与地面环境的基本情况如下：其保护建筑基本顺着佛像形式起建，侧立面进深较浅，部分建筑侧面即用墙体封闭起来，如云冈石窟中的佛殿形式。而巴蜀地区大佛造像有卧佛、立佛、胸佛、倚坐佛等形式。卧佛的造像特点是在很长的崖壁上进行雕刻，因此很难用大佛殿这种建筑形式来庇护佛像，再加上卧佛在进行造像选址的时候，都会凿出天然窟檐为大佛像遮风挡雨，因此，建造建筑来保护大佛主要就集中在保护坐佛、胸佛和立佛这几种造像形式上。

一、佛像崖壁与佛殿的空间组合

巴蜀地区地形复杂多变，山川河流众多，佛像造像的选址也相对多样化，或选山顶置佛，或于大山间静坐，或卧于山谷，或立于幽壁。复杂的地形选址与丰富的佛像造像形式使保护大像的建筑多样化，并形成和北方石窟建筑不同的风格特征。千百年来，巴蜀人为了保护大佛所付出的努力从未中断过。兴建大佛后，再加以建筑进行覆盖保护，是中国古代开凿大像的一种传统习惯。即使是木构殿堂遭毁，也有隔代重建的可能[①]（《中国地方志集成》编委会，1992）

佛殿的建立，不仅要考虑殿内大佛造像的形态尺度，提供适宜的内部空间供人礼佛；在外部形态上，亦要思考佛殿与自然环境的融合，使之结合大山大水、崖壁植被，营造出别具一格的宗教氛围。巴蜀地区的摩崖佛殿多为靠崖式楼阁，这是由巴蜀摩崖大像的本质特点决定的。巴蜀地区的摩崖造像几乎都在崖体上雕刻完成（只有部分佛像衣褶、飘带等利用泥塑辅助完成），摩崖大像的背部或身体的其他部分通常与山体连为一体，因此，遮盖佛像的佛殿必须靠崖而建。利用高大的崖体解决了塑造巨大佛像的尺度，同时建构更大尺度的靠崖式建筑以庇护大佛，满足宗教纪念物追求超自然特质是巴蜀大佛窟的常见处理手法。上文曾经提到高70余米的乐山大佛，其落成之初，佛像外部建构了层叠靠崖式佛阁对其进行保护。从佛像后退的尺度空间及留下的柱础可以推断此佛阁为当时中国最大的靠崖式佛殿。关于这个大型靠崖木构，唐、宋两代诗歌中均有记载，如唐咸通年间（860～874年）嘉州刺史薛能的《凌云寺》诗："像阁与山齐，何人致石梯？万烟生聚落，一崦露招提……"[②]1177年，四川制置使范成大见凌云寺大佛时写有："乙酉，泊嘉州，渡江，游凌云。……跻石磴，登凌云寺，寺有天宁阁，即大像所在，……唐开元中，浮屠海通始凿山为弥勒佛像以镇之。高三百六十尺，顶围十丈，目广二丈，为楼十三层。自头面以及其足，极天下佛像之大。两耳犹以木为之。佛足去江数步，惊涛怒号，汹涌过前，不可安立正视，今谓之佛头滩。佛阁正面三峨，余三面皆佳山，众江错流诸山间，登临之胜，自西州来，始见此耳。"[③]这个十三层近80米的巨构，显示了当时工匠对靠崖式木构技术熟稔于心的自信。但此佛殿被损毁之后，一直未能再建。除了佛教本身进入末法时期的背景原因外，没有重建的原因还可能包含佛像尺度过大导致工程技术复杂、施工难度大等因素。

佛像尺度的巨大推进了木构殿阁技术的发展，形成了巴蜀地区特有的靠崖式殿阁。除了容纳佛像外，还解决了从崖壁底部通往崖壁顶部的交通问题。其规模、层数、形态与之功能密切相关。靠崖式佛殿建筑特点为：选址难以抵达、崖体制造了距离感、建筑轮廓与山体呈现出某种神秘的联系，一旦抵达后可以获得良好视野和绝佳景观。

目前保留的规模较大的靠崖式佛殿木构有重庆潼南大佛寺、重庆江津石门寺及重庆忠县石宝寨；中小型的木构靠崖式建筑如贵州镇远青龙洞、大足宝顶山千佛观音阁等。总结靠崖式建筑的关键技术：①如何让建筑靠崖，即如何让木构与崖体相结合？②平面后退的

[①] 道光《安岳县志》卷7载"大佛寺"条："大佛寺在治东六十里长林乡石壁上镌大佛像故名……六月鸠工，庀材于佛龛前，建殿案楹……"千佛寺碑记中载："县西南有五十里，有鲤鱼山……唐太和开成间，约好施者勒诸佛于峻壁下，宋绍兴七年敕复修普照院……"
[②] （明）曹学佺：《蜀中广记·名胜记·上川南道》，北京：国家图书馆出版社，2013年。
[③] （宋）范成大：《吴船录》卷上，北京：中华书局，1985年。

同时建筑形态如何调整？③屋顶与崖壁怎么交接？

（1）木构与崖体的结合技术：从正立面看，靠崖式建筑和其他独立楼阁式建筑最接近，从侧立面看，靠崖式建筑约一半的体量切入崖体，且背立面全是或大部分是崖壁。除了完整的正立面所需要的独立楼阁式建筑技术外，靠崖式建筑还需要木构与崖体搭接的技术。工匠用两个方法来解决这一难题，即"天平地不平"与"击梁入崖"法。"天平地不平"是指支撑楼面或檐口构架的柱子并不落在同一水平面上，而是就天然的崖面随意布局（图4.47）。从立面上看似齐整连续的层楼、层檐、屋面，掩盖了内部无法获得完整平面的事实。"天平地不平"解决了靠崖建筑的纵向受力体系，而"击梁入崖"法可以完成木构与崖壁的水平搭接与受力。其做法是先在对应的崖体上凿出一个略等于木梁枋横截面的孔洞，孔洞的内部空间略大于开口，在木梁枋的一端开浅口并打入木楔子，再以此端接入崖壁上的孔洞，用力撞击木梁枋另一端，撞击力量使木楔子完全进入木梁枋并使木梁枋端头炸开，完全契合了空洞形态，这样即使有冬冷夏热的热胀冷缩，木梁枋也不会从崖体内脱落（图4.48）。而以崖体为支点形成杠杆原理可以悬挑或支撑相连构架。

图4.47 "天平地不平"落柱法
（自摄）

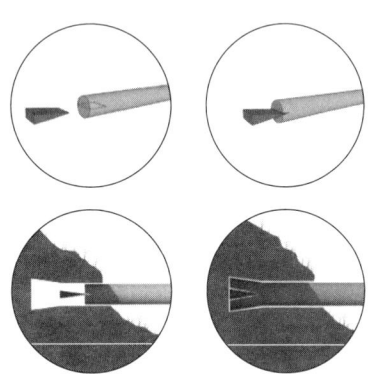

图4.48 击梁入崖
（自绘）

（2）由于靠崖建筑所靠之崖很少有90°的绝壁，大多数坡度在70°～90°。这决定了靠崖式建筑具备逐层平面内收的特点（图4.49）。而伴随各层平面后退的另一个特点则是建筑的侧立面会向崖体靠近而呈现出和崖壁坡度一致的斜线。而正是这个倾斜的动作，使靠崖式木构建筑与地面独立木构建筑区分开来。这种区分既包括结构受力模式，也包括受力影响下的建筑形态。平面后退引起的整个靠崖木构形态的内收，突出了中国传统木构建筑上小下大的做法，每一层向内收进约一个步架深度，按照一个步架 1 米来计算，7 层的靠崖式建筑从底层到屋顶其檐口线会在水平投影上收进约 6 米。这和普通的独立楼阁式建筑收进方式以柱径计算形成的建筑形态结果差距显著。从平面上，为了提供更多的礼佛空间而把首层面积扩大，或将下面几个楼层贯通并结合减柱法以便观佛布道，从形态搭接上，似以一个完整的木结构楼阁水平嵌入崖体，崖与木楼阁的交接线自然流畅，楼阁的每一层屋檐与崖体交接的时候完全顺应崖壁形态和坡度，这便解决处理了用地空间与建筑形态、外部形态与内部功能间的矛盾。

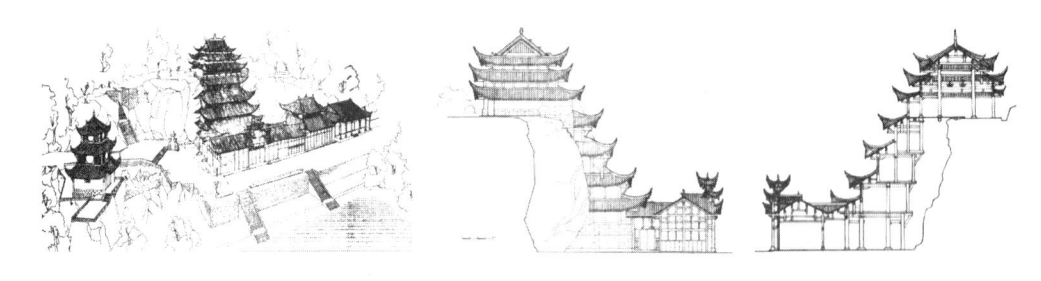

图 4.49　逐层内收的靠崖式建筑
(重庆大学建筑城规学院历史研究所提供)

(3)靠崖式建筑屋顶与崖壁之间的技术处理，可根据崖壁与建筑体量的对比总结为跨崖、对崖和顺崖。跨崖用于建筑高于崖壁：靠崖建筑从靠崖状态到冲出崖面，在崖顶上冠以三层楼阁完成靠崖建筑的最终形态。冲出崖面的三层楼阁在照顾不同视角感受上起到了关键作用。在崖底端观看，是多层(通常 7 层或 11 层)雄伟楼阁与带状的高大崖壁体量相衬，侧立面是完整的楼阁切入崖体，在断崖台地顶部或在背立面看靠崖建筑，是尺度亲切的清秀三层亭阁(图 4.50)，观看角度的转换形成一抹重要的禅机。对崖和顺崖均是崖大屋小的对话形式。对崖是以较小的建筑体量依附于相对较大的崖壁，两坡屋顶的后坡与崖壁相接，在屋顶与崖壁交接处凿出排水沟排走屋面雨水和崖体渗水，如大足宝顶山千手观音殿。

图 4.50　正为楼阁背为亭的靠崖建筑

（自绘）

以接崖技术形式靠崖的屋顶形态是因为室内的佛像雕塑以多尊组合、横向展开，或是特殊的宗教雕塑题材如千手观音等（张兴国，郭璇，2015）。建筑体量不高大，进深较浅，建筑形态顺应造像组合的同时尽可能完善靠崖建筑形态的完整性。顺崖建筑：靠崖建筑类型中体量较小的景观建筑类型，如半阁半亭等，通常顺着崖壁建一半的屋顶，屋顶构架纵深方向的构件深入崖壁，并借用悬挑在半边屋顶上方的崖体将水接引至坡屋面进行单坡排水（图4.51），同时以保留在外的半边构架体现对建筑完形的隐喻（张兴国，廖屿荻，2017）。

图 4.51　靠崖式建筑与崖壁结合方式

（自摄）

在处理大佛殿与大佛、大佛殿与环境的关系中，巴蜀地区的许多大佛殿都取得了成功，如潼南大佛寺、江津石门大佛寺等（图4.52、图4.53）。被称作万里长江第一大佛——重庆江津石门大佛的大佛殿在环境处理中也很得法（图4.53）。该寺坐北向南，面向滚滚长江。大殿呈三合院布局。正殿为七重飞檐歇山式顶，建筑在长江边的山体上，山坡坡度较大，几乎呈90°，山脚至江边地带亦是陡坡，可用的建设用地甚少。为了尊重自然土地，大殿把山脚处理成几层台地，用台阶转折而上，在略微开阔处收拢即处理为山门，并与大殿围合为院落。由于坡度很大，所以通往大殿的台阶密而陡，院落也是由几层台地组成，两旁厢房顺着台地地形起伏而建，在大殿前的院子里仰望大殿，只看到两端起翘的屋檐线层层而上，蔚为壮观。寺内有我国现存最大的脚踏莲花观音造像一尊，通高13.5米，属深浮雕近圆雕石窟，刻工精湛。天花处理为方格平棊。大殿为琉璃瓦盖，通高24.84米，依崖而建，结构严谨。斗栱形式采用如意斗栱。大殿与坡地绝壁、滔滔江水形成的环境融为一体。

图4.52　潼南大佛寺现状图
（自摄）

图4.53　江津大佛寺及其山门
（自摄、自绘）

南部大佛，位于南部县碑院镇，因而又名碑院大佛。佛高17.5米。大像平面为马蹄形，其大殿通高5层，顶部为彻上露明造，处于植被良好的绿林中。其外部形式特点是分别在大殿第二、三、四层立面上开一直径略小于层高的大圆窗。不仅对大殿内部采光通风起着良好的作用，而且有助于外界与大佛的视线沟通。

重庆合川涞滩二佛寺大殿的空间环境塑造亦很有特色。此殿建于合川区内鹫峰山崖壁间，系木结构三檐歇山式建筑。大殿在处理山势、地形、摩崖石窟以及室内外交通转换方面有很成熟的技巧手法。此处的造像密集于北崖、南崖、西崖三面，又有高12.5米的主像在其中，所有摩崖分布在一个坡度很大的崖壁旁边。进入大殿的通道沿着山体先下后上，大殿的主入口放在山体下方，殿前两旁有自然巨石升起，中间取为台阶，有力地强调了入口。进入大殿，即可见主尊金身，主尊像通高3层。左右皆可通往大殿2层，形成一个环形交通，把西、南、北岩组织串通起来，非常紧凑。殿内空间突出强调主佛的位置。大殿第一层屋顶两翼向两边斜向前舒展开来，形成一个大的庇檐，把周围的摩崖都罩在其中。一层屋顶与大殿第二层微微脱开，两层之间形成一个较大面积的采光区，为大殿内部创造了很好的采光、通风条件。

利用造像选址的特殊环境建构适宜的佛殿建筑，不仅在外观上和大佛造像吻合，而且创建了与靠崖式建筑不同的佛殿风格。例如，弹子石大佛造像，其窟平面为"M"形，窟两侧坚固的岩石起到对墙体的维护支撑作用，在厚实的"墙体"上建构轻盈的木构架佛殿，形成与山体环境及大佛造像协调的建筑风格，并满足了大佛的自然采光、通风(图4.54)。

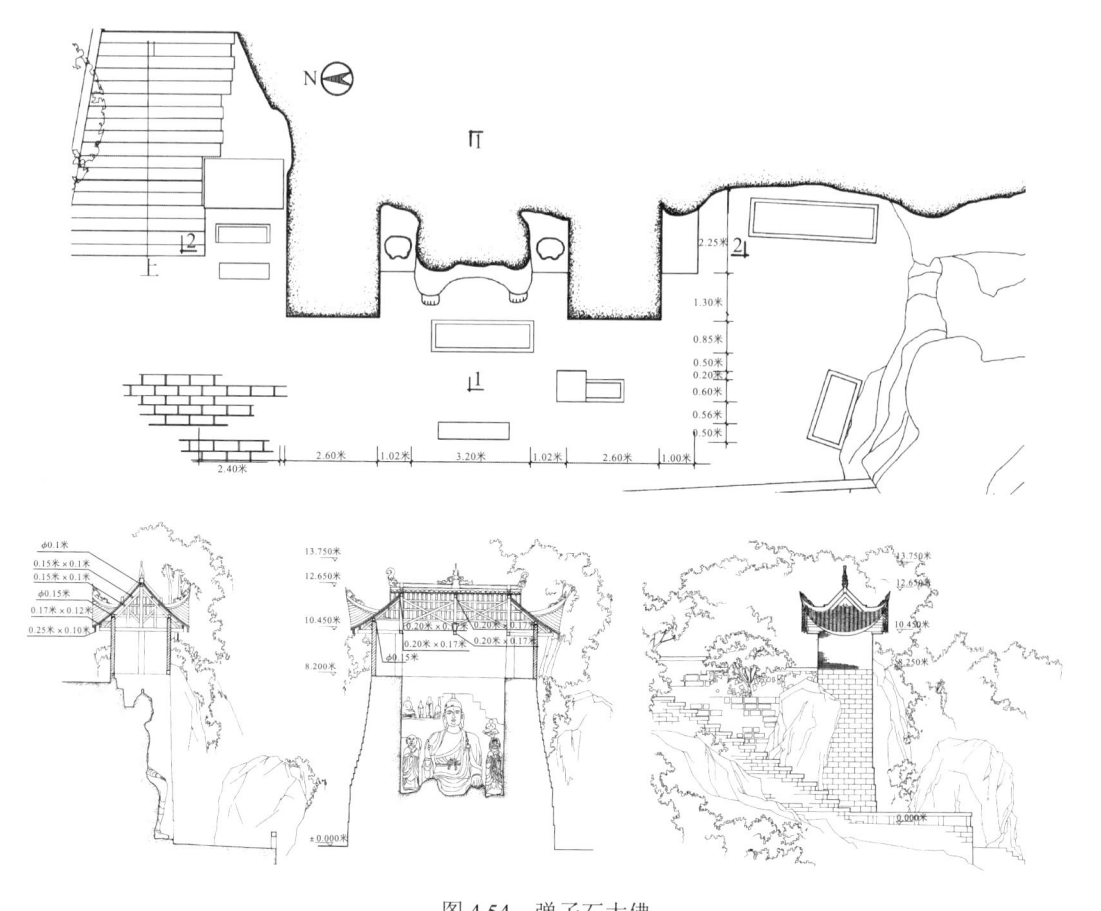

图4.54 弹子石大佛

(重庆大学建筑城规学院历史研究所提供)

总体来说，大佛殿是应大佛而生的建筑，其构造既要满足不同形态的大佛对内部空间的需求，还要和崖壁这种特殊的地形形态相吻合，同时在建筑形态上要保持地域性的佛殿建筑风格。巴蜀地区的大佛殿有依江而建、借崖而生、就石而立的特点。在有限的用地中，能灵活地处理佛殿尺度与造像形态、佛殿造型与地域环境的关系，使三者达到协调统一。

靠崖式佛殿建筑空间的地域环境特色可以总结为：从建筑形态上考虑与环境结合，其外部形态处理为当地传统的佛殿建筑形态，内部空间贯通以容纳大佛造像，成功地处理大殿与大佛、大殿与环境之间的关系，并解决崖体的纵向交通问题。

二、佛殿建筑采光与视线设计

巴蜀地区的大佛殿在建筑技术和艺术方面可总结为两点：其一，大佛殿借鉴了巴蜀地区成熟的靠崖楼阁式的建筑处理手法；其二，大佛殿在结构上借鉴了中国传统佛殿建筑的套筒式结构。

大佛殿皆为靠崖式建筑，这是由造像本身的特点所决定的。巴蜀地区由于地形地貌的特殊性，多大山陡崖。在与自然的长期斗争中，巴蜀人摸索出了成熟的靠崖式建筑技术，征服了崖壁，获得生活空间并解决了垂直交通问题，如著名的忠县石宝寨就属于此类例子。大佛殿在处理靠崖的基础上，处理了用地空间和建筑形态之间的矛盾，解决了垂直交通问题，形成和地域性靠崖建筑一脉相承的建筑风格，如潼南大佛寺，为七重檐建筑，其借助建筑结构与崖壁的联系，完成了建筑"攀爬"崖壁的过程（图4.55）。

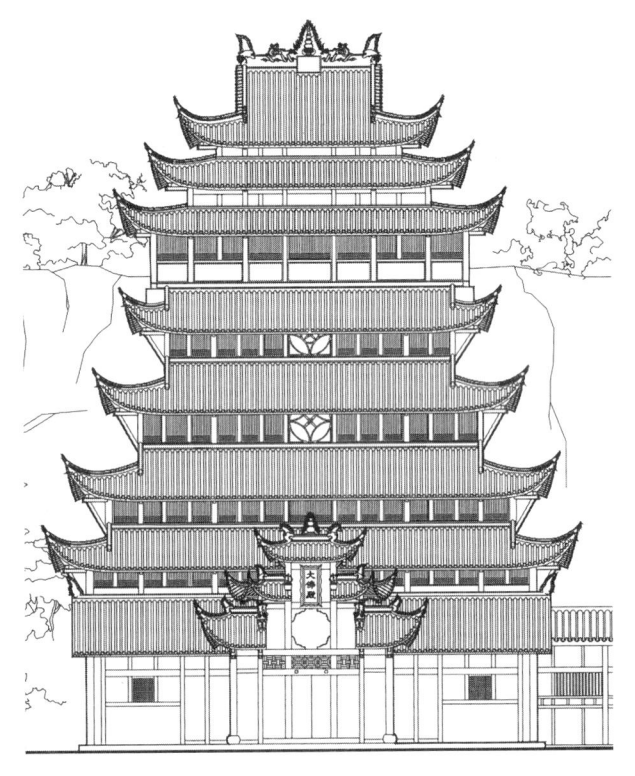

图 4.55 潼南大佛寺正立面

(重庆大学建筑城规学院历史研究所提供)

大佛殿之套筒式结构是随着佛教造像的发展而发展起来的一种中国传统建筑模式，现在流传下来的山西独乐寺观音阁即为此种佛殿典型例证。巴蜀大佛殿亦用此法，通过对木结构的巧妙处理，获得较大、较完整的通透空间，以容纳佛像造像。例如，潼南大佛寺和江津石门大佛寺，外观形式皆为七重檐，但内部空间却别有天地，1~4层贯通为一体，容纳大佛；5~7层处理为完整的佛殿外观形式。同时，利用夹层和暗层的方式来解决空间功能和外部形态之间的矛盾。在平面处理上，靠崖式佛殿常利用减柱法来节约用料并获得更大、更灵活的空间，同时获得更好的礼佛空间，如大足宝顶山大悲阁(图 4.56)。其外观为两重檐，内部空间贯通为一层，容纳千手观音佛像。为了方便观瞻观音，平面上用减柱法取消了部分柱子，获得了较大的统一空间。

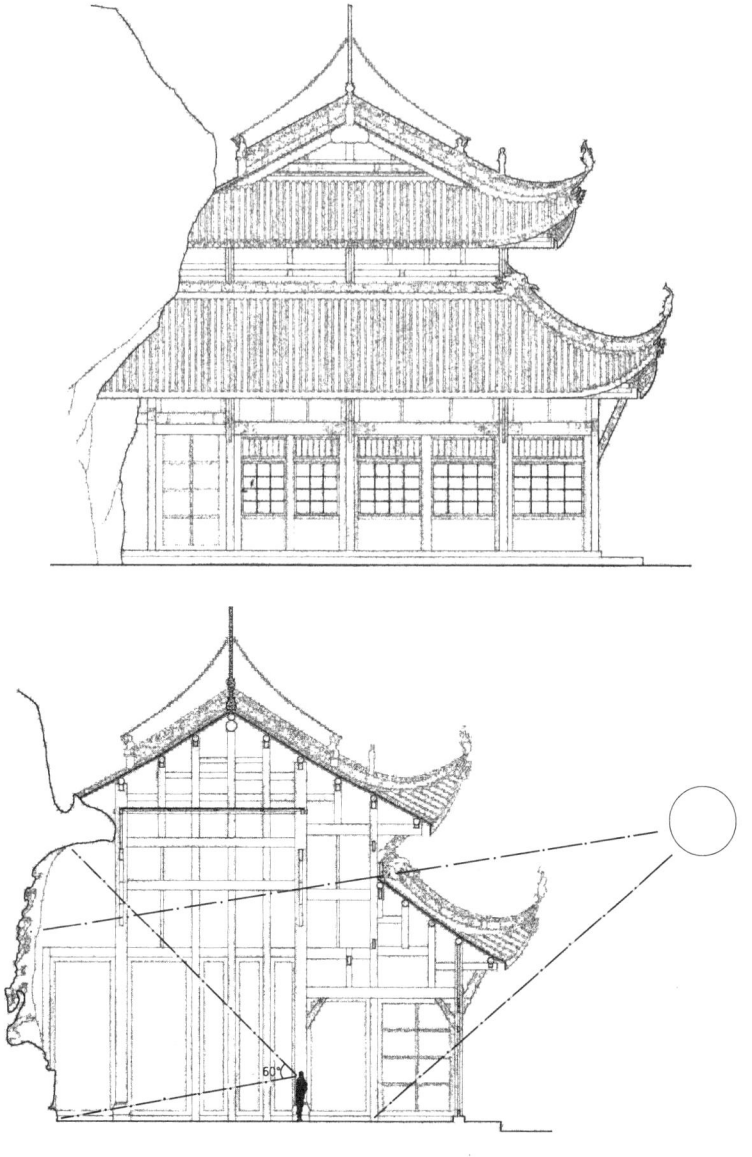

图 4.56 大足宝顶山大悲阁剖、立面图

(重庆大学建筑城规学院历史研究所提供)

保护大佛像的方法主要是建构建筑进行遮盖，但这些大佛动辄十几米或几十米高，在建筑技术不发达的过去，怎样来解决建筑高度的结构问题呢？建筑与被保护对象大佛像之间的关系应该怎么处理？建筑与大佛像所依之山壁如何衔接？这些都是建构建筑保护大佛像所面临的主要问题。加之大佛像的宗教身份使得远近的信众皆来瞻仰礼佛，如果只考虑保护而忽略大佛像的宗教功能，那这个保护从某种角度上来说也是失败的。因此在保护佛像不受风吹日晒雨淋的同时，还必须考虑佛像从远到近的视觉和采光问题，即建筑不能过多地影响到信众与佛像的"信息交流"。

摩崖造像的目的是弘扬宗教力量，展示宗教气魄。因此，在开凿造像窟龛后，建造建筑进行保护时，对殿内造像的视觉、建筑的采光都有相当高的要求。

大佛殿的采光要求主要是以大佛的面部为受光面，地面对日光的漫反射为余光，并考虑其阴影关系、光线的距离感。佛殿内对视线的要求则包括两方面。其一是考虑佛像的视野要求，在造像选址时即进行了考虑，尽量让佛像的视野宽广并朝向最佳风景面，在建造佛殿时，也尽量尊重佛像的景观视觉。佛像退壁守崖，其视线远观江或山，就近向下俯瞰人，俯瞰脚下江河，形成多向的视觉空间。其二是在大殿空间内，人在礼佛、观佛的时候与佛像的视线交流。首先是要满足室内采光，其次是要满足室内空间内观佛视野的无障碍要求。巴蜀摩崖佛殿运用了以下建筑处理手法来满足佛殿内造像的视觉采光要求。

1. 佛殿采光

中国古代建筑，由于采用大屋顶等原因，自然采光不是很理想，大佛殿由于自身功能原因，在采光及视觉处理上，寻求了一定的方法来解决这个问题。通过对现存大佛殿建筑的分析，将佛殿建筑采光满足视觉需要的方法总结如下。

(1) 明间加宽，立面开大窗。

此种方法是大佛殿采光的基础处理方法。大佛殿的明间尺度都异常宽阔，如重庆潼南大佛寺明间宽6.1米，合川涞滩二佛寺下殿明间宽7.1米，江津大佛寺佛殿明间宽9米（郭璇，2001）。南部大佛寺佛殿和阆中东山园林大佛殿的明间尺度也明显宽于各间，宽阔的明间处理为大佛殿带来大面积的天然采光（图4.57）。

在各层重檐之间开窗，形成天然采光，并为木构建筑形成良好的通风，也是佛殿增加采光面的主要手法之一。例如，重庆潼南大佛寺，在外7层（内部实际4层）立面上，处理成富有当地民居特色的格子窗扇。在外立面第3、4层，即佛像面部水平高处，开设大型圆窗，增大佛像面部的采光面。乐山东山园林的大佛寺，为三重檐歇山顶。殿内佛像龛开凿较深，佛像置于窟龛内。建筑用较高的层高、柱间不施墙以及通透的窗户来满足进深较大的佛像采光。南部禹迹山碑院大殿高5层，每层之间以板墙围合，但仍在第1层开花窗，第2~4层各层明间位置开大圆形窗洞，圆形窗直径约1.5米；次间仍开花窗。立面所开的大窗满足了内部的佛像采光需求。

(2) 高侧窗采光。

除了主立面采光外，佛殿的侧采光也是其主要采光形式之一。两侧山墙面上端通常敞开不加维护，起翘的翼角使两侧采光更为容易，其效果类似于高侧窗形式。如图4.58所示的合川涞滩二佛寺和华严洞佛殿，屋檐两端起翘的翼角大大增加了佛像的采光面，两侧檐口的高窗为地面的组群雕塑提供了良好的光线。

1.阆中东山园林大佛殿　　　　　　　　2.南部大佛寺佛殿

图 4.57　大佛殿的采光

（自绘）

1.合川涞滩二佛寺　　　　　　　　2.安岳华严洞

图 4.58　高侧窗采光

（自摄）

(3)立面开敞，直接采光。

为佛像建造佛殿，部分佛像高度与背后所连接山崖的高度相差过大时，若其佛殿从佛像脚部始建至山顶，则工程量就会过大。因此，在建造佛殿时会用各种手法来分化建筑的巨大体量，同时满足佛像的采光需求。自贡荣县大佛寺即把大殿分成两个殿，第一个殿是自佛像脚部起建至胸部的脚殿，第二个殿是建于山顶的顶殿。两殿之间由一个尖拱形石券连接，石券正中是佛像的颈项和脸部，尖拱形石券完全开放，直面天日(图4.59；图4.60，1)。另外，重庆弹子石大佛佛殿正立面基本开敞，大佛直接面对长江，形成立面开敞的佛殿(图4.60，2)。

图4.59 佛殿内佛像采光（自贡荣县大佛）
（自摄）

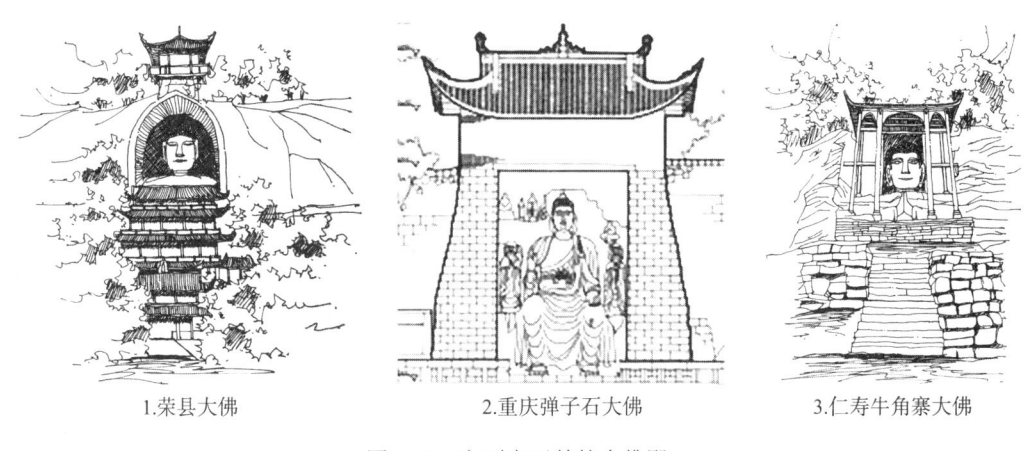

1.荣县大佛　　2.重庆弹子石大佛　　3.仁寿牛角寨大佛

图4.60 立面半开敞的大佛殿
（1. 重庆大学建筑城规学院历史研究所提供；2、3. 自绘）

只有胸部以上部位的造像，简称胸佛。其面部距离地面不高，若按常规建佛殿，则难以把握其大殿比例和佛像的视觉采光问题。仁寿大佛为中国第一胸佛，建成于707年，迄今已有1300多年历史。为了显示并不高大的佛像的庄严宝相，在胸佛的下端垒以堡坎，有坡度很大的台阶通往堡坎之下，但不能近身于佛像，加大了观赏距离，同时在视觉上使佛像显得高大威严。堡坎上唯有数根柱子支撑屋面，立面开敞，采光通风甚为方便。

2. 建筑与观摩视角

艺术由于其具体、生动与形象的特点，常常能将许多深奥的宗教思想，转化为普通大众所能直接感触接受的文化形式。黑格尔在《美学》中说："宗教往往利用艺术来使我们更好地感到宗教的真理，或是用图像说明宗教真理以便于想象。"（黑格尔，1987）因此，佛像与宗教受众的视线交流是营造摩崖石窟的关键之笔。

从大殿内佛像视线来看，由于大佛造像相对人的正常比例尺度来说甚大，在巨大的佛

第四章　巴蜀摩崖石窟的建筑空间构成

像面前，人会感到自身的渺小，从而从生理和心理上对宗教产生敬畏心理和皈依心理。在雕凿大像时，会考虑佛像的视域范围，以宗教的意义意味着佛的视线落在哪里，哪里的苦痛就会减少。巨大的佛像处于整个殿堂中心，绝对的主体位置，让殿堂的任何一个空间都可以感受到佛像的巨大场控力，由于大佛皆依山崖而雕，其造像背部和山体连成一体，佛像眼睛几近崖壁，且视点较高，视线可达及佛殿内的大部分空间。因此，信众站在殿内的任意角落，皆可看到佛像的眼睛。前面提到，巴蜀地区的摩崖造像通常都在选址上有些共同的特点，如都会选有裸露崖壁的山体，崖壁前有河流经过，或是制造人工湖泊。视野比较开阔，佛像的视线朝向自然景观最好的一面。因此，佛殿的建构仍然尊重这一点，与佛像眼睛齐平的外墙立面通常要开窗或者直接虚空，以保证佛像的最佳视角。例如，江津石门寺大佛外观为7重檐楼阁，内部1~5层空间贯通。佛像的眼睛从第5层的层间构架中可远眺长江。潼南大佛寺第3、4层的明间立面上开有直径约2米的窗洞。佛像的眼睛分布可以通过这两层的圆形窗洞看见涪江于定明山下奔腾而过(图4.61)。

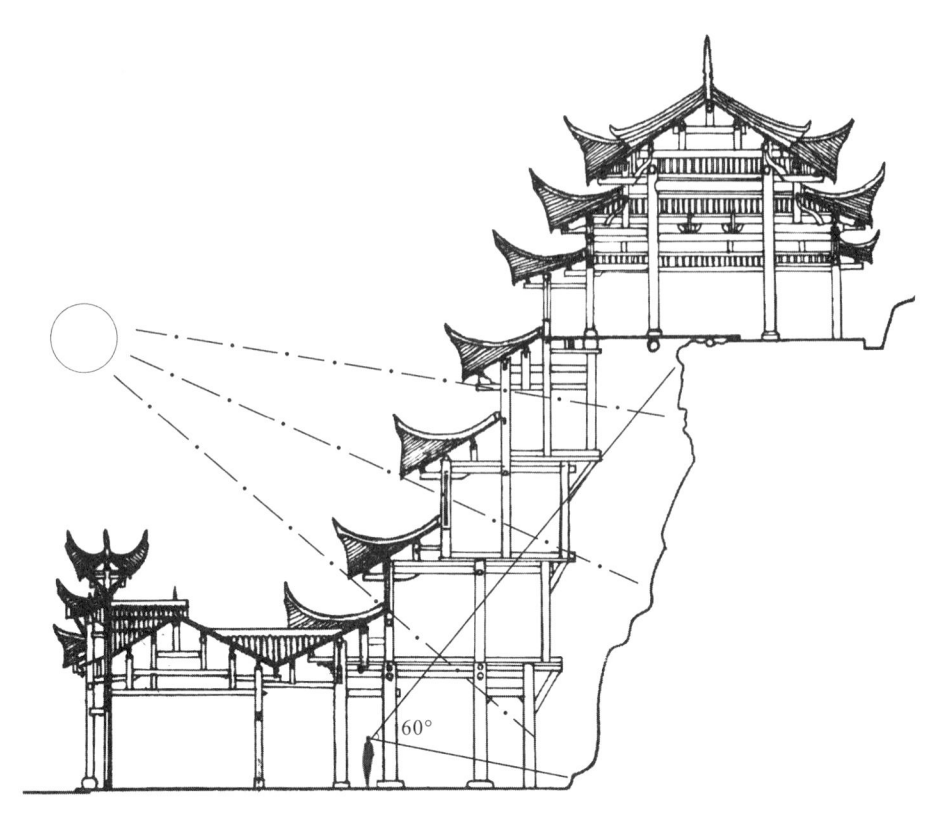

图4.61　殿内佛像视线分析图1(潼南大佛寺)

(重庆大学建筑城规学院历史研究所提供)

从观者视线分析来看，佛像的高度已成定制，因此，进入佛像视野范围内的人的活动空间确定了建筑的高度，即由视线分析结果进行建筑高度控制，越靠近佛像，空间设定会越高，而在看不到佛像的地方，空间相对较低。

在大殿入口处，由于建构物的遮挡，人的平视视角通常只能看见佛脚。但随着人的活动空间从入口移往殿内，空间越来越高敞，人们以常规视角可逐渐看见佛的手势、服饰姿态。近佛前，仰视可看到威严慈爱的佛像表情。在佛像脚下长时间观佛终究会导致脖子酸疼，且不能与神秘的佛像拉近距离，为了信众在不同的高度以及不同的方位和角度都能看到摩崖大佛，大佛殿的设计都会采取围绕佛像，建构多层回廊便于观佛。例如，江津石门大佛佛殿、涞滩二佛寺佛殿均采取内部多层三面置廊的方法来取得更多的观摩佛像的视角方位。

重庆潼南大佛寺在2002年的修缮中，也重新添置了回廊，便于信众从不同楼层的廊上可以多角度地观摩唐头宋身的大佛。在与佛像腰部水平位置相当的廊道上，能以自然而舒适的角度看到佛像全貌，而在与佛像眼睛水平位置相当的廊道上，可与大佛眼睛平视，获得更近的视线交流（图4.62）。

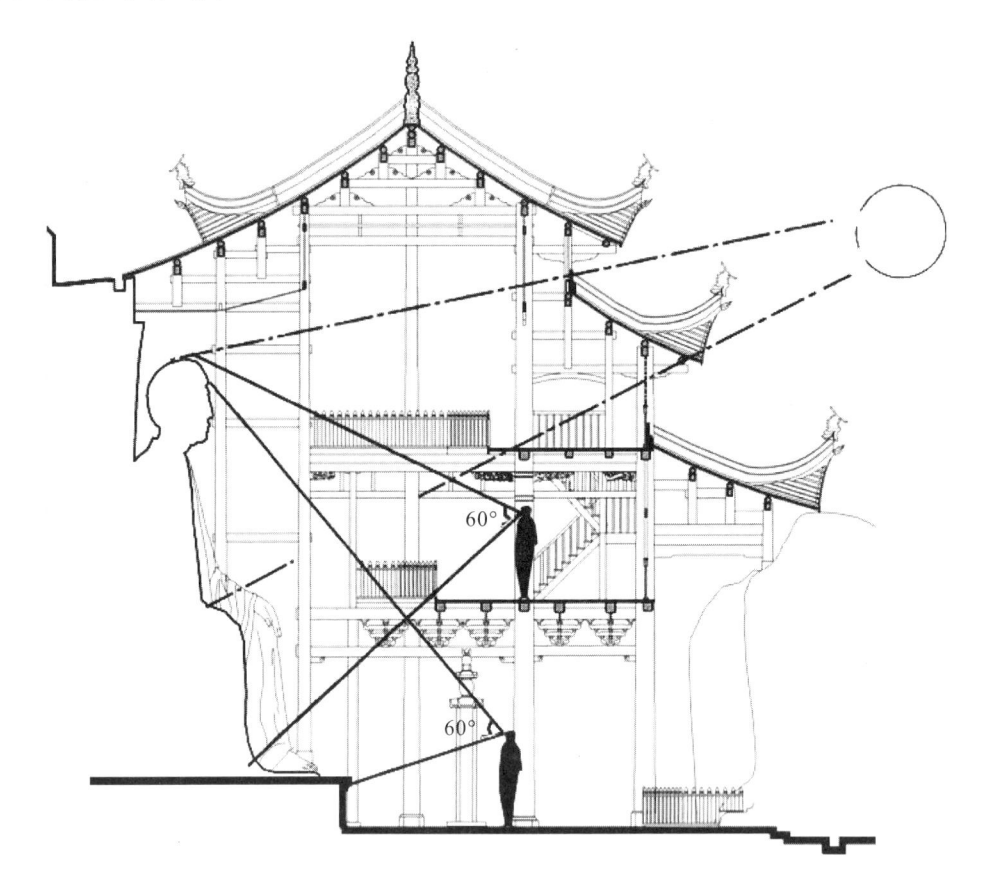

图 4.62　殿内佛像视线分析图2（合川涞滩二佛寺下殿剖面）

(重庆大学建筑城规学院历史研究所提供)

三、窟前建筑的空间处理

前面分析了保护大佛窟的佛殿建筑，大佛窟是指其窟内只有一尊主像或者主像占据绝对地位。除了大佛窟外，巴蜀地区常见的群像窟，其构图为三佛、五佛、七佛，或加以飞天、力士等。不同的造像形态和造像组合，形成不同的空间结构，在与窟前建筑的空间关系处理上，也各有不同，形成不同风格造像的窟前建筑形式。

窟前建筑布局相对灵活，建筑类型也很丰富，有民居形式、殿阁形式、廊形式、天井

第四章　巴蜀摩崖石窟的建筑空间构成

形式等。很多建筑根据摩崖造像形式的需要而出现不同的建筑形态，并采用各种手法进行建筑组合创作。

1. 采用民居穿斗构架

指在石窟的外壁建构民居形式的建筑，以保护石窟，并提供富足的礼佛空间。民居式窟前建筑多用于单室窟。从建筑外观形态上看，就是依山而建的普通民居住宅，青瓦粉墙黑柱。部分维护和承重结构采用当地民居的用石方法：剥石为墙，立石为柱。从建筑形式到构造做法，都很民居化。其风格尺度与村野山庄吻合。佛像避于村屋，佛光融于山野，使摩崖石窟禅意无尽。

在目前保留的摩崖石窟中，使用民居形式的木构架进行窟龛保护的建筑有安岳石羊镇箱盖山上的华严洞和大般若洞、安岳孔雀场孔雀洞等，从这些建筑的外部形态看，就是典型的民居形式。孔雀明王窟完全置于民居中，穿过民居的客厅和厨房，可以在与崖壁相接的柴房里看见这尊华丽精致的造像。

2. 因地就形的建筑处理

此种方式是根据摩崖窟龛与自然环境的关系进行发挥创造，灵活、不拘一格地处理建筑，如安岳毗卢洞某石窟为一"凹"字形平面（图4.63，1），龛平面约为正方形。正面供奉三尊主像，两旁刻数百尊罗汉。龛内平面下沉为池，于池四角立柱，柱上支撑从龛顶向中间收进的单坡屋面，形成天井形式。石窟窟顶面的天然降水或地面冲刷水沿着屋面的四个角注入窟内方池，同时也依靠此天井解决窟内采光和通风问题。随着相邻石窟的进退关

1. 安岳毗卢洞石窟内景　　　　　　2. 安岳毗卢洞石窟外景

图4.63　窟檐之因地就形（安岳毗卢洞石窟）

（自绘）

系，灵活地处理建筑构架，也是窟前摩崖建筑的特点。顺应地形进行建筑平面布局，建筑立面采用民居形式的穿枋构架，通过屋檐的出挑深浅来配合石窟立面的进退。架空的坡屋顶山墙面为石窟获得采光与通风，如安岳毗卢洞石窟的窟前即采用此类建筑处理手法(图4.63，2)。

3. 多种建筑形式的组合

组合式是指由于摩崖石窟分布不集中，散布于崖面不同地段，因此用连续的不同建筑形式将其统一起来。通常采取小型的楼阁式样和廊等建筑形式进行组合。和佛殿形式比较起来，小型楼阁的气势和规模都要小一些，在用材方面也不如佛殿讲究，但其灵活性大，易于修建。因此，此种模式在巴蜀地区分布较为普遍。摩崖中规模较大的窟龛，采用小型楼阁式；规模较小的、排列的窟龛采取建构檐廊，廊与楼阁之间相互联系，从建筑外观上获得统一。

应用佛殿、佛阁、廊等建筑把不连续的摩崖石窟联系起来，并形成巍峨的建筑组群模式，是摩崖建筑组群中最精彩的类型。例如，潼南大佛寺，在1千米长的崖壁上不仅雕刻着18米高的大佛，在大佛左侧，还有观音造像、释迦涅槃像等，根据造像尺度的不同依次建有七重檐的大佛寺、两重檐的观音殿和单檐的玉皇殿，观音殿和大佛殿之间有廊相连接。建筑之间比例和谐、风格统一，形成壮观的摩崖建筑群。

在组群摩崖石窟分布的地段，针对不同的窟龛排布，会出现多种建筑类型相互衔接的状况。有廊、有民居，甚至有大型佛殿，如大足南山、安岳三圣殿等。

安岳三圣殿是以千手观音为主体的摩崖石窟群。在建筑艺术处理上，以三重檐的楼阁式建筑为主体，一旁沿壁建构长廊保护附属造像，在重点造像上方破廊做楼阁处理，起到供人从远处观瞻佛像的作用。根据造像规模建构的楼阁、廊及特殊处理的阁，形成一个良好的建筑群体，庇护着檐下的摩崖造像。

大足南山道教摩崖石窟，在曲线形的崖壁上凿出各种主题的造像，并点缀以摩崖题刻等。对其的保护采用高低长短廊，保护崖面石窟，重点部分用重檐建构，形成丰富错落的空间，如图4.64所示。

巴蜀摩崖石窟寺较之北方的石窟寺，其显著特点是以佛龛石窟为特色，其摩崖石窟布局多尊重自然山体环境，建筑与佛龛石窟有机结合。尤其是从保护摩崖石窟出发，其木构窟檐、仿木构窟檐乃至木构殿堂与摩崖石窟融为一体，形成具有浓郁地域特色的建筑环境。

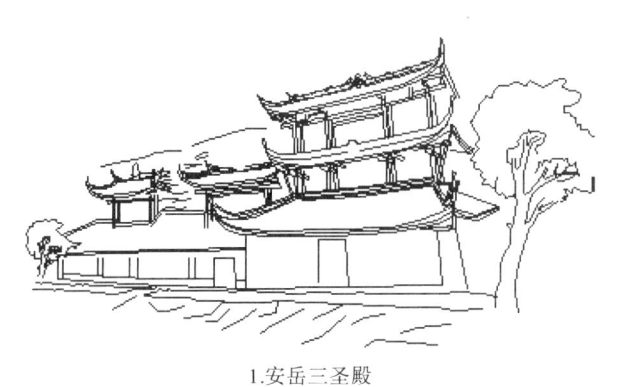

1. 安岳三圣殿　　　　　　　　　　2. 大足南山

3. 潼南大佛寺

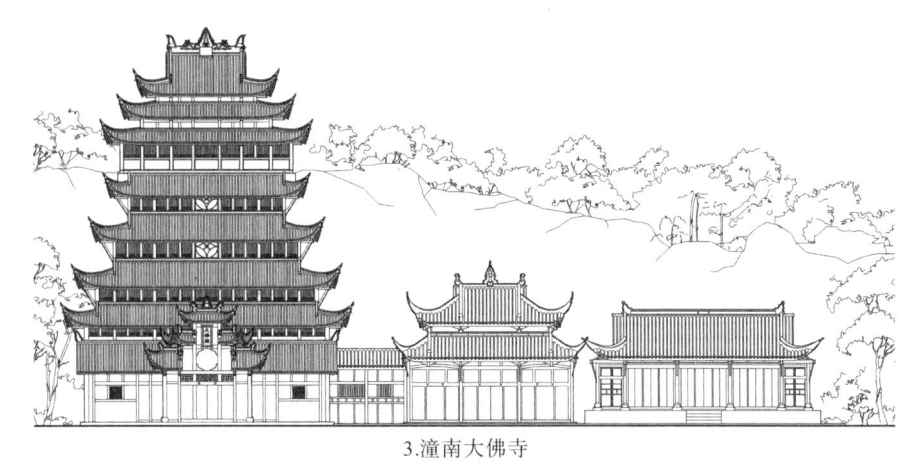

图 4.64　组群式窟前建筑

(1、2. 自绘　3. 重庆大学建筑城规学院历史研究所提供)

四、摩崖与寺院环境的关系

巴蜀摩崖石窟与传统意义上的石窟相比，功能已经发生了一定的变化，但是作为宗教产物，摩崖石窟还执行着宗教活动中的一些基本功能。例如，提供场地定期礼佛、提供偶像崇拜空间(如偶像、坛、香炉的设置)、宣传本教教义、为僧徒提供修行处等。巴蜀地区的摩崖石窟是和寺庙共生的，寺庙供僧人居住，摩崖石窟供奉神灵。

由于历史原因，巴蜀早期的地面寺院建筑，要盛于石窟寺开凿。待到后来摩崖活动兴起时，它与寺院的组合存在两种方式：其一是依附原来的寺院环境进行摩崖石窟艺术创作活动；其二是在摩崖石窟周围营造新的寺院建筑，既保护了摩崖石窟免受风雨侵蚀，又能创造一个良好的宗教氛围。摩崖石窟与佛教寺院相互影响，空间组合形式多种多样，保持与自然环境的协调统一。巴蜀地区摩崖与寺院及自然环境的关系，可总结为以下几点。

1. 以大佛殿为主体建筑的构图手法

多大佛是巴蜀地区摩崖石窟的特征之一，为保护大佛造像和提供人们开展佛事活动的空间环境，依附崖壁的楼阁式摩崖建筑——大佛殿应运而生。大佛的高度通常都是十几米甚至几十米，其巨大的尺度导致了大佛殿内部空间的完整统一性与外部形式丰富多样性之间的矛盾。通常解决这个矛盾的方法是建造以庇护大佛、大像为主体的楼阁式建筑，建筑沿崖壁垂直向上，内部通透为一层，外部根据高度按照比例随意分割成多层。这样的靠崖式大佛殿，宏伟挺拔、天际轮廓线突出，是摩崖石窟建筑群的显著标志，控制着整个摩崖与寺庙环境，如潼南大佛寺、涞滩二佛寺、安岳卧佛寺、江津大佛寺、荣县二佛寺等，均属此种建筑类型。

潼南大佛寺(图 4.65)运用了以大佛殿控制整个摩崖与建筑环境的手法。其内部大佛通高 18.43 米，外部建筑借崖起势，飞檐层层跃升，至摩崖崖顶又作 3 层终以歇山顶收声。整个建筑高 31 米，外部作七重飞檐，内部楼阁为 5 层，可拾级而上。楼阁与大佛且离且依，离者意即观佛者不因建筑遮挡而可以自由观瞻，依者即游人可沿楼且观且上，遍看金身。在对大佛和佛殿的视觉效果做了周全考虑的同时，对整个空间尺度进行了巧妙把握，即对大佛石窟的大尺度空间（大佛高18.43米）与楼阁建筑的小尺度空间（七重檐）进行了协调、转换和统一，达到了视觉审美和功能使用上的浑然一体。大佛殿左侧布局着小巧的观音殿和玉皇殿，右侧布局有3层高的鉴亭。大佛殿高大的尺度在整组建筑中起着控制性作用。

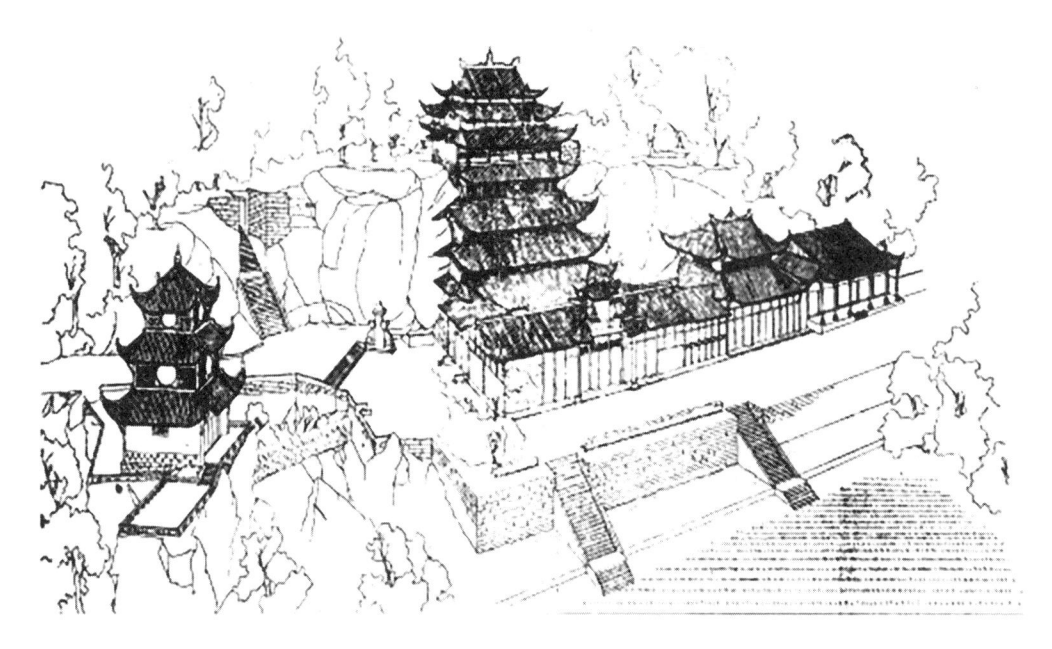

图 4.65　以大佛殿为主体建筑的构图手法（潼南大佛寺）
（重庆大学建筑城规学院历史研究所提供）

2. 摩崖造像与佛教寺院形成有机穿插

在处理建筑与环境的关系时，采取将摩崖石窟、寺院与环境融于一体的做法。摩崖石窟和寺院采用尊重环境的建筑手法，很少削山而为，或是进行大量的土石方挖填。通常是根据选定的自然环境进行随意布局，形成摩崖造像和寺院建筑有机穿插的局面。

摩崖造像通常选择巨型崖体雕凿而成，在摩崖石窟附近，常布局有各种规模的寺院。造像和寺院根据其所在的山体自然布局，并不讲究严整的轴线关系。在寺院旁的崖壁上雕刻一定主题和规模的摩崖，或是在摩崖旁的空地上逐渐建构寺院建筑，皆可随性而成。例如，乐山凌云寺摩崖与寺院布局：凌云寺大佛选址于三江汇聚的凌云山前，大佛开凿于临江崖壁上，凌云寺于大佛身后沿山而建，至九峰祝融和丹霞两峰之前，同左边灵宝峰上的灵宝塔相辉映。巨大的佛像临江而坐，与山体相偎依，尺度相宜，寺院建筑散布于山中，与各山峰灵活对应。山峰之间的道路上，雕刻有弥勒、净土等不同规模的窟龛造像，结合造像布局对应的亭台楼阁。

摩崖石窟环境中的寺院根据摩崖造像的规模与山体特征，结合古代木构建筑灵活的平面特点，形成分散布局集中处理的结构手法。例如，眉山青神中岩寺（图 4.66），其图中山峰，多刻有摩崖，原本是佛教十六罗汉中的第五罗汉诺巨罗尊者的道场，在岷江东岸，分上寺、中寺、下寺。下寺名慈姥庙，因其位于山脚临江处，因此又称"脚寺"；中寺（原名景德禅院），其规模为三寺之首，依山就势而建；上寺又名垂拱寺，为中岩胜迹，现楼宇已毁，唯存遗迹。图 4.67 是笔者依照上寺的柱础遗址，据寺院老僧口述绘出的示意图。摩崖石窟分布在图中的三大块巨石上，寺院组群顺应摩崖灵活布局。上寺一共有 7 个主要建筑，分三组按照特殊地形并围绕摩崖主题来布局。第一组建筑建在上寺的入口，此处地形为口袋形，收口甚紧，平台之上，下可瞰中岩山壑之美，前可观自然对峙的玉笋山双峰之摩崖石窟。这组建筑包括接引殿、观音殿和天王殿，守住入寺咽喉。建筑已不存，唯有空台。第二组建筑呈转折轴线布局，由两个建筑组成。童儿殿（供送子的神像），建在"品"字形巨石之间的一个小殿。构架直接与崖体相连，其柱础落在离地面近 1 米的崖体上。小殿一旁，是规模稍大的牛王殿（供保护牲畜的神像），建筑半边靠崖而建。这两组建筑在建筑处理上，与摩崖山体结合得十分紧密。据守候寺庙遗迹数十年的老僧介绍，这三块"品"字形巨石之间覆以木构建筑，柱不落地，不占地面空间。崖壁围合，自然成寺；椽子入岩，青瓦覆顶；逢雨天，滴水不漏，摩崖壁面丝毫无损，排水设计甚妙。目前只存有残余柱础和排水沟痕迹以及壁面摩崖。第三组建筑由主殿大雄宝殿和守护神殿——韦陀殿组成。大雄宝殿面阔约 13.8 米，进深约 11.1 米，为三开间。除正立面外，其余三面皆由厚重的石墙支撑，石墙底部宽 2 米，高 2.4 米。石墙除了起到保护作用外，还作为殿内十八罗汉的坐台。大殿前左侧，有一小殿，为韦陀殿。在宋及以后的寺院布局中，韦陀殿通常放在天王殿后，面朝大雄宝殿。在空间位置上，韦陀是和四大天王同处一室的。但是在精神属性上，四大天王守对外之门，而韦陀是站立在天王殿后，面朝大雄宝殿，保护主尊的。此寺庙由于地形特殊，又要照顾和摩崖石窟的结合关系，天王殿和大雄宝殿不能建在同一轴线上，如立韦陀于天王殿后，则不能直视大雄宝殿，不能起到护法作用。因此，把韦陀从天王殿内独立出来，在大雄宝殿之前专立一小殿供韦陀。大殿前有一露天讲经台，可细观摩崖。目前所有柱础、石墙均原位保留，讲经台前摩崖仍存。青神中岩上寺这几组建筑为了迎合地形地势和摩崖岩体而改变寺院布局，灵活地处理了各个神殿之间的空间位置关系，使摩崖与寺庙形成有机穿插，互为依存。

图 4.66　与寺院环境相融合的摩崖（青神中岩寺）

（余承勋编：《中国地方志集成·四川府县志辑》之嘉靖《青神县志》，成都：巴蜀书社，1992 年，第 824 页）

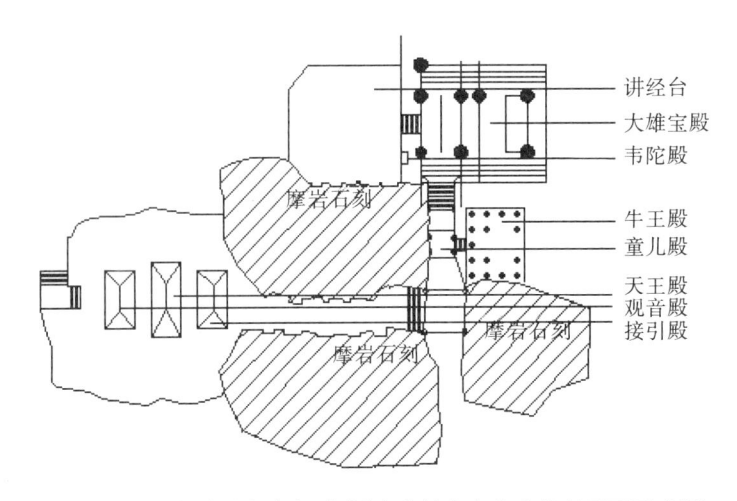

图 4.67　摩崖与寺院相生相融（眉山青神中岩上寺恢复平面示意图）
（自绘）

3. 摩崖与寺庙相依托，形成良好的宗教空间环境

寺院建筑不仅提供僧侣生活、修行、礼佛等功能空间，而且庇护摩崖造像。寺庙和摩崖石窟融为一体，相互依托，营造出良好的宗教环境，是巴蜀摩崖石窟的重要特点之一。以摩崖石窟胜迹为始，逐渐增建庙宇，或以古老庙宇为依托，逐渐根据寺院周围山体环境进行摩崖石窟艺术开凿活动，是摩崖石窟与寺院的普遍关系，甚至在两者的建构过程中，形成互相促进的关系。目前保留的摩崖石窟中，部分是先有僧舍或寺庙，后在周遭营造摩崖石窟，接下来依着摩崖石窟建构更多寺院建筑，在寺院的历史发展过程中，又不停地增凿龛室造像。许多摩崖石窟前的木构建筑毁了又建，建了又毁。龛内造像一直存留，而建筑物几易[①]（《中国地方志集成》编委会，1992）。

目前所保留的大多数摩崖石窟的选址周围，都建有不同规模的寺庙。有些寺庙历朝损毁，屡次修建，还保存着早期的规模格局。例如，大足宝顶山大佛湾，规模宏大的圣寿寺依山层层而建，对应着山脚"U"形平面的大佛湾摩崖。重庆北碚缙云寺，建于宋代，后毁，目前所保留寺庙为明清建筑，庙内巨岩上尚存宋代的摩崖石窟，摩崖与寺庙相互依存达数百年，形成厚重的宗教历史文化环境。

部分地方的摩崖造像直接以就近处的寺庙为名，如广元嘉陵江边的皇泽寺、合川二佛寺、潼南大佛寺、龙泉驿石经寺、江津石门寺等。这些寺庙的主要内容就是摩崖石窟，并没有严整的经堂僧舍。尤其是大佛寺类型的寺庙，整个寺庙是由一个主要的大佛殿和部分辅助用房构成，其余建筑或名存实亡，或只留有小型的寺庙建筑，但是摩崖规模却比较大，如邛崃花置寺和磐陀寺，其摩崖精工细致，盛名远播，但其寺院却早已不存。再有巴中南龛，原有的唐代"光福寺"，只化为摩崖石窟上的三个大字，但巴中南龛摩崖的规模、气势和题材风格，都是巴蜀地区首屈一指的。就算寺庙已经损毁，但其名字却依靠摩崖石窟传承下来，说明早期摩崖的选址和寺庙是密切结合的。

合川涞滩二佛寺是摩崖石窟与寺院相互依托的典型例证：二佛寺下寺居于沱江江边的

[①] 道光《安岳县志》卷 6 载："安岳'净慧岩石像序铭'：净慧岩者，唐乾元中僧舍也，岁月深远，莫知其详，迄今仅四百年，舍宇既颓，而岩前石像亦斧凿也……处士赵庆升，乃于绍兴辛未年间，又凿山骨，划苔藓，再修石像，饰以丹青石室。"

崖壁上，在三重檐歇山顶的佛殿下，庇护着东西两个摩崖分区共1670余尊禅宗造像。造像采取以主佛为中心，其余诸佛围绕主尊佛环拱屏列，呈佛祖说法图状，但又在两旁列佛中形成新的主题，形成丰富的层次关系。所有的摩崖造像和地形地貌结合严谨自然，在寺庙建筑的庇护下，井然有序，同时和寺庙建筑结合紧密、浑然一体。此种布局方式还见于宜宾江安灵石寺。灵石寺摩崖石窟呈"L"形，寺庙顺应此形搭建，借其崖体为部分维护墙体而形成，摩崖石窟与寺院形成共生关系。

摩崖造像与寺院环境相互辉映，靠崖建筑空间尺度与特定空间环境的统一和谐、自然景观与人文景观的巧妙组合，使佛教文化在中国传播的过程中，逐渐被赋予新的内容和形式，最终形成被国人所接受并喜爱的文化。

摩崖石窟是一种特殊的建筑形式，其内部空间营造布局采用了一定的建筑手法，窟龛的结构构造、外部形制、装饰雕刻等在一定程度上反映了当时的建筑水平。

巴蜀地区龛形制可分为方形龛、圆楣龛、尖拱龛、屋形龛、佛帐龛等。其装饰题材多以地域化的佛教题材融合传统文化题材，具有浓厚的地域风格。

从窟龛的空间特点来看，巴蜀地区的窟主要有装饰和结构高度统一的中心柱窟、造像主题和形式巧妙结合的佛殿窟。而其中打破窟龛桎梏形成的连续展示空间的摩崖，是巴蜀地区最有特点的摩崖空间形态。

结合摩崖造像形式设置的排水结构是摩崖建筑处理手法中重要的一项。巴蜀摩崖的主要排水形式可分为依赖天然出檐排水、结合佛像造像以及窟龛结构的内部排水、在窟龛上方壁面凿排水沟形成的崖面排水、在整个摩崖道场形成集中收集排放的明渠排水四种形式。

为了保护摩崖不受风雨侵蚀，根据摩崖石窟体量和组织排列方式的不同，建造了不同庇护摩崖的建筑类型。窟檐是最常见的摩崖建筑，分为三种类型：依靠自然条件天然出檐的窟檐、在窟龛前接木构建筑的木构窟檐（廊式、悬挑式及独立式）以及在摩崖石窟外壁雕凿而成的仿木结构形式的窟檐。

除了运用窟檐这种构筑物来保护摩崖石窟外，大佛殿也是为保护大佛造像而产生的建筑。大佛殿的构造既要满足不同形态的大佛对内部空间的需求，又要和摩崖这种特殊的建筑形态融合。巴蜀地区各种形式的大佛殿的存在显示出当地历代匠人处理靠崖建筑的种种智慧和力量。大佛殿的建筑技术和艺术借鉴了巴蜀地区成熟的靠崖楼阁式建筑处理手法，在结构上借鉴了中国传统佛殿建筑的套筒式结构，在建筑风格上显示出浓厚的地域特色，且在处理殿内佛像的视线以及采光通风方面有其成熟多样的处理手法。

其他窟龛前的建筑类型还有民居形式、殿阁形式、廊形式、天井形式等。这些摩崖建筑的主要特点是因地制宜地进行建筑形式的创造，并根据摩崖造像的种种布局而进行建筑形态的组合。

摩崖石窟与庇护摩崖的建筑、自然环境、寺院空间形成一定的组合关系。采取尊重自然环境的建筑手法，在总体布局中，大佛窟类型的摩崖石窟常采用以大佛殿为主体建筑的构图手法。千佛崖中的寺院建筑则配合环境景观，运用传统建筑形态控制多体量摩崖石窟。摩崖环境中的寺院根据摩崖造像的规模与山体特征，结合古代木构建筑灵活的平面特点，形成分散布局集中处理的结构手法。摩崖石窟、寺院融于自然环境，仿佛是自然环境的再生。

第五章　摩崖石窟中反映的唐宋建筑

中国古代的木构建筑，由于材料的原因，能够保存和遗留下来的不多。再加上历史上的人为破坏，木构建筑所存留者甚少。尤其是唐代和唐以前的建筑，所存者更是凤毛麟角，难以完整地体现和代表那个时代的建筑风格特征。

如何架构没有建筑实例的建筑史，是建筑史学者面临的挑战。而此研究领域的前辈已经给我们提供了很多种利用间接资料了解建筑史的方法。总结如下：其一是通过对古代文献的阅读，找出与建筑相关的记载，并与文献形成年代相叠合；其二古代遗留下来的绘画作品为我们提供了直观的建筑二维形象；其三是通过古代遗存中利用木构经验塑造的建筑形态来推测木构建筑的信息。这部分资料主要集中在石窟寺、崖墓、画像石、画像砖和明器中。中国在发展过程中，某一个阶段强大的国力和艺术感染力影响了周边邻国，而这个国家又在后来的历史中有着很长时间的封闭式发展，从而给了后人可以在这个国家看到中国某个历史时期的建筑艺术的机会。这也是佐证中国建筑史研究的第四种方法。

如何使用这些间接佐证的方法来书写最为接近真实的建筑史，需要和地域所处的地理环境、气候和历史留下的地域建筑遗存结合对应。

巴蜀地区，因气候潮湿，历史上兵火未断，保留下来的木构建筑更为罕见。目前所发现的遗留下来的木构古建筑，年代最早者，是江油窦团山云岩寺中的飞天藏［即转轮经藏，建于宋淳熙八年（1181 年）］，只是殿内的小木作；公认所发现的元代建筑仅有峨眉山的飞来寺；新近所发现的雅安芦山的青龙寺大殿，可能属于元代建筑，还有待考证落实。宋元建筑相对较少，更毋庸提唐或唐以前的建筑了。因此，我们很难从目前所保留的孤例去推测和探寻唐宋及更早时期巴蜀建筑的形态风格特征。若想建构巴蜀地域建筑史，在当前总结下来的研究中，古代文献和绘画太少，不足以成为有力的佐证。但西南地区以木构经验建造而成的石构崖墓以及石窟寺中丰富的建筑形象，帮我们支撑起了巴蜀建筑史中重要的汉唐两个高峰研究。本书即以巴蜀地区石窟寺内的建筑形象的调研为基础，展开对没有实物的巴蜀唐宋建筑史的初步研究。

巴蜀摩崖石窟中，保留了大量反映唐宋时期的建筑形象，从类型丰富的单体建筑到多种模式的建筑组群，从建筑的立面空间形态到部分结构构架和建筑装饰构件，都表达得比较真实。研究思路：拟对调研收集到的建筑形象进行分类、类型总结，其中对重点单体案例进行展开叙述；然后再对摩崖石窟中收集的建筑形象所凝聚的唐代巴蜀地区建筑特点进行汇总和评价。

第一节　石窟中反映的建筑类型

在巨大崖面上毗连开龛进行造像，开龛造像导致崖壁立面有些体块凸出、有些体块凹进，形成阴影，状如蜂房，龛内所表现的题材甚为丰富，从庄严妙相到世俗耕读，无不一一图解。

而其中雕刻的古代建筑形象，更是研究古代建筑不可多得的珍品。在巴蜀摩崖石窟中，几乎每一处摩崖造像内都或多或少地雕刻了一定数量的建筑，反映了各种各样建筑形式，有楼阁、塔、台、经幢、亭、桥等。这些建筑部分以单体建筑的形式出现，而更多的是以建筑组群的形式出现。殿宇塔幢、水榭楼台，布局甚是精美。同时在工程构造和细部做法上，反映出许多卓越的处理手法，忠实地记录了当时的建筑实际情况(辜其一，1961)。这些建筑组群形态和单体建筑形式秉承了一定的中原传统，但在某种程度上，也体现出一定的地域建筑特性。

一、殿宇与楼阁

殿宇、楼阁是摩崖中反映的主要建筑类型，在雕刻有建筑的摩崖石窟中，几乎都有殿阁建筑类型出现，且反映的殿阁形式丰富多样。建筑形象伴随着时间发展和地域的不同而有所变化。根据摩崖石窟中所反映的楼阁建筑外部特征，我们可将其分为单层式殿阁、重楼式殿阁、重楼式佛阁三种形式。

1. 单层式殿阁

摩崖石窟中描绘的殿堂楼阁，多为建筑立面的表现形式，或是传统的三维透视表达方法，很少有平面的形式表达。但是从建筑的外部空间建构，可以推测出建筑的平面几何形态。其殿阁的平面形式主要以矩形的平面形制出现，这大概与中国的传统居住建筑有密切的关系。单层建筑较为典型地反映了这种传统的建筑空间形态。

单层式殿阁形态比较丰富。如图5.1所示，根据建筑外部空间特征推测，其平面形式较为典型地反映了传统木构建筑的空间布局，面阔三间为主体，类似长方形的平面。有正面出抱厦的，当属"丁"字形平面或"十"字形平面。这种平面布局的殿堂实物以北宋时期的河北正定隆兴寺摩尼殿为典型例证。而在巴蜀摩崖石窟中，这种平面类型的建筑有较多的描绘，如安岳华严洞摩崖、乐山凌云寺摩崖内的建筑，都以这种类型为主体。

1.单层重檐（安岳华严洞） 　　2.单檐四阿顶（大足北山第245号窟）

3.单檐出抱厦（安岳华严洞） 　　4.重檐出抱厦（安岳华严洞）

5.单檐歇山（安岳华严洞） 　　6.单檐（大足北山第245号龛龛阶）

7.单檐悬山（大足北山第24号龛左侧） 　　8.单檐四阿顶（资中重龙山）

图5.1　摩崖石窟中反映的单层式殿阁

(自摄)

摩崖中殿阁形式的外部空间特征体现明显，其屋面、屋身和台基三大组成部分，都比较忠实地雕刻出来。屋面形式有单檐形式和重檐形式。从目前所掌握的资料来看，屋顶类型以四阿顶、九脊殿、挑山(悬山)的表现形式居多。图5.2为摩崖石窟中反映的楼阁式殿宇。

屋身面阔三间，是为主流，也有面阔一间的，其构架有大木大式和大木小式，装饰简洁大方。

石窟中反映的台基较为高大，与实例中反映的佛光寺大殿低矮的台基风格有所不同。台基形式大致分为素台基和须弥座，但在具体做法上有多种表达形式。

1.青神中岩寺第26号窟内殿阁 　　2.出双层抱厦（乐山凌云寺摩崖殿阁）

第五章　摩崖石窟中反映的唐宋建筑　　159

3. 重檐歇山（丹棱郑山第42号窟） 　　4. 重檐歇山（夹江千佛崖第137号窟殿阁）

5. 三层殿阁（宋） 　　6. 出两层抱厦（安岳木鱼山殿阁）

图 5.2　摩崖石窟中反映的楼阁式殿宇

（1. 肖卫东、蔡光洁：《昨日佛光——青神中岩寺摩崖造像白描集》，第 53 页；2～6. 自摄）

2. 重楼式殿阁

表现重楼式殿阁的唐代经变龛在巴蜀摩崖石窟中反映较多。较经典的有乐山龙泓寺、凌云寺，夹江千佛崖，邛崃的石笋山石窟、花置寺、磐陀寺，重庆大足北山石窟，巴中西龛等。通常主殿为两层，主殿左右置配殿，首层以回廊相连接，上层设阁道联系。

重楼式殿阁的建筑平面特征：平面多为长方形，出抱厦的殿阁平面应为"丁"字形或"十"字形。

重楼式殿阁的楼层多为两层或三层。二、三层皆出平坐（图 5.2，6），建筑面阔一般为三间，也有五间的做法（图 5.3）。在立面处理上，部分殿阁的当心间有凸出的门屋，或以歇山山面做正立面，类似出抱厦的处理手法。图 5.4 为大足南山石窟中反映的宋殿。

图 5.3　面阔五间的唐代殿阁
（安岳木鱼山第 18 号龛配殿）
（自摄）

图 5.4　宋殿（大足南山石窟）
（王庆瑜：《大足石刻艺术》，第 74 页）

重楼式殿阁屋顶形式多以四阿顶、九脊殿为主体。

巴蜀地区的部分单层佛殿和重楼佛殿立面都有出抱厦的做法，多在主殿第一层或第二层正中出抱厦。抱厦的面宽略小于当心间。其正脊插入主殿，与主殿屋面直接相交。乐山凌云寺、安岳木鱼山、安岳华严洞、大足北山等处的摩崖中都有此类殿阁形式。出抱厦的典型做法如大足北山第 245 号龛。此龛内主殿为两层四阿顶，具平座，两旁配殿为两层盝顶式塔楼，主殿首层中央凸出为抱厦。抱厦与主殿之间的屋顶形成穿插关系。抱厦形制最大的当数安岳木鱼山摩崖所示的殿阁（图 5.2，6）。此窟内的建筑构图与别处不同，佛殿和佛阁在窟内成左右布局。佛殿主体部分隐于山崖内，立面出抱厦，为两层，面阔三间，是目前摩崖石窟中所见的最大规模的立面出龟头屋的佛殿做法。

3. 重楼式佛阁

重楼式佛阁是摩崖中反映的建筑类型之一，多用作建筑群中的次要建筑。

重楼式佛阁的平面形式有四边形、六边形、八边形等。

屋顶形式有盝顶、四角攒尖顶、六角攒尖顶、八角攒尖顶等。台基形式有仰莲式须弥座、方形素台基等。目前所看到的佛阁或楼阁的首层皆绕以平座，可能是当时巴蜀地区一种常用模式。

佛阁有的处理为开敞通透式，如夹江千佛崖中雕刻的佛阁。也有用门窗封于檐柱间形成端庄凝重之气的，如大足北山第 245 号龛内的配殿楼阁。

佛阁皆腰以平座。有的佛阁在下层檐上施以斗栱，再置平座于斗栱之上（图 5.5，2～4）。部分佛阁的平座，直接施于下层檐的转换层上，如重楼式佛阁（图 5.5，6），佛阁中最为精美者当属大足北山第 245 号龛的佛阁。

第五章　摩崖石窟中反映的唐宋建筑　　　　　　　　　　　　　　　　　　　　　　　　　　　　　　　161

1.夹江千佛崖第128号窟 　　　　2.邛崃磐陀寺 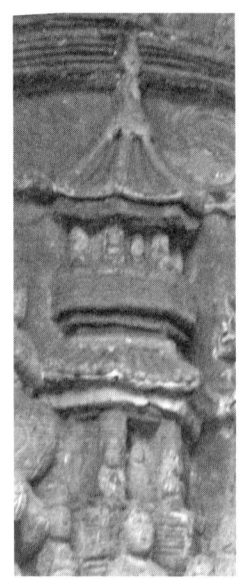　　　　　　3.夹江千佛崖第137号窟

4.丹棱郑山摩崖主殿群前左佛阁 　　5.大足北山第245号龛阁 　　6.青神中岩寺

图5.5　摩崖石窟中重楼式佛阁

（自摄）

　　佛阁楼层多为两层，首层副阶带平坐。二层屋身通过平坐暗层转换收进，形成玲珑精致的建筑形态。屋顶多采用八角攒尖或六角攒尖或盝顶，屋顶饰以塔刹。巴蜀地区的重阁形式都显示出尺度适宜、精致秀颀的建筑风格。

　　重阁主要用于次要建筑，置于主殿两侧，对称布局（目前没有在巴蜀地区发现像敦煌壁画中展现的以高阁为中轴线上重要建筑的布局）。重阁的主要功能是供奉佛像，即佛阁。这是唐代建筑群的一种基本处理手法，即以玲珑剔透的佛阁反衬高大威严的佛殿，形成组群建筑中良好的建筑主从关系。除了作为次要建筑供奉佛像外，重阁还用于钟楼和藏经建筑对称地布局在主要建筑群两侧，没有廊道和主要建筑群联系，如青神中岩寺和丹棱郑山摩崖石窟中，就采用了此种布局模式。

二、佛塔与经幢

巴蜀摩崖石窟里表现的塔通常作为寺院建筑组群的重要组成部分出现在大量的摩崖经变图中。同时，塔也以独立的形象出现在摩崖中，单独成龛，享受供奉。此外，塔还出现在窟龛中以下位置。①中心柱。位于窟内中心柱的上端，如大足北山转轮经藏窟和宝顶山大佛湾毗卢洞。②窟龛两侧。在窟龛立面龛柱上雕刻塔形式，如邛崃石笋山、磐陀寺、夹江千佛崖等处的摩崖即有此种表达方式。③塔还会以法器的形象出现在天王或菩萨的手中。

为了支撑石窟获得更大空间或保证已有空间的安全性，巴蜀原来的支提窟形式演变为中心柱窟，中心柱仍然代表着早期石窟中用来绕行礼拜的塔。因此石窟中的中心柱子会被刻成塔的形状，如大同云冈石窟。在巴蜀地区，塔柱有另一种展现形式，即在中心柱上雕刻塔形象，这些表达方式，都代表着塔在石窟中的重要作用。广元皇泽寺中心柱窟中的中心柱上刻有 8 座塔，分别布置在方柱顶端四面。在塔和中心柱的风格结构处理上，也有相通之处。大足北山华严三圣手中托有一单层塔。其做法与北山第 136 号中心柱窟的窟转轮藏相似。塔心处理为柱式，周围由六根镂空的柱子支撑塔檐，体现了中心柱和塔之间的微妙关系。这些中心柱代表着早期石窟内的塔。

总体来说，这些塔按照外部形象可分为楼阁式塔、密檐塔、单层塔。

1. 楼阁式塔

巴蜀地区楼阁式塔形式丰富，造型精美。以资中北岩、安岳华严洞、安岳毗卢洞、通江千佛崖等处的雕刻为典型例证（图5.6）。楼阁式塔平面多为正方形，也有八边形，但较为少见。

1.通江千佛崖　　　　2.大足北山

第五章 摩崖石窟中反映的唐宋建筑

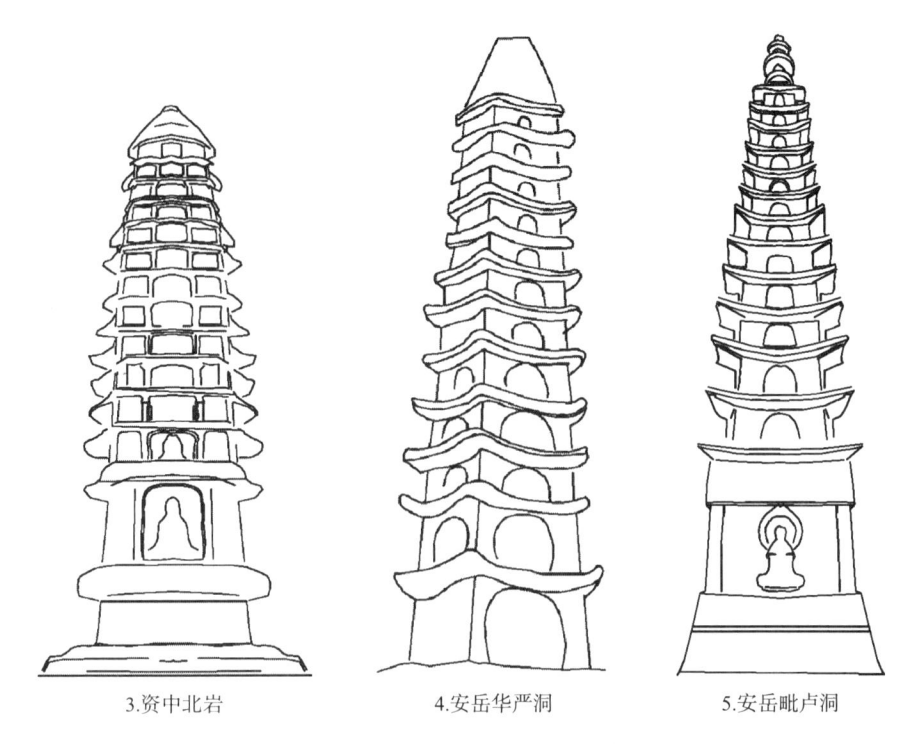

3.资中北岩　　　　4.安岳华严洞　　　　5.安岳毗卢洞

图5.6　摩崖石窟中反映的楼阁式塔

（自摄、自绘）

塔基为莲座或素基座。基座较塔身比例来说较矮。塔层数为基数，有5、7、11、13层等。立面每层四面开龛，龛内置佛像。龛形多为圆拱形。

塔刹形式多样，以宝珠加相轮形式组合较多。塔檐有砖石叠涩檐以及木结构出檐，另有砖石结合木结构出檐的例证。

从目前收集到的巴蜀摩崖石窟所雕刻的各种形式的塔中，没有发现塔身有出平坐的做法，但同时期的楼阁或佛阁、大殿皆有平坐处理手法。

楼阁式塔的平面多为正方形，也有八边形，但较为少见。

从摩崖石窟中反映的楼阁式塔建筑外部空间形态处理方式来推测，巴蜀地区唐宋楼阁式塔的结构做法可分为木结构、砖石结构以及土木混合结构。砖石结构的塔以广元皇泽寺中心柱上所刻塔为例（图5.7，2），塔为5层楼，塔身自下而上逐渐递减，收分适中，楼层之间以砖石叠涩出挑收进完成。木结构的楼阁式塔比较多见，如通江千佛崖塔，即为通过梁、柱、枋和斗栱搭建的木结构塔；夹江千佛崖第99号龛中所雕刻的塔（图5.7，1），其外观形式与目前保留的最大、最早的木塔——山西应县佛宫寺释迦塔略有相似。塔基为八边形，中间收进为束腰，束腰部分有槏柱分隔。其处理手法带有须弥座意味。塔身为7层，无平坐，塔檐层层挑出，檐下有柱支撑。塔檐顺应塔身为八边形，举折较大，檐面升起较为明显，现出优美的屋面曲线。塔身层层向内收缩，但收分相对较缓，至塔顶层屋收拢至塔刹，整个形态端庄舒展、秀丽挺拔。土木结构的楼阁式塔，通常以砖石建构塔身外壁，用木结构处理门窗和屋檐。

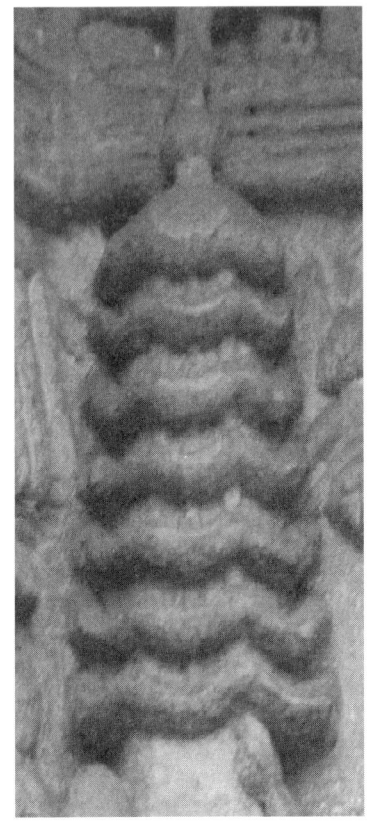

1.楼阁式木塔（夹江千佛崖第99号龛中雕刻的塔）　　2.楼阁式砖石塔（广元千佛崖）

图 5.7　楼阁式塔

(自摄、自绘)

图 5.8　经目塔（大足宝顶山大佛湾）
(自摄)

楼阁式塔出现最多的是夹江千佛崖、安岳华严洞、大足宝顶山大佛湾、邛崃石笋山等地的摩崖石窟。

宋代摩崖石窟中还出现了另一种楼阁式塔——经目塔，如图5.8所示。经目塔外形类似楼阁式塔，但在各段塔身雕刻经文(起着经幢的作用)，是塔和经幢结合发展的产物。平面为四边形，塔身为3层或5层，各层中间雕刻经文。但在正立面上两端转折处，各层塔檐间镂空雕出一柱，从结构视觉上起到支撑大出挑的塔檐作用。柱身处理为竹节或花瓶状，柱子底端和顶端都有莲座装饰。屋檐瓦垄、滴水等细部构件刻画细腻工整。这种塔檐之间有镂空柱支撑的做法在宋代的单层塔、楼阁式塔中都可以看到，可以推测是当时处理塔形式的普遍手法。

2. 密檐塔

摩崖石窟中的密檐塔平面多为方形，结构形式多为砖石塔形式。通常密檐塔楼层为13层或13层以上。

图 5.9 所示的三种密檐塔中，从外观上看：塔身第 1 层层高较高，第 2 层层高剧减，部分塔的第 2 层层高只有第 1 层的十之一二。各层塔檐紧密重叠而上，塔檐平面为方形。各层塔身之间依靠叠涩出檐的线脚形成间隔。檐口较平直。由于是叠涩挑出，因此檐口很浅。部分塔的檐下有斜角砌成的"牙子"，其上再设三层线脚叠涩出檐。每层立面中间设单券形龛。整个塔身的曲线由下段的垂直到塔身中段渐渐外凸，再到上段的和缓收分，形成很有张力的饱满曲线。

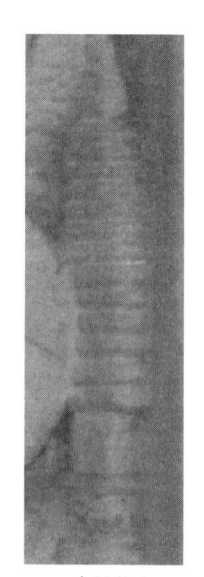

1.夹江千佛崖　　2.邛崃磐陀寺　　3.大足北山

图 5.9　摩崖石窟中反映的密檐塔

(自摄)

巴蜀摩崖密檐塔的经典之作当属邛崃盘陀寺山门处佛龛。此长方形龛套两侧各刻一塔。双塔皆为密檐式，平面为正方形，基座为覆莲式须弥座。基座较高，塔身共 13 层，第 1 层塔身较长，第 2 层以上皆为层层出檐。塔身尺度、比例适宜，雕工细致，为此类塔中的精品(图 5.9，2)。

目前保留密檐塔较多的窟龛有邛崃磐陀寺、邛崃石笋山、夹江千佛崖、大足北山等处的摩崖石窟。

3. 单层塔

单层塔在摩崖石窟中的出现有三种情况：第一是单层塔单独成龛，成为供奉对象，如夹江千佛崖；第二是单层塔呈组群出现，塔身基座凿空为舍利穴，为僧人藏身后骨灰所用；第三是立于菩萨、天文手中，多为形制精致秀美的塔，如夹江托塔天王、大足宝顶山大佛湾华严三圣手托塔、安岳华严洞内菩萨手托塔等。

单层塔平面形式多为四边形，亦有六边形和八边形。

塔座有单层仰莲基座、多层仰莲基座、素单台基座、素多层台基座等几种形式。

塔身截面有四边形、六边形、圆形三种形式。塔身多正面开龛。单层塔的塔刹最为丰富。简练者刹杆上串一二宝珠而成，或累数重相轮而就。繁复讲究的塔刹多用仰莲、山花、焦叶、相轮、宝珠等组合而成。

单层塔的结构有砖石塔和木结构塔两种形式。砖石塔的塔身部分通常用砖叠涩形成塔身到塔刹部分的转变；屋面受材料限制，出檐皆浅。木结构塔的塔身屋顶形式为攒尖顶，多为四角攒尖，也有少数的六角攒尖；屋面相对舒展，形成曲线的塔檐，檐下有柱支撑，与砖石塔的叠涩出檐不同。

单层塔的功能有墓塔和纪念塔两种。但主要功能还是结合墓葬需求，在塔身处开挖舍利穴，储放僧人骨灰遗物等。

在摩崖石窟规划中发现有集中雕刻摩崖单层塔的例子，如巴中南龛等处。其塔身上部开龛造像，下部掏空做穴。

在青神中岩寺诺巨罗尊者窟内有三塔，皆是单层墓塔，整个塔身挖空为舍利穴，塔身外部满饰如意云纹。塔身上方处理为精致的两重檐。塔刹和塔身的雕饰繁复华丽，是此类塔中的精品，如图5.10所示。

图5.10　单层塔的塔身及塔（四川青神中岩寺诺巨罗尊者窟涅槃塔）

（肖卫东、蔡光洁：《昨日佛光——青神中岩寺摩崖造像白描集》，第53页）

单层塔形象在巴蜀摩崖石窟内比较多见，巴中南龛、夹江千佛崖、涞滩二佛寺、大足北山、大足宝顶山大佛湾等都有数量较多的单层塔出现。如图5.11所示的摩崖石窟中的单层塔。

唐代单纯朴素的单层塔在后来的地域发展过程中，形象逐渐高大，层次更丰富，从台基到塔刹，都以更复杂、更精致的雕刻方式来表达。细节装饰、整体造型脱离了唐塔简练的艺术风格，转而往细腻繁复的方向发展。

幢原为一种丝帛制成的伞盖状物，顶装摩尼宝珠，悬于长杆，供养于佛前，由于"幢"是由丝织品发展而来，所以字体从"巾"部。初唐期间，出现了用石头模仿丝帛经幢的形式，把经文刻在八角石柱上，上置顶，下有座，称为经幢。

从某种意义上来讲，经幢的形成是经幢和石塔组合而成的。和塔一样，经幢由三个基本部分组成，即幢基、幢身和幢刹。其中幢基、幢顶与塔基、塔顶的形式和结构比较相似，唯独幢身是用来雕刻经文的，与塔用来供奉的意义不同。通常经幢皆是陀罗尼经幢。陀罗尼是梵语的译音，意译是"总持"。佛经宣扬：凡供奉陀罗尼者，既能持守诸善，又能扼制诸恶，法力无边。因此随着佛教在唐宋时期的发展，经幢数量得到迅速增长。

第五章　摩崖石窟中反映的唐宋建筑

1.夹江　　2.广元皇泽寺　　3.巴中南龛

4.巴中南龛　　5.大足北山　　6.夹江

7.巴中南龛　　8.大足宝顶山

图 5.11　摩崖石窟中的单层塔
(自摄、自绘)

  基本上每一个巴蜀摩崖石窟经变龛都有经幢的存在，这表明在唐代尤其是晚唐，经幢是寺院的重要组成元素，其标志性意义不下于塔。巴蜀经幢按照其外部造型可分为单层檐经幢和多层檐经幢。这里的檐是指经幢伞盖形式，便于研究方便，把只有一层屋盖的经幢形式总结为单檐经幢，把由多层伞盖或屋盖状石盘穿柱而成的经幢形式总结为重檐经幢。

(1) 单檐经幢：经幢的幢身通常为简易的八边形，幢顶为单层伞盖。其幢身基本形制特点为：幢基为双层幢基；其上立八角形幢身，以备雕刻经文所需；幢顶为单层伞盖状石盘，上置两层仰莲、宝珠等。单檐经幢的典型例子为四川阆中东山园林中的唐代摩崖经幢。此处窟龛中有三龛均为表现经幢的，其中一龛幢基全毁，幢顶亦模糊不清；另一龛形制略备，但细节不详。唯有一龛较为完备，惜幢基花纹没有雕饰完成，如图5.12所示。地处西南的阆中园林表现的摩崖经幢形式，和早期山西潞城经幢一脉相承，基本形制与山西潞城原起寺天宝六年幢同。唯一不同的是：山西潞城幢之幢顶为圆形屋盖状，而阆中经幢幢顶为圆形伞状带花纹。

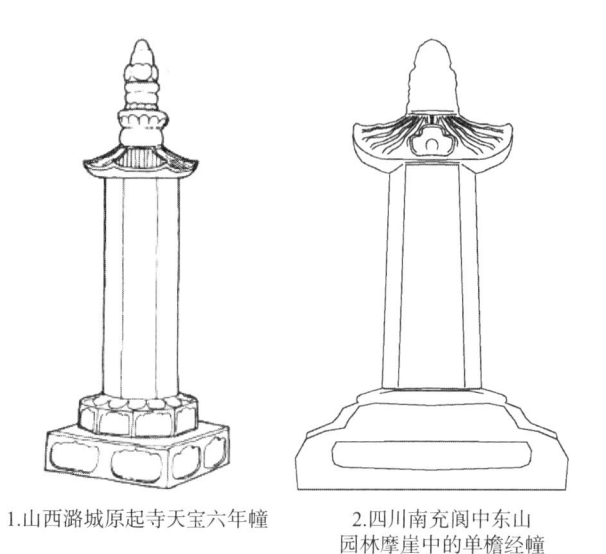

1.山西潞城原起寺天宝六年幢　2.四川南充阆中东山园林摩崖中的单檐经幢

图5.12　单檐经幢

（1.傅熹年：《中国古代建筑史》卷2，第525页　2.自绘）

(2) 重檐经幢：巴蜀摩崖石窟中较多的是重檐经幢。重檐经幢的基本特点：幢基平面多为四边形、八边形、圆形等。幢身截面有圆形、八边形、四边形等。通常幢身较长，约占整个幢高的三分之一，主要用来镌刻经文。幢身上端为层层圆盘或伞盖贯穿在幢身上，形成层层出檐的形式。各层皆雕刻佛像。有四五层伞盖或圆盘，形成层次丰富的经幢形式。自二层以上，层层幢身减小、减低，幢顶收拢为圆形屋盖状，上置宝珠两粒。图5.13为摩崖石窟中反映的经幢。

1.夹江千佛崖　2.邛崃磐陀寺　3.大足北山　4.大足北山　5.安岳木鱼山

图5.13　摩崖石窟中反映的经幢

（自摄）

重檐经幢的另一特点是雕饰精致，形制华美，富丽精工，多细节装饰。其中巴中南龛经幢、安岳卧佛院经幢颇为华丽俊美。

无论装饰繁复还是简练，无论单檐还是重檐，经幢皆可分为幢基、幢身和幢刹三部分。其中由于年代、地域不同又各有特点。

幢基形式有素台基、莲座两种。部分经幢幢基处理技术相当成熟，形成基座、束腰和基顶结合的幢基。经幢幢基在技术处理上各有不同，但是在艺术风格上却一脉相承。在装饰上莲花依然是基座的主题，或于基座上简单做阴刻莲花，或于束腰上下各做覆莲与仰莲。

经幢幢身的主要组成部分是伞盖和伞杆。幢身截面通常有圆形、四边形和八边形。其原型是丝幢上的华柱，用以撰写经文。经幢本来的功能是在幢身刻经文以弘扬佛法，但是发展到后来，作为装饰和点缀的功能反而加强了，褪去了本来的功能意义。幢身上端通常有多重伞盖，伞盖寓意佛之净德覆盖一切。伞盖之上或伞盖之间有各种装饰物件。或以繁复花饰装点幢身，或以蛟龙缠绕，或以佛像立绕幢体，或在伞盖上放置神仙人物，或在角上置角铃等装饰手法进行经幢装点。伞盖周边多浮雕帷帐、垂幔、飘带等图案，这些柔性的、易于飘动的感觉来源于经幢原本是置于杆头的软织物。

幢刹部分多有宝珠结顶。巴蜀内的幢刹很丰富，如有简易屋顶（巴中南龛），有微型塔（乐山青神中岩寺），有莲花刹基上置宝珠（大足北山、安岳卧佛院）。巴蜀摩崖石窟中完好地保存了经幢这一非常珍贵的建筑形式，其不仅数量大、雕刻精美、形式创造丰富，而且所记载的部分类型的经幢是目前所发现并保留的实物中不常见的（图 5.14）。摩崖石窟内表现的经幢对于经幢的发展历程以及类型形式都是很好的补充，应该在今后有更为深入的研究。

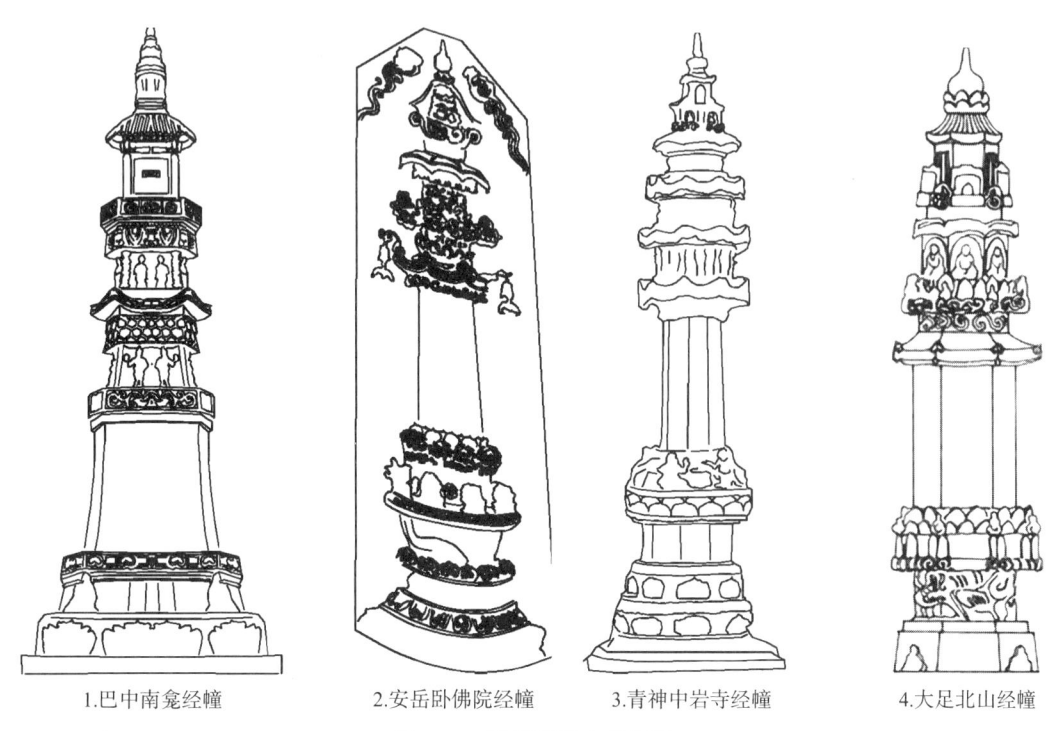

1. 巴中南龛经幢　　2. 安岳卧佛院经幢　　3. 青神中岩寺经幢　　4. 大足北山经幢

图 5.14　巴蜀摩崖中的经幢

（1～3 自绘；4. 重庆大学建筑城规学院建筑历史研究所提供）

三、其他类建筑

1. 城楼

邛崃石笋山第 20 号维摩诘经变龛中，有一巨大的夯土城墙，墙体正中开一门道。台上置平坐，平坐上立一三开间城楼(图 5.15，3)。城墙墙体厚重，墙身收分明显，城门宽高比约为 1:2。门主要是用木构架与台身相联系，此门上面用两层木过梁，中间竖立三根木短柱。据《营造法式》讲，上层木过梁称狼牙栿，下层木过梁称洪门栿。狼牙栿较短，洪门栿较长，狼牙栿的两端用一条称为托脚的斜向木支撑在洪门栿背的两端上，形成一个梯形的拱顶构架。整个门框及其门身在台身立面上向内凹进。此种做法和北方敦煌石窟内壁画上反映的唐代城门做法一脉相承，可推测邛崃石笋山摩崖造像在一定程度上受到了北方造像的影响。城墙上置斗栱。立面上共有七朵斗栱。斗栱形制简练，栌斗未做卷杀处理，较为方正。城楼上的建筑为单檐屋殿顶木构建筑，建筑面阔三间，三间等宽，未体现明间概念。

1.巴蜀摩崖城楼（邛崃石笋山）
2.局部
3.局部
4.敦煌莫高窟唐代壁画中三个门道的城门

图 5.15　巴蜀摩崖城楼与敦煌壁画城楼
(1~3. 自摄；4.傅熹年：《中国古代建筑史》卷 2，第 355 页)

2. 亭

大足北山第 245 号龛龛阶处，有几个单亭形式的雕刻。亭平面为四方形，立于方形台基上，台基前有踏步。厅内有桌，人沿桌而坐。亭为四柱支撑而成，柱间饰有布帘，屋顶为四角攒尖式(图 5.16，1)。

3. 桥梁、船

在体现净土世界中的如意池(池水随心理变化,想冷即冷,唤热即热)时,北方石窟中通常以壁画方式来表现,可直接描绘出水池。而摩崖石窟是以雕刻为主的艺术表现形式,很难直接表达水境,因此采用桥和舟船等间接手段来表达有水的净土境界。舟为双层,下层为左右两排舟子,中间船舱外挂有帐,第2层收进,仍悬挂帐,如图5.16所示。

1. 大足北山亭　　　　2. 邛崃盘磐寺舟　　　　3. 邛崃石笋山舟

图 5.16　摩崖石窟中的亭、舟
(自摄)

4. 住宅

在大足宝顶山有反映天堂生活的一组雕塑,这些住宅有浓厚的当地民居风格,其房屋色彩虽经后世粉饰,但仍遵原制,黑柱白墙,门窗刷染用青绿之色,勾栏主体为红色,勾栏内部格子为青绿有缘道。大足北山摩崖中表现有四合院,如图5.17所示。其院落风格、建筑形式为研究唐宋时期地方民居提供了基础资料。

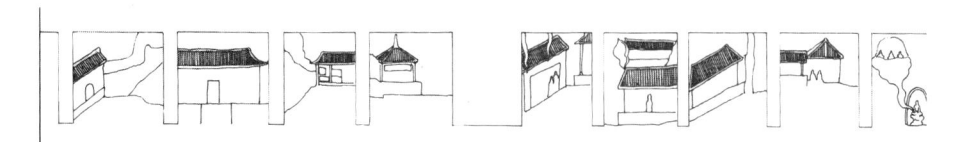

图 5.17　摩崖中的民居(大足北山第 245 号龛龛阶)
(重庆大学建筑城规学院建筑历史研究所提供)

相对于中国北方石窟来说,巴蜀地区的摩崖石窟艺术具有更浓厚的地域特色,其创作题材的世俗味更重些。唐宋时期的巴蜀,外来佛教艺术、传统中国文化和地域性达到了高度融合。

第二节　建筑组群模式及院落布局

"天堂总是人间的折射",此语一方面说明了人类思维想象力受制于人类本身的思想意识接受,很难真正地脱离现实世界而另辟异境;另一方面也说明凡是人们靠想象创造出来的世界必然是对现实世界的二次模仿。摩崖石窟中的建筑组群虽然是对宗教净土模式的想象,但很大程度上却是依照当时的建筑组群模式来建构的。

摩崖石窟雕刻反映寺院布局的主题主要是以净土模式出现。表达净土乐园的艺术手法是在一个窟龛内,以正立面结合两个侧立面集中地表现佛教寺院建筑组群。通常窟龛正中雕刻主殿及其附属建筑形成的主要建筑群,两旁设置环廊或是副轴线建筑群。"凹"字形的布局,让人有置身其中的空间感。"这种利用龛内正、侧三壁的围合空间来表现建筑群体布局的方式,使人如置身殿庭之中,观览四周殿阁,较之壁画中采用的二维表现法,更为直观地表现了总体布局中各部分之间的关系以及建筑群的立体形象。"(傅熹年,2001)在表达佛教经变故事或是叙述西方佛界模式中,摩崖石窟采用立面叠加并带一定透视角度的表现方法,主要以当时佛教寺院的布局为原型,加上一些想象的净土元素来演绎西方极乐世界。

巴蜀地区摩崖石窟经变龛中反映的建筑类型有殿堂、楼阁、塔、经幢、台、桥梁、帐、龛等。建筑部分以单体的形式出现,更多的是以建筑组群的形式出现,主要表现佛教世界里的极乐净土。建筑组群通常表现寺院布局,多以殿宇、楼阁、廊道、塔、经幢组合构成,这对于目前缺乏建筑组群布局实例研究的地方建筑史来说,是很好的研究补充材料。

由于工匠在表现经变龛中的净土模式时,受到宗教内容、摩崖石窟表现形式、时下建筑形式、地域风格、个人见解甚至地质岩层和具体的龛的形制的影响,所以不同地域的窟龛中对净土世界的表现也不同。在研究对象选择方面,我们主要选取有一定典型地域特点如邛崃、夹江、大足北山等地的唐代摩崖石窟,以及宋代的安岳、大足宝顶山大佛湾等处的摩崖石窟作为重点研究对象。

一、轴线与主从空间秩序感

摩崖石窟中表现的建筑多为数个建筑组合而成,建筑组合中最被关注的是由中院空间组织的主体建筑群。这个主体建筑群由大殿和辅助殿宇及殿前庭院组成,组合方式有一字形、聚合式和围合式。

1. 一字形

一字形组合是指主次建筑在横向院落轴线上横向排开。多为一主两副建筑组成。重要建筑居中,次要建筑左右对称布局,三者平面形成一字形组合。

主次建筑之间相邻而建,形成固定的搭配关系,如图5.18所示的大足北山第245号龛龛侧所刻寺院。主次建筑的层数、开间、台基、屋顶形式等均一致,但体量差异较大。两侧建筑处理为朵殿,衬托主建筑的高大体量,形成主题突出的建筑组群。

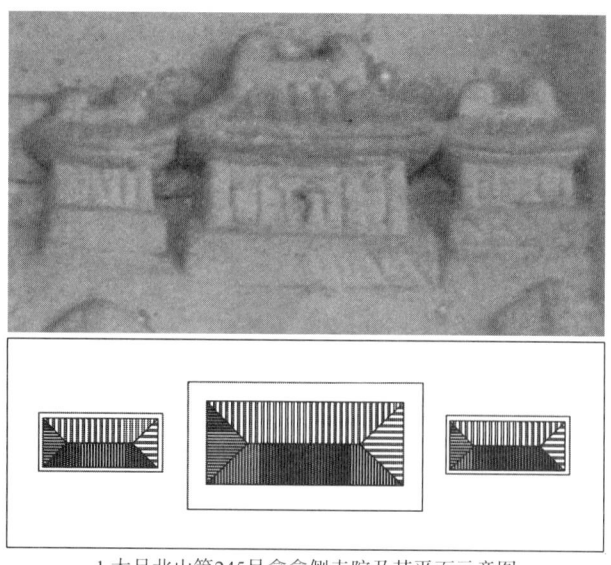

第五章　摩崖石窟中反映的唐宋建筑

1.大足北山第245号龛龛侧寺院及其平面示意图

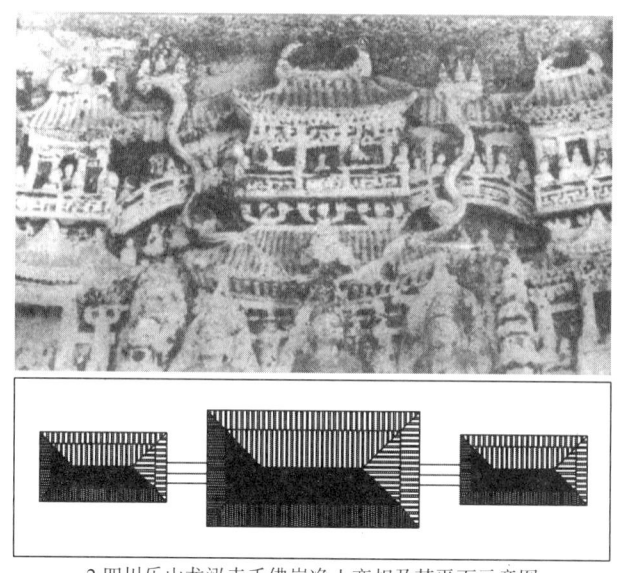

2.四川乐山龙泓寺千佛崖净土变相及其平面示意图

图5.18　并列式建筑组合

［1.自摄、自绘；2. 梁思成：《梁思成文集·第3卷·西南建筑图说》（平面示意图为自绘）］

利用短廊连接主次建筑，形成组合关系，是字形建筑组群的常用手法。乐山龙弘寺（图5.18，2）、夹江千佛崖、邛崃花置寺及磐陀寺、大足北山等多处摩崖净土模式中均采用了这种方法。

主建筑高大端庄，附属建筑精致玲珑。两者之间的组合方式有单层组合、多层组合、单层廊连接、多层廊连接等，不同的建筑组合方式形成丰富的组群模式。

2. 聚合式

聚合式组合是指大小建筑进行穿插，或是大建筑周边附建小型的建筑而形成的组群模式。

在巴蜀摩崖石窟中，聚合式组合主要以"龟首屋"（即出抱厦）的形式出现，即在主建筑一面或多面垂直建构附属建筑，形成"丁"字形平面或十字形平面。

这是巴蜀摩崖石窟中反映的唐宋建筑组群最常用的一种模式，在大足北山、乐山凌云寺、安岳华严洞、安岳木鱼山等处的摩崖石窟中皆可看到（图5.19）。

1.乐山凌云寺摩崖　　　　　　　　　2.安岳华严洞摩崖（唐）

图5.19　聚合式组合模式

(自摄)

聚合式组群建筑通常在主建筑当心间处垂直外接附属建筑。附属建筑体量较小，屋顶形式多为歇山顶。此种模式的关键在于屋顶之间的穿插。因此附属建筑和主体建筑的屋顶处理为同高，在屋顶平面上形成垂直交接。

如大足北山第245号龛表现的聚合式组合建筑中，小体量的单层龟首屋与大体量的重檐四阿顶的主建筑垂直相交。龟首屋正立面处理为歇山。

"龟首屋"聚合式的组合方式很丰富，有单层主建筑出单层龟首屋、多层主建筑出单层龟首屋、多层主建筑出多层龟首屋、单立面出龟首屋、多立面出龟首屋等。还可根据不同的屋顶形式的变幻进行多样组合。

聚合式建筑群为唐及唐之后的大型景观楼阁的主要选型。其以庞大的体量、丰富的建筑形态、开放的观景空间、集中的建筑形制在大型纪念性楼阁如滕王阁、黄鹤楼等采用并沿袭至今。

3. 围合式

围合式是指主体建筑组群的三个重要单体围合呈"凹"字形平面组合。类似于巴蜀地区民居常采用的三合院形式。杨鸿勋先生在宫殿考古中绘制的唐代含元殿，与其左右的栖凤阁和翔鸾阁亦组合成这样的三合院形制。这种形制在敦煌石窟中也常见：在主建筑的两旁垂直布局次要建筑，主建筑对面不设建筑，组群平面为"凹"字形。主次建筑间以短廊或曲尺廊相连接。这种组合代表着唐代建筑组合的典型范式，体现出唐代除了重视纵向轴线，还重视横向轴线上建筑群关系处理的特点。

眉山市丹棱县郑山摩崖石窟第42号龛中所刻建筑即是此模式，如图5.20所示。主次建筑皆为重檐歇山顶，主建筑体量稍大，两侧对称布局较小的次建筑。主次建筑之间用短的虹廊连接平坐层。

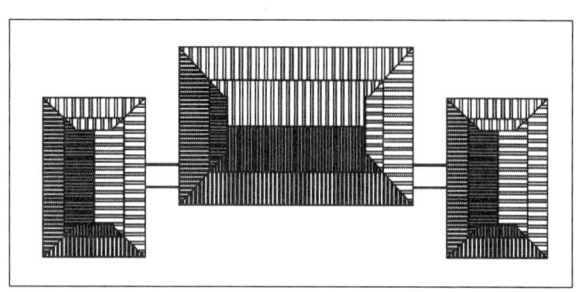

图 5.20　左右环抱式组群(丹棱郑山摩崖及平面示意图)

(自摄、自绘)

此种模式还见于邛崃花置寺和石笋山，主次建筑间以廊连接其平坐层，但主建筑两侧的附属建筑呈不对称布局。

不同的组合模式通常在同一窟龛中汇聚，形成大型的建筑组群，如大足北山第 245 号龛，主殿建筑采用了聚合式组合，首层立面当心间出龟首屋，形成壮丽的主建筑。但主建筑左右对称布局着两重楼式佛阁，又是采用的并列式布局。多种组合模式混合运用，可以表现出丰富的群体组合空间外观形态。

二、通透灵活的廊院式布局

摩崖石窟艺术表达的空间有限，通常在有限空间内集中表现当时寺院的建筑精华。摩崖石窟表现的建筑院落通常是佛教寺院中最主要的部分——中院，中院是寺院的核心空间，许多重要的佛教建筑就集中在这个院落中。

巴蜀摩崖石窟中表现的院落布局主要有两个特点：其一，以殿堂为主轴的中心式布局；其二，以廊院为特色的院落布局。

1. 以殿堂为主轴的中心式布局

以殿堂为主轴的中心式布局是摩崖石窟中建筑组群布局的最明显特征。这说明在唐宋时期的巴蜀地区，随着佛教造像的发展，供养造像的大殿已经成为建筑组群的核心，在寺院主轴线上，殿堂是最为关键的建筑物。

巴蜀地区摩崖石窟内反映的以殿堂为主轴的中心式布局有两种模式：其一，纵向轴线上以单个大殿建筑为核心；其二，纵向轴线上以大殿及其附属建筑形成的建筑组群为核心。第一种模式是指在整个寺院布局中，横轴线上只有一座主殿，主殿两侧无配殿或佛阁，院落两臂为廊庑，廊庑连接主殿并延伸到两端的角楼处。其他建筑如塔、经幢等分布在院落中，这样的组成模式为独殿式。

其具体布局为：主殿居中，供主尊；两侧无副殿，两侧廊庑起到副殿的作用，左右廊庑前供两副尊；廊庑旁各有一阁，主殿与廊庑之间、廊庑与阁之间各立一小经幢。

四川青神中岩寺经变龛(图5.21，1)、自贡荣县唐代大佛寺右侧小龛、邛崃花置寺、夹江唐代千佛崖多龛都是这种布局方式。以夹江第99号龛为例(图5.21，2)，其布局以大殿为中心，呈中轴线布局，两经幢立于整个建筑组群的正前方，经幢后方是同样左右对称的一对楼阁式塔，塔高7层，为不带平坐的木楼阁式塔。经幢和塔后的空间序列是用两翼的廊将建筑连接起来的合院，入口中间为一三开间的门屋，两边有两个体量相对较小的便殿，小便殿为单檐单开间。这个廊院的主要建筑就是大殿，大殿为重檐四阿顶，三开间，两旁有环廊相联系。整个组群构图中，强调主殿。突出主殿的布局模式或许是唐代巴蜀寺院的普遍特征之一。

1.青神中岩寺

第五章　摩崖石窟中反映的唐宋建筑　　　　　　　　　　　　　　　　　　　　　　　177

夹江第99号龛

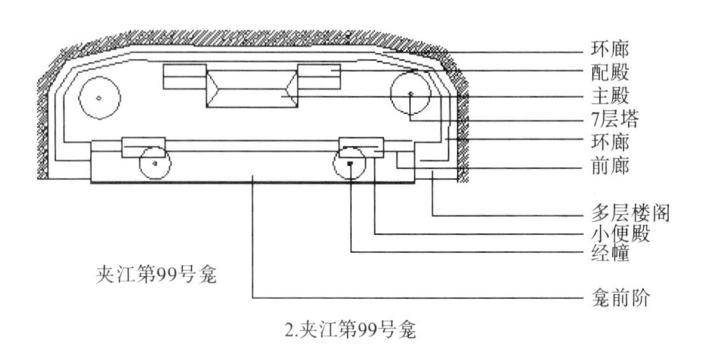

2.夹江第99号龛

环廊
配殿
主殿
7层塔
环廊
前廊
多层楼阁
小便殿
经幢
龛前阶

图 5.21　以殿堂为主轴的中心式布局的寺院 1

（自摄、自绘）

第二种模式是指在主轴线上，分布着主要的建筑群。主要建筑群布局通常是主殿居中，两旁为楼阁式佛阁或楼阁式配殿，主殿和两侧配殿建在同一台基上，位于龛的正立面。其他附属建筑如高台、次要佛阁排列在龛内左右两侧，主次建筑群之间有廊庑相联系，围合成院落。从两侧建筑步入院落中间的交通由曲桥相联系。相比以单独的大殿为主轴的模式，此种建筑组群更复杂，轴线关系更丰富。在交通组合上，除了以廊道解决建筑组群之间的联系外，还在院子内以平台、曲桥等多种形式加强院内的交通组织。

此种模式以邛崃盘陀寺（图 5.22）、邛崃石笋山、夹江千佛崖为例（荣县二佛寺摩崖内也有数龛此种布局的经变龛，惜风化过甚，细节难以辨识）。其中又以邛崃磐陀寺和邛崃石笋山第 4、5 号龛为典型例子。主要特点是表达了轴线上建筑组群的不同构成。平面形式如图 5.23 所示：大殿居中，两旁对称布局佛阁，形成主要建筑群，建筑群共用一个素台基。龛中两侧是中院的两条副轴线，副轴线上布局着次要建筑。又有经幢立于中院两侧。主次建筑之间有虹廊相联系。虹廊与其他廊子的区别在于直接联系建筑，不像其他龛内交通那样下有廊道上有阁道，并有屋顶覆盖。虹廊廊子下不落地，上不覆顶，状如飞虹。在荣县大佛旁边的摩崖石窟内有一经变龛，龛内建筑组群布局为：三开间大殿居中，两旁为三开间小型配殿，其次左右对称排列小塔（建筑形制类似亭阁式塔），序列延伸到两龛侧。这些建筑都由带栏杆的连廊联系起来，形成一个和谐的建筑组群。这种模式在资中重龙山第 55 号龛中也被采用，即主体建筑一字排列，中间为大殿，两旁有小配殿，皆用环廊围绕连接。主建筑群配殿两旁对称布局一经幢和一座 7 层砖石塔。

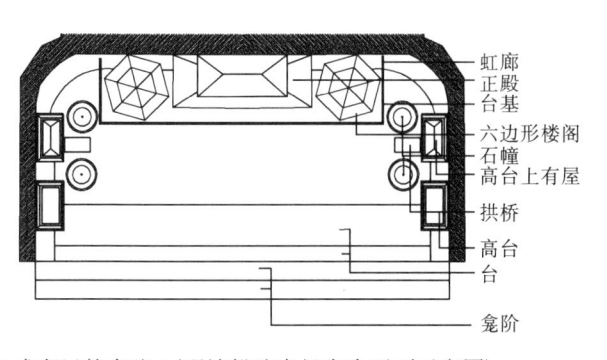

虹廊
正殿
台基
六边形楼阁
石幢
高台上有屋
拱桥
高台
台
龛阶

图 5.22　以殿堂为主轴的中心式布局的寺院 2（邛崃磐陀寺经变龛平面示意图）

（自摄、自绘）

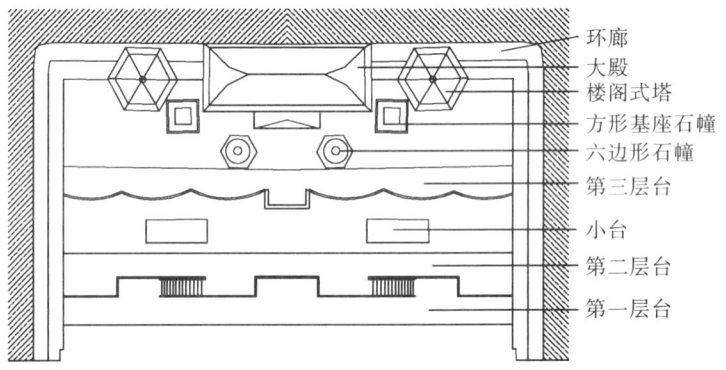

图 5.23　以殿堂为主轴的中心式布局的寺院 3（大足北山第 245 号龛平面示意图）

(自摄、自绘)

此种轴线模式的组合方式除了呈一字排列外，还出现了两配殿垂直于主殿围合成为三合院的组合形式。如丹棱郑山摩崖第 42 号龛，其主殿居中，为重檐九脊殿，两侧配殿垂直于主殿两端布局，主殿与配殿之间用精致的曲桥联系。

2. 以廊院为特色的院落布局

敦煌石窟里，大量的壁画展现了以廊院组织建筑的寺院形式。同样地，在巴蜀摩崖石窟中，也出现了以廊联系组群中的主次建筑，并形成院落的寺院形式。

由于摩崖石窟艺术表达的特殊原因，其窟龛中表现的院落多为独院式。龛的平面为"凹"字形，主要建筑组群位于窟龛正面，窟龛左右两侧壁则廊庑延展，至转角处，多设置角楼。但由于是敞口，建筑群表达在两端角楼处终止，院落的山门建筑没有表达出来。但这并不影响我们分析其建筑组群的特点。

从目前所考察的巴蜀摩崖石窟反映的净土经变龛来推测当时的寺庙布局，可以看出其基本特点：仍以殿阁为寺庙的中心，周围以环廊绕之。廊院式的组群布局有以下两种。

其一为廊庑围合建筑形成的廊院，但是廊庑和院内建筑相互独立，不发生交通联系。平面接近方形，廊庑围合建筑，起着围墙的作用，又提供功能用房。

图 5.24 所示的是大足北山摩崖第 245 号龛一侧的寺院雕刻：寺院由廊围合为方形平面院落，廊为单层廊，无角楼。除门楼外，廊不和院内其他建筑发生联系。院子中轴线上分布着山门和大殿。山门门楼为重檐四阿顶，腰以平坐，底层开三个门洞。横轴线上分布着大殿和两个体量稍小的陪衬副殿，两个副殿和主殿形式相同，均为单檐四阿顶，但副殿体量略小。两厢是单层悬山建筑。

图 5.24 摩崖中的廊院
（大足北山第 245 号龛一侧寺院平面示意图）
（自摄、自绘）

其二是廊庑直接联系横轴线上的建筑，并延伸至两侧，联系两侧附属建筑，在山门两端转角处形成角楼，再围合为院落。这种情况在摩崖石窟中反映较多。邛崃花置寺及磐陀寺、夹江千佛崖等处的摩崖都有这种布局模式的雕刻。

以廊联系建筑的组群模式,有多种不同的连接方式。从连接建筑方面讲,有的廊只连接横轴线上的大殿,附属建筑——副殿或楼阁式佛阁独立于院中,无廊道联系。有的围廊联系大殿以及其左右两端的副殿,即联系横轴线上的所有建筑。

　　从具体的联系方式来看,分为多层廊和单层廊联系,有的廊只起联系建筑的作用,而廊道下方虚空,不起围护作用。如图5.25所示,建筑只有第2层以廊连接,形成底层空间不封闭的廊院。廊道没有屋顶遮盖,为露天敞廊。

1.邛崃磐陀寺　　　　　　　　　2.夹江千佛崖

图5.25　单层廊廊院

(自摄)

　　多层廊围合的封闭式廊院,是指以多层廊道的形式联系建筑,这种廊道多为廊庑形式。在巴蜀地区可以看到柱廊和墙廊这两种做法,如图5.26所示的夹江千佛崖和大足北山摩崖石窟中的廊形式。

1.大足北山　　　　　　　　　2.柱廊:夹江千佛崖

图5.26　多层廊构成的廊院

(自摄)

第五章　摩崖石窟中反映的唐宋建筑

廊道与建筑的联系多为：廊道与建筑(如大殿、高台、楼阁)的平坐相通。如图 5.27 所示，大殿平坐两侧转角处，两端廊道蜿蜒伸入平坐。在联系不在同一水平标高的建筑楼层时，通常以曲廊形式来解决高差问题。在以廊院为特色的组群模式中，角楼是廊院的重要组成建筑。通常置于窟龛正立面的两端转角处，巴蜀摩崖石窟中反映的角楼较多，平面多为四边形，多为 2～4 层。各层出平坐。

1.青神中岩寺　　　　　　　　　2.大足北山

3.大足北山第245号龛右侧　　　　4.邛崃石笋山第4号龛右侧

图 5.27　廊道与殿的连接

(1.肖卫东、蔡光洁：《昨日佛光——青神中岩寺摩崖造像白描集》，第 53 页；2～4. 自摄)

以各种廊道、阁道连接主体建筑形成建筑组群的方法在秦汉即开始运用，沿袭到唐代成为中国大型建筑组群的通用模式，如大明宫的入口——含元殿，即以廊道连接左右的栖凤阁和翔鸾阁。

第三节 建筑详部及构件类型特征

一、台基勾栏的构筑形态

台基从外部形象分为素台基与须弥座两种形式。

素台基比较多见,多用于殿台楼阁等重要建筑物。其轮廓方直,转角处理较硬,没有体现收分的做法。多为土基或砖石基。单体建筑的素台基比例较高,在大足北山石窟中所见的单体建筑的素台基,略小于建筑屋身高度(图5.28,1)。

须弥座台基有两种形式:其一是相对复杂的须弥座形式,多用于塔和经幢等建筑单体;其二是简化的须弥座形式,用于大殿、楼阁等单体建筑以及组群建筑的共用台基。相对复杂的须弥座台基形式束腰收进明显,基座上施覆莲,束腰以栏柱分隔,间以壸门装饰。简化的须弥座形式是台基中间微微缩进,类似须弥座形式,但是在装饰主题上不用仰、覆莲和壸门,主要以传统的华版花纹为基座装饰(图5.28,2~4)。

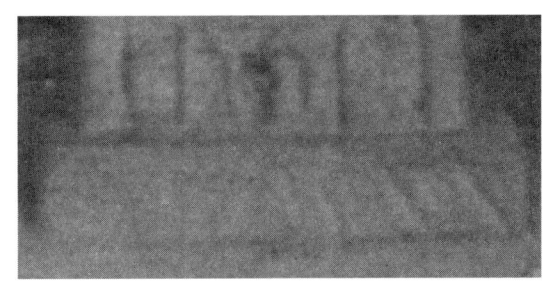

1.素台基:大足北山 　　　　2.须弥座:邛崃磐陀寺

3.须弥座:邛崃石笋山 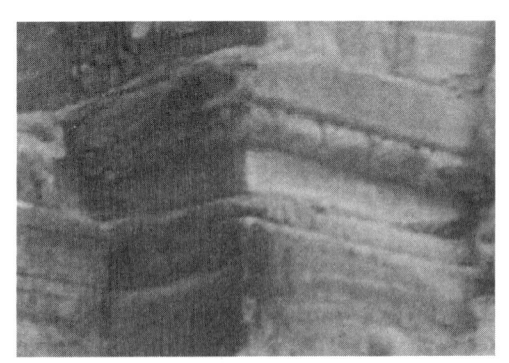　　　　4.须弥座:安岳木鱼山

图5.28 摩崖中反映的台基形式

(自摄)

踏步的做法有如意踏步和两端带垂带的踏步。摩崖石窟中,唐代单体建筑的普遍做法多为于建筑正立面入口台基布踏步。目前没有发现左右踏步形成双阶的做法。

廊道:在摩崖石窟中表现的廊道类型丰富,从层数上可分单层廊、多层廊,从形态上又分曲廊和直廊,从形态和连接方式上又分架空的直廊和虹廊、以柱落地的直廊和虹廊,加之廊的空间位置灵活,形成了建筑组群便捷的交通联系。

廊从空间围合上有柱廊和墙廊之分。柱廊用柱较为粗大，有枋穿于柱间，巩固构架。各层柱头置斗承托屋檐，部分柱距较大的柱间也置斗承接出挑屋面。墙廊以墙上加木构架屋顶形成围合的廊庑形式。这些各式各样的廊连接着院中各个建筑，形成丰富的廊院形式，并成为廊院中的交通要道。

在巴蜀摩崖石窟表现的建筑中，以廊道连接各建筑形成建筑组群是一种比较成熟的处理模式，利用虹廊来连接层高不等的建筑也是其中的处理手法之一。同时，廊也是建筑组群的重要组成部分，除了起到围合建筑、形成便捷交通的功能外，还是重要的休憩空间。

巴蜀摩崖中保留了大量的勾栏形式。勾栏主要采取华版勾栏、直棍式勾栏和卧棂式勾栏。勾栏多施于建筑平坐、建筑之间的阁道、廊子，以及台基平坐上。

勾栏寻杖断面有圆形（夹江千佛崖）和方形（邛崃、大足北山）。寻杖多为通长，部分卧棂式栏杆寻杖间有望柱出头的做法。寻杖在转角处不出头，多为合角造。寻杖与盆唇之间的短柱，多处理为桃形和斗子蜀柱。

勾栏地栿通常为通长，柱子和华版都直接落在地栿上。以两短柱之间各构件夹华版形成一个单元，重复演绎，形成连续的华版栏杆。

卧棂式栏杆常结合勾片形式，形成卧棂勾片栏杆，如和人字纹华版、菱形华版、方孔圆币华版等形成造型丰富的卧棂式栏杆形式。卧棂因疏密、长短、粗细不同而创作出不同风格的栏杆，有的较为绵密、修长秀美，有的较为梳透清爽，形成独特、丰富的卧棂栏杆形式。华版栏杆由纵向的斗子蜀柱分隔横向的寻杖、华版、地栿而成。每两蜀柱之间，上施寻杖、盆唇，下施地栿，中间形成华版。华版纹饰丰富，有菱形花纹、以各种方向的"L"纹连接形成的纹路（万字造和勾片造）、人字拱、卷草纹等。

巴蜀地区反映的勾栏形式之丰富，可以弥补唐代建筑研究中缺少勾栏装饰实物的缺憾。目前所看到的勾栏形式多为卧棂兼勾片栏杆，做工精致、纹饰华美多变。其中的华版勾栏纹饰既保持唐代的纹饰风格，又有一定的地域装饰色彩（图 5.29）。卧棂式栏杆是摩崖石窟中反映的另一种主题栏杆。唐代乃至宋代，这种模式仍在流行（图 5.30）。

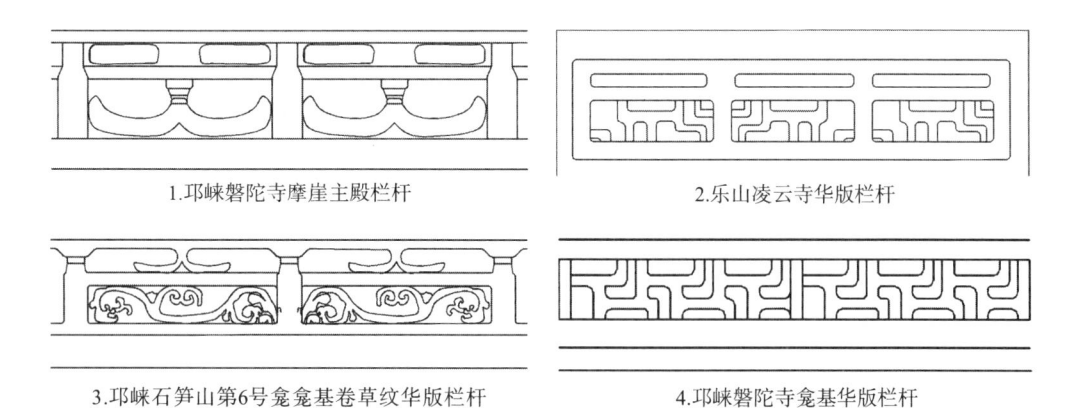

1.邛崃磐陀寺摩崖主殿栏杆

2.乐山凌云寺华版栏杆

3.邛崃石笋山第6号龛龛基卷草纹华版栏杆

4.邛崃磐陀寺龛基华版栏杆

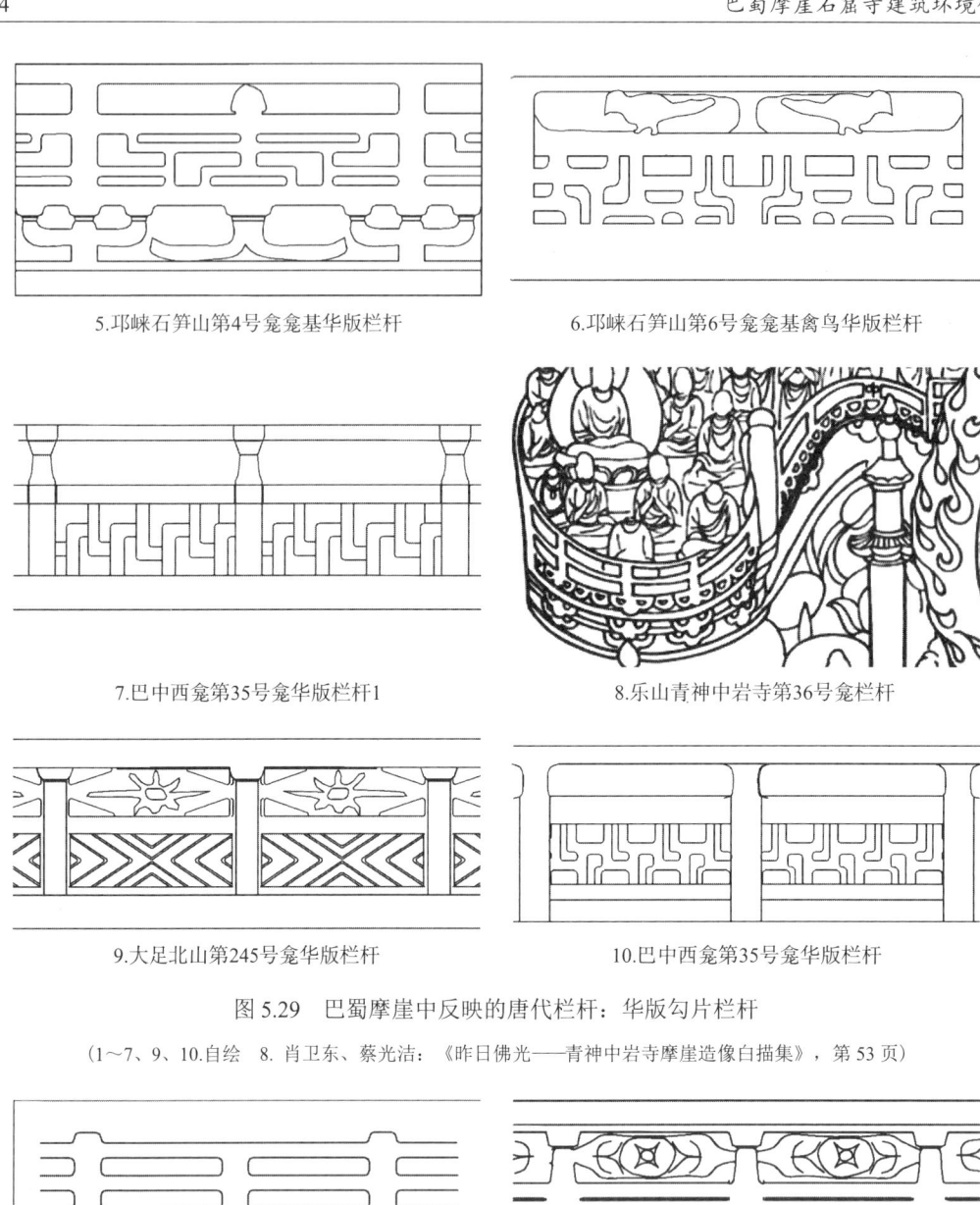

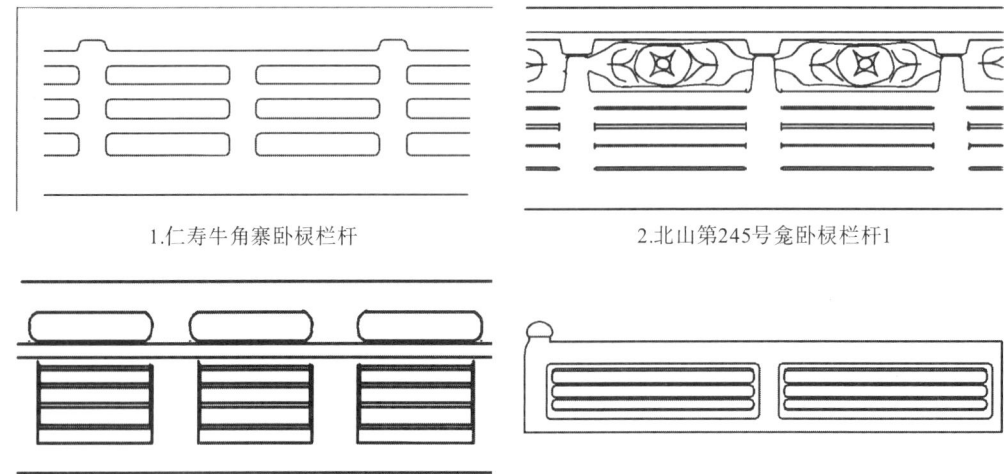

5. 邛崃石笋山第4号龛龛基华版栏杆　　　　　6. 邛崃石笋山第6号龛龛基禽鸟华版栏杆

7. 巴中西龛第35号龛华版栏杆1　　　　　　8. 乐山青神中岩寺第36号龛栏杆

9. 大足北山第245号龛华版栏杆　　　　　　10. 巴中西龛第35号龛华版栏杆

图 5.29　巴蜀摩崖中反映的唐代栏杆：华版勾片栏杆

（1～7、9、10.自绘　8. 肖卫东、蔡光洁：《昨日佛光——青神中岩寺摩崖造像白描集》，第 53 页）

1. 仁寿牛角寨卧棂栏杆　　　　　　　　　　2. 北山第245号龛卧棂栏杆1

3. 北山第245号龛卧棂栏杆2　　　　　　　　4. 丹棱郑山摩崖第42号龛卧棂栏杆

5.夹江千佛崖第99号龛卧棂栏杆

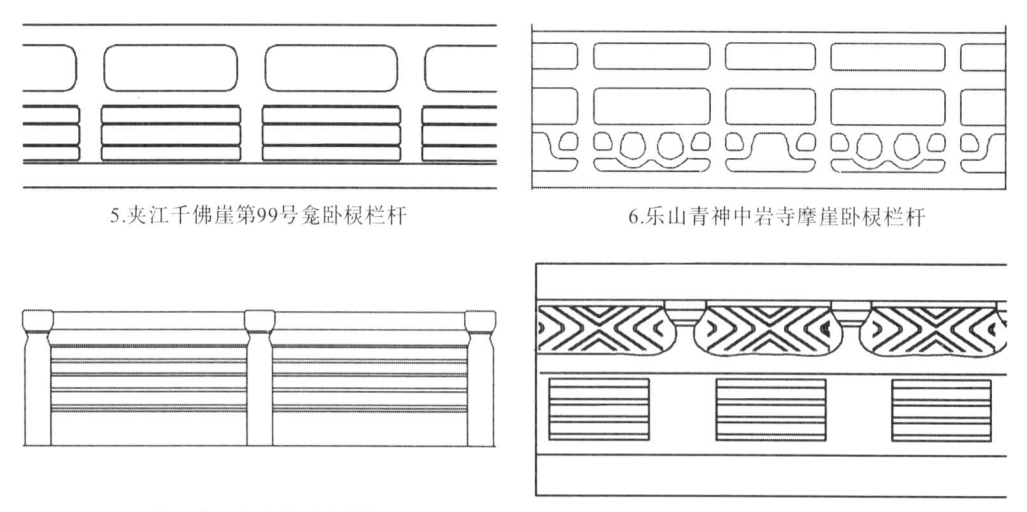

6.乐山青神中岩寺摩崖卧棂栏杆

7.乐山凌云寺摩崖卧棂栏杆

8.北山第245号龛卧棂栏杆

图 5.30 巴蜀地区摩崖内唐代栏杆——卧棂

(自绘)

勾栏形式分单勾栏和重台勾栏。单勾栏为一重华版，与寻杖平行，两者之间以云拱、瘿项相接。重台勾栏为两重华版。华版纹饰各异，但纹饰风格统一。唐代摩崖石窟中尤多重台勾栏。

宋代栏杆样式很丰富，唐之直棂式栏杆在宋仍然采用，但已经开始有其他风格的勾栏出现（图 5.31）。如大足宝顶山大佛湾内经变中，就有望柱出头的斜球纹路栏杆；合川涞滩二佛寺宋代禅宗摩崖造像中的两重檐建筑，其建筑台基之栏杆，直接在望柱之间施华版，华版上下施以简单的寻杖和地栿，是比较简练的华版勾栏形式。

1.合川涞滩二佛寺摩崖栏杆

2.大足北山第167号龛栏杆

3.大足宝顶山石窟净土经变栏杆

4.大足宝顶山大宝楼阁栏杆

图 5.31 巴蜀摩崖中反映的宋代栏杆

(自绘)

二、梁柱斗栱的组合艺术

巴蜀地区唐宋摩崖石窟中雕刻的建筑体现了唐宋时期木构建筑结构艺术结合装饰艺术的特点，其梁柱斗栱的结构功能往往与装饰特征自然融合，呈现出统一和谐的建筑风貌。从梁柱构件做法看，巴蜀地区唐宋时期的柱有圆柱和方柱两种做法，圆柱有梭柱的做法。方形柱子转角抹成圆角。柱子比较粗壮，柱身朴素，未有其他修饰（图5.32）。柱脚之间联以地栿，部分柱头开卯口，施以阑额，多为上下两道，中间施以短柱或人字拱。有施一道者如凌云寺经变龛和大足北山经变龛；施两道者如通江千佛崖塔，阑额在转角处出头相交。有的殿宇在当心间只有一道阑额，但是在两次间的阑额下面还施有由额，这种处理手法可以让明间空间更高大突出。施两层阑额的做法，在目前的唐代木构建筑实物——南禅寺和佛光寺大殿中未能得见，但在敦煌壁画表现的唐代建筑中有这样的做法。唐代摩崖建筑中，柱高约等于间宽，在晚唐和宋代摩崖中，柱子逐渐升高，空间比例也有所变化。

1.圆柱（邛崃花置寺）　　2.方柱（安岳华严洞）　　3.梭柱（夹江千佛崖）

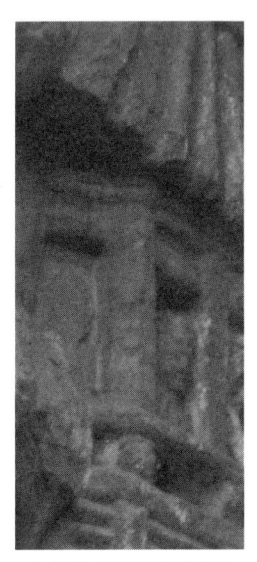

图5.32　柱形式

（自摄）

摩崖石窟中主殿大多有"升起"和"侧脚"的做法，当心间左右两柱同高，两端柱子逐渐升高，并形成内侧脚。依靠柱顶斗栱承接起屋面，两端升高的柱子会使得檐口曲线向两端微微升起，使硕大的屋顶因为曲线关系变得轻盈，同时，起翘的屋顶形式也为室内采光、通风起到很大的作用。

目前尚没有发现唐代柱础的实例，于大足宝顶山大佛湾处发现宋代柱础一例。

巴蜀摩崖石窟中反映的斗栱式样丰富，用法也很灵活，多用于殿堂、佛阁、楼阁式塔、廊、台等重要建筑。

斗栱的基本构件组成有斗、栱、昂等。巴蜀唐代摩崖石窟中使用的坐斗比例粗壮，斗底宽度略小于柱。目前在摩崖石窟中发现的昂主要是下昂形式。巴中西龛檐柱斗栱所用的双下昂处理为 45°的"批竹昂"形式。在仁寿牛角寨摩崖石窟中，发现有直接在柱头上处理为插昂形式的做法，类似《营造法式》上记载的插昂。栱构件多采取卷刹处理，线条圆融柔和。

斗栱的组合模式：通过斗栱构件的组合运用，可以形成丰富的斗栱形式，主要有单斗、一斗三升、人字栱、斗栱重叠出挑等斗栱形式。

单斗：目前在巴蜀摩崖石窟中发现的单斗做法通常是斗上直接承梁，而不用替木（但在四川江油窦团山云岩寺内发现有单斗只替的实物做法）。

单斗多用于小型附属建筑，如廊屋、朵殿等。多在檐下柱上使用单斗，用以支撑梁枋，如邛崃石笋山石窟以及大足北山石窟中可见这种做法，即柱上置栌斗，栌斗直接承接梁的单斗柱头铺作的模式。单斗的形式还用于补间铺作，如大足北山第245号龛配殿斗栱之补间铺作即用单斗（图5.33）。

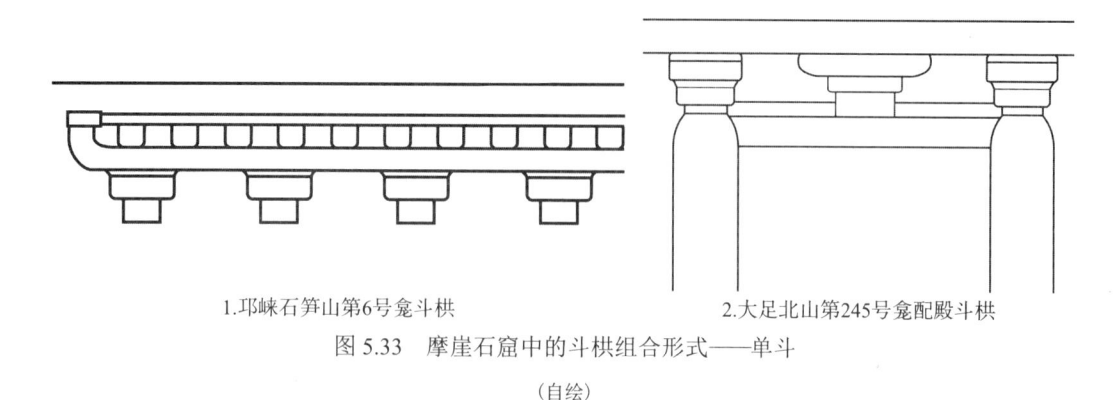

1. 邛崃石笋山第6号龛斗栱　　　　2. 大足北山第245号龛配殿斗栱

图5.33　摩崖石窟中的斗栱组合形式——单斗

（自绘）

一斗三升：又称把头绞项作，是巴蜀摩崖石窟中最为常见的斗栱形式（这种斗栱形式也是巴蜀地区汉画像砖中较为常见的斗栱形式）。多用作柱头斗栱和平坐斗栱。多数栌斗及栱两端都有卷刹的做法（图5.34）。

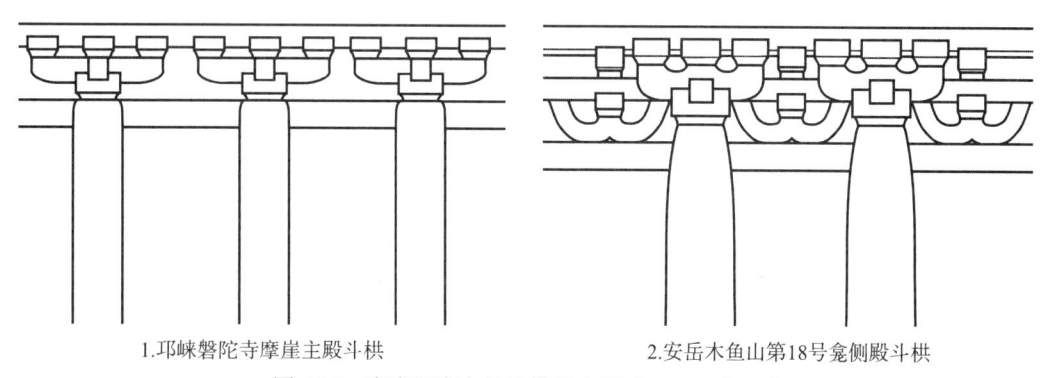

1. 邛崃磐陀寺摩崖主殿斗栱　　　　2. 安岳木鱼山第18号龛侧殿斗栱

图5.34　摩崖石窟中的斗栱组合形式——一斗三升

（自绘）

人字栱：通常用作补间铺作，也有置于平坐上做平坐斗栱的。人字栱用于补间铺作时，多以人字栱上施短柱完成。唐代石窟中的人字栱形式比较丰富，有的人字栱两股较分开，且两端起翘较高，如安岳木鱼山、乐山青神中岩寺斗栱（图5.35，1、4）。有的人字栱夹角较小，如通江千佛崖佛塔斗栱（图5.35，3）。

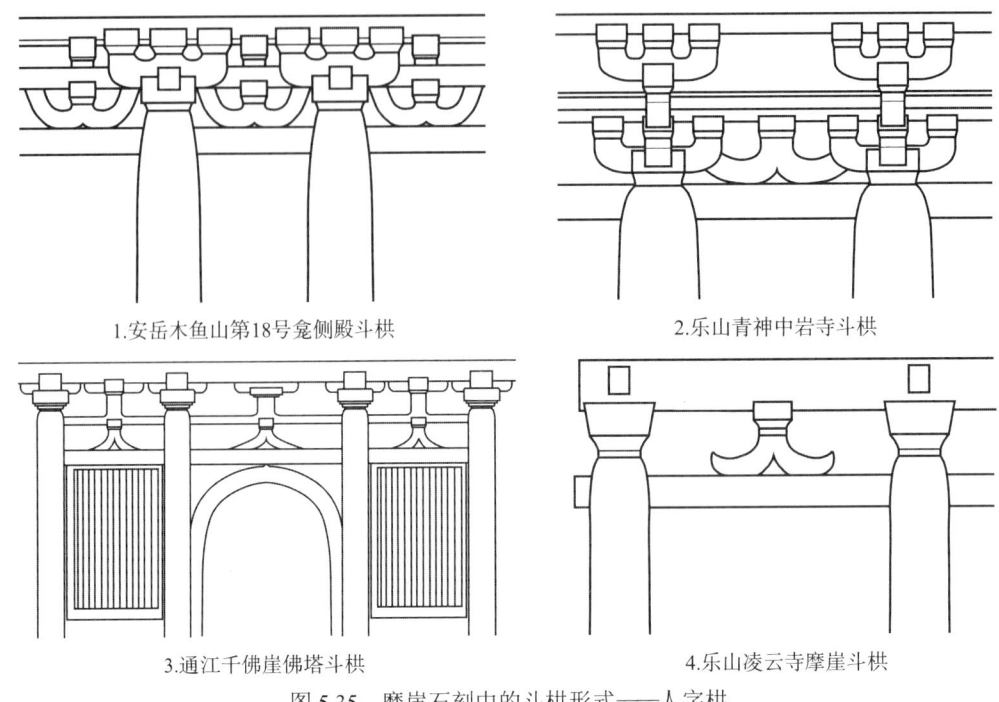

1.安岳木鱼山第18号龛侧殿斗栱　　2.乐山青神中岩寺斗栱

3.通江千佛崖佛塔斗栱　　4.乐山凌云寺摩崖斗栱

图 5.35　摩崖石刻中的斗栱形式——人字栱

(自绘)

人字栱也常和其他斗栱形式组合使用，如在人字栱上端加童柱，如安岳木鱼山摩崖斗栱。通江千佛崖佛塔龛补间斗栱用的是人字栱和一斗三升组合。

重栱出跳：出两跳以上的斗栱比较常见，无论是转角铺作、补间铺作，还是平坐斗栱，都使用重栱出跳的斗栱。

重栱出跳的斗栱组合形式有多种（图 5.36），如双抄偷心造、单抄计心造（均见于邛崃盘陀寺和花置寺，为柱头铺作和转角铺作）等。亦有放置于柱首栌斗上的鸳鸯交手栱——转角处相邻的斗栱，可以更好地承接巨大的屋檐翼角，这种做法在巴蜀摩崖中比较常见。

出三跳的斗栱有邛崃花置寺斗栱、巴中西龛第 35 号龛龛内小阁斗栱。出跳最多的是巴中西龛第 35 号龛（图 5.37），共出五跳。其补间铺作和转角铺作都从栌斗处出跳 5 层华栱，其中 3~5 层皆施瓜子栱，第五跳挑头横施令栱，承托挑檐枋。出五跳的斗栱在唐宋实物和敦煌壁画的建筑中都非常罕见。

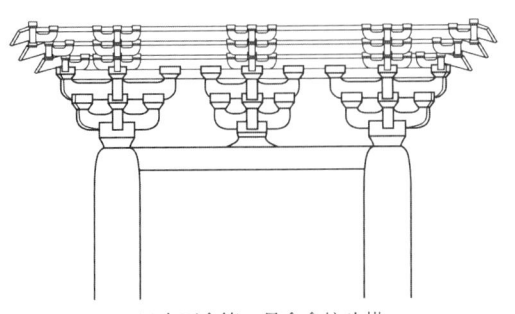

1.巴中西龛第35号龛龛柱斗栱 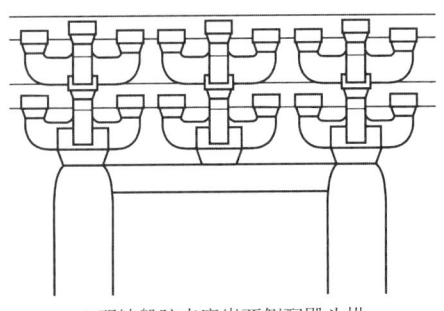　　2.邛崃磐陀寺摩崖两侧配殿斗栱

3. 邛崃石笋山第6号龛龛阶斗栱

4. 丹棱郑山第42号龛斗栱

5. 合川涞滩二佛寺摩崖斗栱

6. 邛崃磐陀寺摩崖斗栱

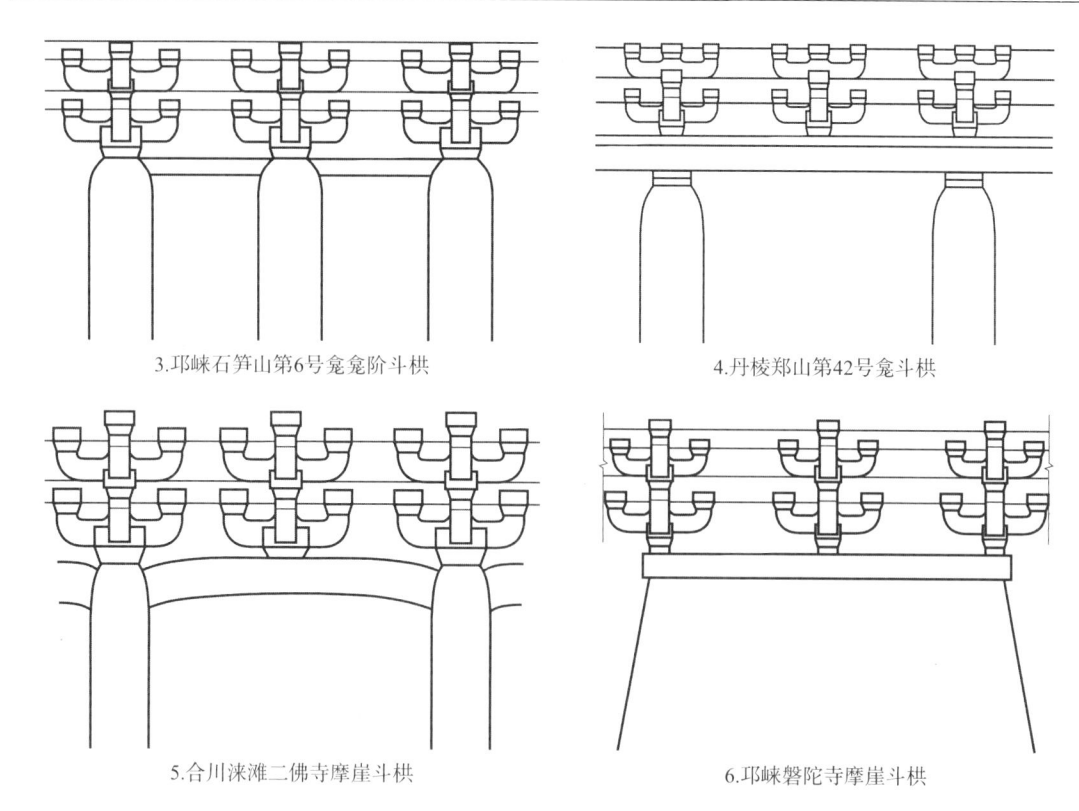

图 5.36　摩崖中反映的斗栱组合形式——出两跳以上

（自绘）

图 5.37　摩崖中反映的斗栱形式（巴中西龛）

（自摄）

重栱出跳的斗栱多用于主殿，多在跳头上置横栱形成计心造。

巴蜀地区摩崖石窟中唐宋斗栱表现的艺术特征：斗栱形式丰富多样，从简单的单斗、一斗三升、偷心造、计心造到复杂的重栱出跳都有所展示。从斗栱的平面位置关系可分为柱头铺作、补间铺作和转角铺作。殿阁中使用的斗栱可分为外檐柱头铺作、身槽内铺作和平坐铺作。斗栱构件加工精细，斗栱形态舒展。斗底有加垫皿板的做法，有南北朝皿板皿斗之风。皿板为方形，有斗底。昂多为下昂，形象刚健，结构作用很明显。栱身处理分内（颥）和直线两种做法，栱头多做卷刹，形成圆融曲线。

三、屋顶形式与装饰艺术

摩崖石窟中反映了丰富多样的屋顶形式。屋顶的基本形式有四阿顶、九脊殿、攒尖顶、不厦两头造等，从屋檐处理手法上，又分单檐和重檐两种形式。

在摩崖石窟表现的建筑组群中，各种屋顶往往组合使用，形成高低错落、形态万千的建筑组群风貌。

四阿顶：是摩崖中重要建筑常用的屋顶形式，有单檐和重檐两种形式，多用于殿阁等建筑组群中的主要建筑（图5.38）。

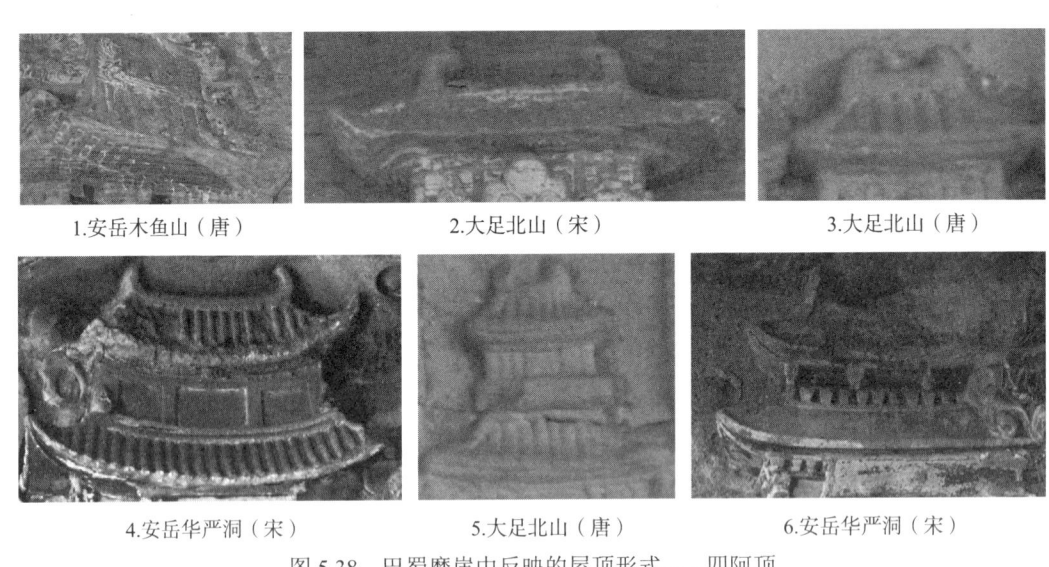

1.安岳木鱼山（唐）	2.大足北山（宋）	3.大足北山（唐）
4.安岳华严洞（宋）	5.大足北山（唐）	6.安岳华严洞（宋）

图5.38 巴蜀摩崖中反映的屋顶形式——四阿顶

(自摄)

九脊殿：摩崖中的歇山顶有单檐歇山顶和重檐歇山顶，用于轴线上的重要建筑和次要建筑（图5.39、图5.40）。

在摩崖石窟中，出现灵活的以歇山顶形式进行组合的抱厦，即"龟头屋"的做法：在入口立面上出歇山山墙面，两屋顶垂直相交，形成"丁字脊"。这种"龟头屋"的形式出现在巴蜀各地的摩崖中，年代跨度从唐中期到北宋。

攒尖顶：是一种灵活的建筑屋顶处理形式。在摩崖内有很多攒尖顶形式，如四角攒尖、六角攒尖、盔顶等。形态活泼、造型多样，多用于楼阁式佛阁、亭等建筑（图5.41）。

第五章 摩崖石窟中反映的唐宋建筑

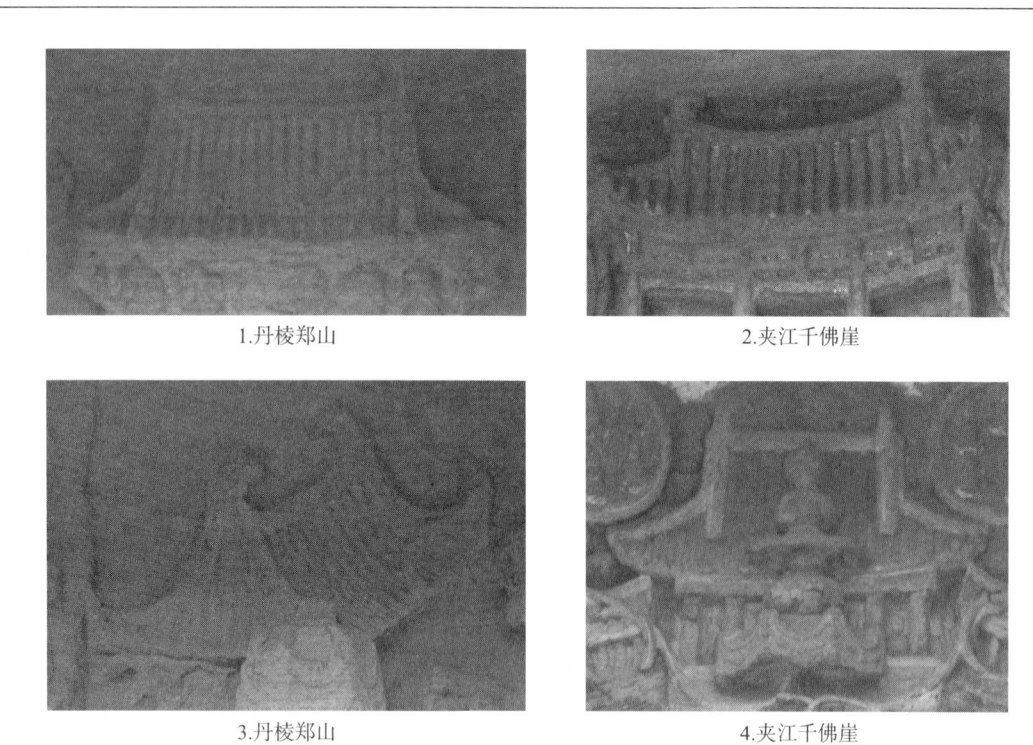

1.丹棱郑山

2.夹江千佛崖

3.丹棱郑山

4.夹江千佛崖

图 5.39 摩崖石窟中反映的屋顶形式——九脊殿

(自摄)

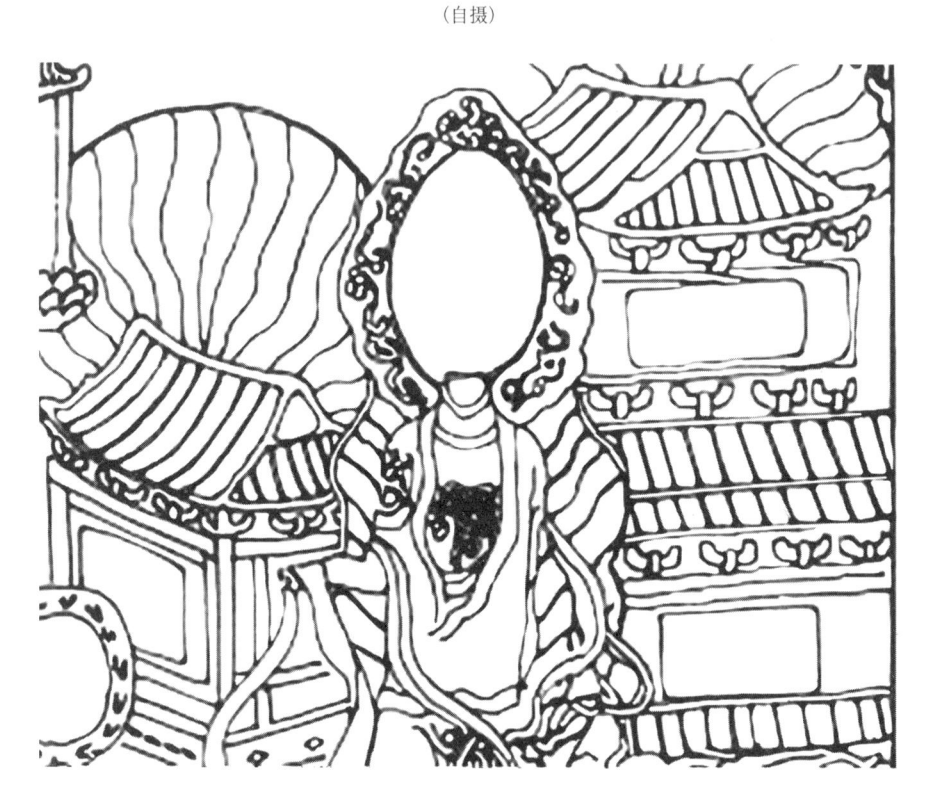

图 5.40 摩崖石窟中的屋顶形式——单檐和重檐

(重庆大学建筑城规学院历史研究所提供)

1.青神中岩寺　　　　　2.大足北山　　　　　3.大足北山

4.丹棱郑山　　　　　5.夹江千佛崖　　　　　6.邛崃磐陀寺

图 5.41　巴蜀摩崖石窟中反映的屋顶形式——攒尖顶

（自摄）

不厦两头造：多用于次要建筑，如寺院两厢厢房、民居等。廊子采用的屋顶形式也多为不厦两头造。不厦两头造房屋的屋身构架多为穿斗构架，这是巴蜀地区的民居构架特色（图 5.42）。

1.大足北山第245号龛龛阶 　　　　　2.大足北山第245号龛右侧

图 5.42　不厦两头造

（自摄）

翼角："翼角做法，北方古建筑用放射式布椽，四川则多为平行椽。而这是中国早期建筑的特征之一，常见于汉代建筑中，老角梁承托，下做角神，载于《营造法式》，但在北方的明清建筑中早已消失。"（李先逵，1994）屋顶之翼角细节见仁寿牛角寨和巴中西龛。仁寿牛角寨之翼角，为仰视角度，可看见45°角梁，翼角椽子逐渐缩短与角梁相交。整个翼角出檐深远。巴中西龛斗栱承接檩，檩支撑椽条，椽有密檐椽和飞椽两层，施遮檐板。屋面瓦垄清晰，有滴水做法（图5.43）。

1.仁寿牛角寨屋顶（唐）　　　　　　2.巴中西龛（唐）

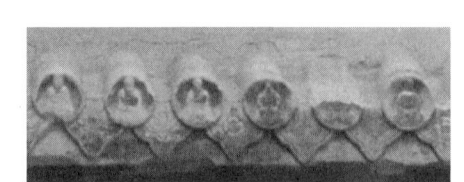

3.大足宝顶山大舍利塔屋面滴水（宋）　　3.大足南山石窟（宋）

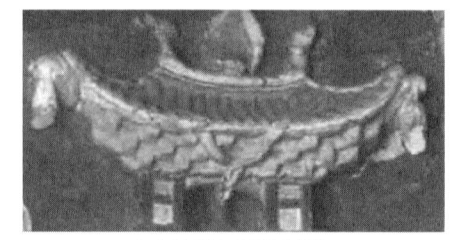

图5.43　屋顶翼角及滴水

（自摄）

巴蜀地区各种形式的屋顶表现出来的空间形态亦不同，庑殿屋顶曲线比较柔和，举折较缓。歇山顶屋面线条相对硬朗。攒尖顶屋脊屋面有弧形和直线形两种做法。弧形屋面的攒尖顶翼角起翘，形成优美的曲线，直线形屋面的攒尖顶多为四角攒尖，形态稳重端庄。

从屋顶装饰构件来看，主要是屋脊脊饰，如鸱吻、中花等。

脊饰：屋脊两端的脊饰在唐以前叫作鸱尾，中唐以后开始变尾为吻，叫作鸱吻。巴蜀摩崖大多开龛于盛唐至宋末，因此刚好能反映鸱尾转化为鸱吻的过程。屋顶脊饰为鸱尾的有夹江千佛崖、大足北山、邛崃磐陀寺和眉山青神中岩寺等处的经变龛，屋顶脊饰为鸱吻的有乐山龙泓寺和安岳木鱼寺等处的经变龛。图5.44、图5.45为摩崖中的脊饰。

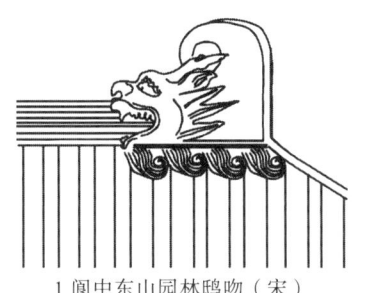

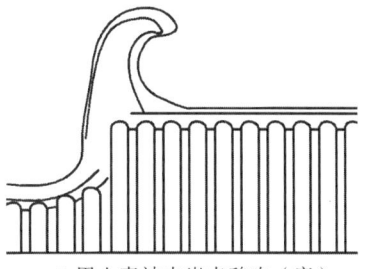

1.阆中东山园林鸱吻（宋）　　　　　2.眉山青神中岩寺鸱吻（唐）

3. 安岳木鱼山摩崖鸱吻（唐）　　4. 大足北山第245号龛主殿鸱吻（唐）

5. 大足北山第176号龛鸱吻（宋）　　6. 夹江第99号龛鸱吻（唐）

图 5.44　摩崖中的脊饰 1（自绘）

1. 夹江第137号龛鸱吻（唐）　　2. 夹江第110号龛鸱吻（唐）

3. 大足北山第245号龛配殿鸱吻（唐）　　4. 邛崃磐陀寺第4号龛脊饰

5. 邛崃石笋山摩崖脊饰　　6. 资中重龙山摩崖脊饰

图 5.45　摩崖中的脊饰 2

（自绘）

鸱吻造型很丰富，其总体特点：多以龙等神兽为主，吻部向下，以吻衔脊。部分鸱吻刻画得非常精细，神兽身上的纹路、毛发甚至牙齿都清晰可见。也有部分脊饰，只是处理为抽象的鸱吻或鸱尾形象，有的瘦长，有的略微扁平。鸱吻与脊的关系，有垂直于主脊的，有略略往内收的。大足北山晚唐和北宋期间的鸱吻，其背上有类似剑把的装饰构件。

从摩崖石窟中可以看到许多屋顶的细部做法，如大足北山第245号龛正中大殿正脊用板瓦垒砌，砌缝清晰可见，呈弧线形，正脊两端为鸱尾，抱厦山花部分施博风板和悬鱼，悬鱼形状为如意状，体态较圆满、比例较大。

屋面瓦分板瓦和筒瓦两种。在南充阆中东山园林摩崖和安岳华严洞摩崖中，发现了下脊头瓦的运用。

四、门窗家具的艺术特征

巴蜀摩崖石窟建筑中反映的门形式有版门、格子门，多为两扇对开门。唐代多为版门，皆没有发现门钉；宋代多版门和格子门。目前发现的唐代窗只有直棂窗，宋代窗除了直棂窗外还有斜纹的格子窗及闪电窗。

宋代格子门较多见，格子门做法精致，仍用门框，但较窄小，门框内门扇用腰串水平分为三部分，上部分为镂空的毯纹或格子纹，可供采光，中间为较窄的腰花版，雕出各种花饰，下部做障水版。《营造法式》上记载了各种各样的格子门，其中斜毯纹和四直方格眼的格子门做法在大足宝顶山摩崖中均有反映（图5.46）。

唐代门的例子见于大足北山和巴中南龛（图5.47，1、2），均为双开版门，门扇装于门框内，下门框接地栿，上门框接阑额。从门开启的方式判断，门扇两侧有转轴。在巴中南龛上还刻有带锁的版门，锁为方形，贯穿于两门门环扣住门扇，这可能是目前发现的巴蜀地区较早的门锁形式。

宋代的门为简易版门和格子门。简易版门见于安岳华严洞：对开两扇门，外面有门套，门套上接阑额，下接地栿，门框较宽厚（图5.47，3、4）。

1.大足宝顶山净土经变门	2.大足毗卢洞兜率宫门

图5.46　宋代门窗

（傅熹年：《中国古代建筑史》，第684页）

1.大足北山门（唐）　　　　2.巴中南龛门（唐）

3.大足宝顶山净土经变门（宋）　　4.安岳华严洞门（宋）

图 5.47　摩崖石窟中反映的门

（自摄、自绘）

巴蜀摩崖石窟中反映的唐宋窗中，唐代窗多为不可开启的直棂窗，窗有内框，中间以木条间隔排列而成（图 5.48，3）。

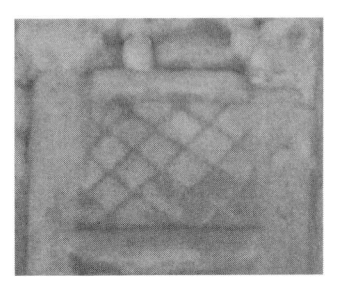

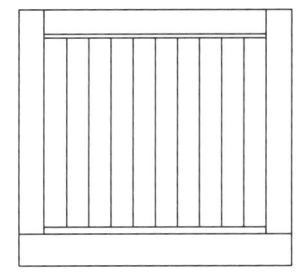

1.大足宝顶山格子窗（宋）　2.大足宝顶山珠楼直棂窗（宋）　3.通江千佛崖直棂窗（唐）

图 5.48　摩崖石窟中的窗

（自摄）

宋代窗形较多，有直棂窗、版棂窗，还有斜纹格窗、闪电窗。宋代所沿用的直棂窗窗框由比直棂宽约 2 倍的木枋组成，仍是固定不能开启的窗户形式（图 5.49，1、2）。

在《营造法式》中记载的闪电窗，走动时能因光影闪动形成闪电的视觉。目前其他地方尚未发现实例，唯大足宝顶山毗卢道场内刻有闪电窗（图 5.49），其窗为方形，平均分为上下两部分，上为横向波浪形棂条，下嵌花版构成。

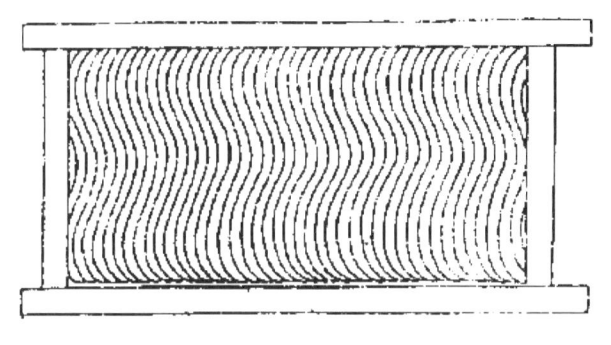

第五章　摩崖石窟中反映的唐宋建筑

1.《营造法式》中的闪电窗 　　　　　　　2.大足宝顶山毗卢洞的闪电窗

图 5.49　闪电窗

(1.傅熹年:《中国古代建筑史》，第 689 页；2.自摄)

门窗的图案装饰主要出现在宋代，花纹有工整的格子和繁复的斜毬纹。斜毬纹分三斜毬纹、五斜毬纹格子门。在腰花版和障水版上雕刻有如意花纹等图样。

摩崖石窟中还反映了一些家具的形制。神像不坐在莲座上，而是坐在石雕的椅子上，椅背细腻精致(图 5.50)。神像脚下踩着承足的脚踏，与宋代家居中椅子的脚踏如出一辙。室内的卧榻有高大的靠背，榻座处理为须弥座形式。这些家具形式对研究宋代家具提供了珍贵的资料。

1.北山佛像椅背 　　2.北山第137号龛南宋卧榻 　　　　3.大足北山脚踏

图 5.50　摩崖中反映的家具形式

(1、3.自摄；2.大足县县志编修委员会:《大足县志》，北京：方志出版社，1996 年，第 806 页)

第四节　巴蜀的唐宋建筑风格探析

一、建筑组群的空间特色

巴蜀摩崖石窟中反映的建筑群体空间组合，比较系统地展示了唐宋时期的建筑风格特色，也从一个侧面反映了四川唐宋时期的建筑发展脉络，同时体现了一定历史阶段中建筑如何地域化、民俗化的过程(图 5.51)。总结巴蜀地区唐宋建筑的空间组合特色如下。

1. 夹江第99号龛全图 　　　　　　　　2. 丹棱郑山第42号龛

3. 大足北山第245号龛 　　　　　　　　4. 夹江千佛崖第128号窟

图5.51　摩崖中反映的唐宋建筑组群模式

(1、3.胡文和：《四川和敦煌石窟中的"西方净土变"的比较研究》，《考古与文物》1997年第6期；

2.胡文和：《四川佛教石窟中立体表现的唐代建筑》，《西北美术》1997年第2期；4.自摄)

(1) 体现了唐代对称式布局的空间模式。强调空间的对称布局，是中国传统建筑尤其是宫殿庙宇的群体空间布局的基本特征。巴蜀地区的摩崖石窟中反映的建筑群体，保持着这样一种明显的特征。组织空间的建筑，以殿堂、廊庑、楼阁和经幢为主要建筑类型。其特征是轴线两侧的建筑都以对称的形式出现，反映出佛教建筑的庄重性。塔或经幢位于主体建筑的前面两侧，这反映了早期佛教寺院的布局模式。

重要建筑放在中轴线上，两旁对称布局次要建筑，围合成院落空间。在强调纵向主轴线的同时，突出横向副轴线上的建筑组合。强化主体建筑群的组合关系和利用附属建筑体量对比烘托核心单体建筑，形成层次丰富的建筑组群，如利用主殿两旁的廊屋或重阁来映衬主体建筑的高大雄伟，这些都是巴蜀摩崖石窟中体现出的唐代建筑群布局的显著特点，从而收到建筑组群中主次分明、重点突出的艺术效果。

(2) 唐代特色的廊院式空间布局：主要利用线性空间联系或围合建筑组群。廊院有通透式廊院和封闭式廊院两种。院落的规模可大可小，小型院落在正殿左右建构回廊，加以少量的附属建筑围合成院落；大型院落在正殿两旁布局副殿，在庭院两侧布局楼阁，在廊子转角处布局角楼或朵殿，形成错落宏伟的廊院空间。

(3) 地域特色的山地空间布局：从目前所看到的巴蜀摩崖石窟中反映的群体空间组合特征来看，充分运用台地层叠变化结合佛教经变内容来表达群体建筑空间，形成极富空间层次的山地建筑处理手法，这种空间表达手法，在大足北山第 245 号龛、资中君子岩摩崖龛窟中有所反映。这是佛教艺术和地方建筑艺术结合表达的一种特色。

(4) 从唐代摩崖石窟和宋代摩崖石窟中反映的组群空间来看，随着时代的发展，群体空间组合形式有所不同。唐代大足北山、夹江千佛崖、邛崃花置寺等地的摩崖石窟中反映的建筑布局采用方正的院落模式，建筑呈轴线对称布局的特点。宋代摩崖石窟中的单体建筑之间没用廊道连接，建筑之间的布局不严格遵从轴线关系，如安岳、大足一带摩崖中反映的建筑组群。院中轴线建筑处理逐渐变化，布局从院落形式逐渐发展为自由布局形式。

二、建筑形态的风格演变

从巴蜀摩崖石窟反映的建筑形态中我们可以总结出巴蜀地区唐宋建筑的风格特点，这些特点与唐宋时期的北方建筑形式存在一定的渊源关系，呈现出一定的时代特征。

其一是独特的出抱厦（即"龟头屋"）是巴蜀地区唐宋佛教寺庙的主要风貌特色（图 5.52）。出抱厦是建筑设计上的一个积极突破。传统入口选择在矩形平面的长边，即以低矮的横向檐口作为出入口，这有悖于逐渐重视单体建筑入口形象的唐代建筑设计发展。解决的方式是在横向的屋面上插入一个体量块，可以提高建筑的入口空间。这个体量块的立面表达采取传统建筑的山墙面作入口面。此项设计突破室内采光通风，对于空间强调的表达也有积极的意义。第一个可见的出抱厦的建筑实例是北宋皇祐四年（1052 年）的河北正定隆兴寺摩尼殿。摩尼殿殿基近方形，四面正中各出抱厦。殿身全是后墙围绕，只抱厦正面开门窗（刘敦桢，1984）。从殿身形象上看，摩尼殿与晚唐时期大足北山雕凿的第 245 号龛内的殿阁形态有许多相似之处，如立面首层出抱厦，只有抱厦正立面开门窗等。根据两者的统一性可以推测出巴蜀地区的唐代殿阁建筑保留了较为纯正的北方官式做法。但在随后的宋代摩崖石刻反映的建筑形式中，这种出抱厦的手法更灵活，出现了首层出抱厦和两层皆出抱厦的手法。所出抱厦的比例形态随着主体建筑的风格不同而变化。这种建筑立面的特殊处理手法比较多见，在大足、安岳、乐山等地的摩崖雕刻中皆有发现。巴蜀地区唐代或宋代的摩崖石窟中都有大量这样的建筑形态出现，无论是单层还是多层，均广泛采用出抱厦的形式。出抱厦的建筑形式一直影响着明清时期的巴蜀建筑，如成都望江公园的吟诗楼、德阳的钟鼓楼等。这种强调入口空间的重点处理手法，应是巴蜀宫殿建筑、佛教寺庙和纪念建筑的一大地方特色。

其二是强调当心间对称的建筑手法。巴蜀地区唐宋建筑殿宇外观稳重大方，开间多为一开间、三开间、五开间。明间处理有两种形式：一为明间与各间等宽，如夹江千佛崖第 99 号龛主殿、眉山丹棱郑山第 42 号龛主殿等；二是明间较宽而左右各间较窄，如磐陀寺、眉山青神中岩寺、大足北山等地的唐代窟龛中反映的建筑形象已有明显的明间概念。唐代木构建筑实物如佛光寺大殿，以及唐代长安大明宫建筑遗址中所发掘的麟德殿，都是反映 5 米左右等宽的面阔，而不强调当心间的特殊尺度。巴蜀摩崖石刻中反映的木构建筑强调当心间的手法，可从一个侧面推测巴蜀建筑空间的地方营造手法。

其三是出平坐、叉柱造、缠柱造的楼阁式建筑特色。巴蜀摩崖石窟中反映的楼阁式建筑，其外部造型通常是首层建筑面宽较宽，楼层施平坐，并由下往上逐层内收，形成挺拔稳重的建筑风格，其空间形态与我国保留的辽金时期楼阁形态相似。宋《营造法式》中也有

1.安岳华严洞　　　　　　　　2.大足北山

3.安岳华严洞　　　　　　　　4.河北隆兴寺摩尼殿（背面）

图 5.52　出抱厦做法

（自摄）

叉柱造或缠柱造的描述。我们看到的虽是摩崖雕刻，不能剖析构造，但从外部空间特征以及建筑楼层逐层收进的尺度形态，可以推测这一时期的巴蜀木构建筑有叉柱造和缠柱造的构筑手法，较浓厚地保留了唐宋时期的楼阁式建筑特色。

从目前敦煌壁画中看到的唐代建筑，其外部空间最显著的特征之一就是具平坐。目前发现的巴蜀唐代摩崖中的重楼建筑无一例外都腰以平坐。无论是佛殿还是重楼式佛阁，包括唐代出抱厦的殿阁亦具平坐。其基本做法是在首层加斗栱，斗栱上承构架形成转换层；或者不施斗栱，直接置平坐于首层转换层上。平坐栏杆多为卧棂勾片栏杆和华版勾片栏杆。平坐栏杆皆施万字纹的做法，在巴蜀地区的邛崃、乐山等地皆可见到。具平坐是巴蜀殿阁外部造型的显著特征之一，其平坐比例对于层高来说，相对低矮，平坐勾栏转角做合角造，并施望柱，在保持雄健的唐代建筑风格的同时，又渗透着一定的地方特色（图5.53）。

塔作为一种佛教建筑类型，从印度传入中国后，一方面在内涵上保留着浓厚的佛教文化特色，另一方面在建筑形式上与中国的楼阁式建筑相结合，逐步形成具中国地域特色的佛教建筑类型。从唐代发展到宋代，进而演化到塔的功能变化，也就是从有佛教意义的塔演化到有观赏意义的风水塔。而在我国的不同地域又形成不同的特色。

在巴蜀大地，隋唐五代的佛塔实物比较少见，宋代保留的佛塔实物就较为普遍。不过巴蜀的摩崖石窟中大量反映了唐代的佛塔，结合实物，我们可以看出唐宋时期佛塔的形态及时代特色。

第五章　摩崖石窟中反映的唐宋建筑　　201

1.邛崃石笋山 　　　　　　　　　2.丹棱郑山石窟主殿

图 5.53　唐代平坐

(自摄)

　　从平面形态上看，唐代摩崖石窟中反映的佛塔基本上都是方形的，多边形的塔较为少见。而在巴蜀保留下来的宋代佛塔，其平面形态却以八边形、六边形居多，方形平面的实物相对较少。这样的空间形态发展演变，正好和我国唐宋时期保留的实物一致，这从总体上反映出唐宋佛塔建筑的发展演变规律。

　　巴蜀地区摩崖石窟中反映的佛塔、密檐塔和楼阁式塔各具特色。

　　密檐塔的外部具有三个重要特征：其一，密檐塔层数明显增多，塔身简朴，反映结构构造特征，几乎不辅以纯粹的装饰；其二，塔的首层塔身层高明显高于上部塔身层高的数倍，显示出稳重牢固的建筑风格；其三，密檐塔的塔身整体外部形态若纺锤形，各层塔檐由下往上逐渐外张，到塔的中上部又逐渐内收，形成明显的收分，形成有张力且极富弹性的外轮廓曲线，显得刚劲而富有活力。如图 5.54 所示的邛崃磐陀寺密檐塔，其挺拔的外形和唐代密檐塔的典型例子——云南大理崇圣寺的千寻塔、河南嵩山的永泰寺塔和法王寺塔如出一辙，具有共同的形态特征：塔基较矮、首层塔身较高，塔身以层层叠涩出檐，塔身中部形成外凸的曲线，从最宽处的塔身层层递进收进，一直密集收分到塔顶部，冠以比例适度的塔刹完成整个塔形象。巴蜀摩崖石窟中这种密檐塔的外部造型极具唐代风格特征，但其形态比例更为秀美挺拔。

　　楼阁式塔与密檐塔的空间手法有所不同。平面也以方形为主，但从底层往上层逐层向内收分，而不采取外张曲线的收分手法，显得刚劲稳重；从下层往上层逐层层高适量降低，又显示出较强的韵律节奏感；塔身简洁大方，梁枋显示结构性能特征，又有一种很强的力量感。从雕刻上看，这些方形楼阁式塔应是以砖石材料为主的楼阁式塔，与西安的大雁塔有异曲同工之处，从中反映出与中原建筑的文化渊源(图 5.55)。

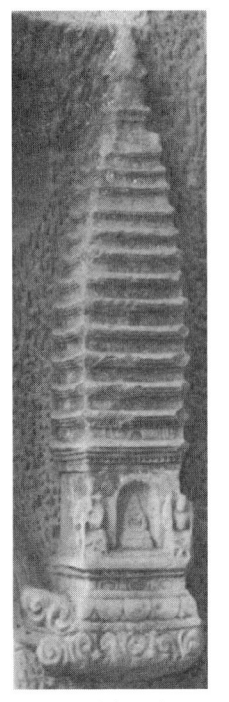

1.邛崃磐陀寺 　　　　2.西安小雁塔 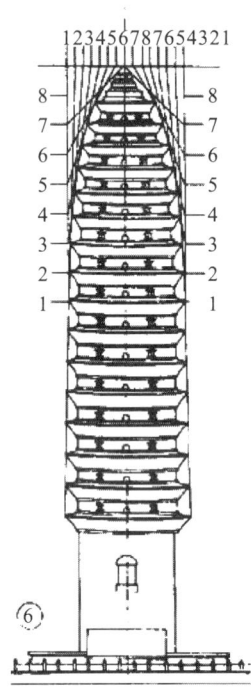　　　　3.大理千寻塔

图 5.54　唐密檐塔

（1、2.自摄；3.傅熹年：《中国古代建筑史》，第 577 页）

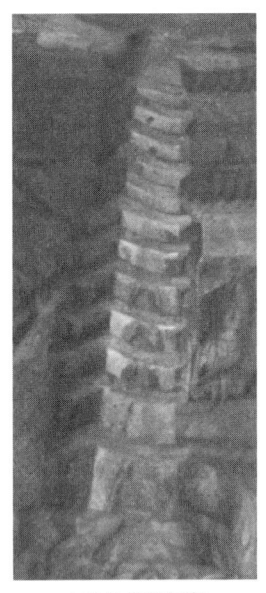

1.安岳华严洞塔 　　　　2.西安大雁塔 　　　　3.大足宝顶山塔

图 5.55　唐方形楼阁式塔

（自摄）

巴蜀摩崖石窟中的唐宋建筑形态与北方现存的实例、工程做法记载及敦煌石窟中的建筑形态相比，有着一定的借鉴关系，某种程度上，巴蜀唐代建筑从形态、做法上明显受到

了北方建筑形式的影响。

汉代的崖墓、画像砖、画像石、明器等反映的建筑形式及其成熟的建筑技术和艺术，代表着汉代巴蜀地区的建筑水平，同时也代表着当时全国的建筑水平。汉唐之间经历了多朝代的传递，但在唐代的建筑形象上，仍然可以看到汉代建筑对唐代建筑的影响。同时，唐代建筑在汉代建筑的基础上有着突出的风格演变，其中表现最明显的是屋顶做法和斗栱形式两个方面。

唐代沿袭了汉代屋顶的五种基本形式，即庑殿、歇山、攒尖、囤顶和悬山；但在做法方面有所不同。汉代屋顶做法有两个显著特点：其一为屋檐檐口平直；其二为屋面坡度是同一坡度，没有举折等做法。这和后来巴蜀摩崖建筑中的檐口曲线两端起翘、屋面有举折形成反宇向阳的曲屋面不同。在某些汉代陶屋外观上，平直的檐口下，撩檐枋显得很肥大，约占层高的三分之一，但是在唐代摩崖建筑中却看不到这一现象。汉唐之间的屋顶发展变化有一个从直线到曲线、从平面到曲面的过程。

汉代屋顶中的歇山顶是由中央的悬山顶和周围的单庇顶组合而成，其结构在最初结合时，自然在两者之间形成一个阶台，成为上下两叠形式(鲍鼎等，1934)。汉代的部分庑殿顶形式也会做成上下两叠。经过魏晋南北朝的发展，巴蜀地区唐代的九脊殿和庑殿顶做法有所变化，突破了汉代歇山顶和庑殿顶上下两叠的形式而形成前后两坡完整屋面，歇山两侧与批檐相交。庑殿顶的正脊相对汉代屋顶的正脊较长。从屋角形式起翘方面来看，汉代屋角起翘是通过翼角的直接起翘，屋面出檐不似唐建筑深远。唐代建筑屋顶正脊两端微微起翘。图 5.56 为摩崖石窟中反映的屋顶形式。

1.高颐墓阙屋顶形式（汉）

2.乐山麻浩崖墓屋顶形式（汉）

3.大足宝顶山屋顶形式

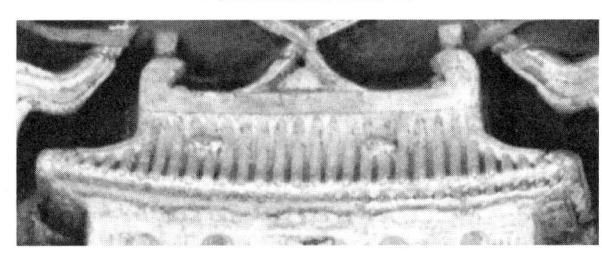

4.大足北山屋顶形式

图 5.56　屋顶形式

(自摄)

在屋面装饰方面，汉代屋面主要使用筒瓦和板瓦结合，并用瓦装饰正脊。在忠县、乐山等地出土的陶屋表现的汉代建筑屋顶脊饰则用叠瓦处理而成。巴蜀地区民居至今仍普遍保持以瓦叠脊饰的古风。汉代屋顶正脊两端微微起翘，没有出现明显的鸱尾形式。有的汉阙如樊敏阙和高颐墓阙，其阙顶脊饰被设计为一个整体构件，中间凸出鹰形雕塑。在成都地区的部分画像砖反映的建筑形式中，有在正脊上使用凤凰等繁复的动物装饰纹样的做法。在唐代巴蜀的屋顶装饰中，正脊两端出现了鸱吻和鸱尾的做法，没有使用大型的动物纹饰装饰屋脊的做法。

汉代木结构建筑主要使用穿斗和抬梁结构，但柱网模式不够规整，梁柱斗栱之间的联系性、稳定性不够强。如成都牧马山陶屋檐前双柱，双柱之后又有一柱立于正中，转角无柱，依靠山墙承重并保持构架的稳定性。柱子下端无柱础，直接落地；上端置硕大斗栱。柱间没有水平的联系构件。山墙面有木枋出挑支撑屋面重量。忠县蜀汉陶屋柱上直接承斗，柱间无阑额，多在房屋立面两端柱子顶端施斗栱。汉代建筑的柱子有上下层柱不对齐的现象，这可能是由于梁柱结构与斗栱等结构构架的系统性还没有发展成熟造成的。

斗栱是古代木构建筑承托屋面的转换承托构件，商周时期已有斗栱的雏形，到汉代时斗栱形制已经比较成熟，尤其是东汉时期巴蜀遗存的墓阙，有极其真实的木构斗栱形象，雅安的高颐墓阙是其典型例证。

巴蜀唐代摩崖石窟中反映的木构建筑斗栱雕刻十分精致，应该是对东汉木构建筑技术特征的发展完善。其斗栱形式由柱头上的坐斗(栌斗)、实拍栱、一斗二升、一斗三升、重栱出跳到复杂组合斗栱，几乎应有尽有；从斗栱运用部位来看，柱头铺作、补间铺作和转角铺作，都反映得十分全面。巴蜀地区的唐代斗栱在继承汉代斗栱形式的同时，也发生了以下一系列的演变。

(1) 唐代斗栱继承了汉代斗栱的做法，于柱上置栱承托屋顶重量。其中实拍栱、一斗二升、一斗三升、重栱出跳等汉代明器中的斗栱做法，出现在唐代摩崖石窟里的建筑形象上。

(2) 在巴蜀地区的汉阙和画像砖中可以看到曲栱形式的做法，如高颐墓阙、乐山柿子湾崖墓等。其斗栱的艺术加工非常复杂，栱端卷刹用复杂曲线构成∽形和 P 形（刘敦桢，1984），这种重视造型艺术的汉代斗栱形式目前在唐代摩崖石窟中没有见到，推测可能是唐代斗栱与梁柱构架等结构关系加强，斗栱的造型以及艺术加工趋同于整个建筑结构的统一化，这种造型复杂、装饰突出的曲栱形式逐渐退出了历史舞台。

(3) 汉代斗栱已经相对成熟，斗栱应用范围广泛，柱头斗栱和转角斗栱都比较常见。但从汉代建筑明器以及画像砖中发现的补间铺作形制简单，多表现为竖向承重的垫块，不具有承托外檐出挑的功能(刘临安等，2008)。唐代摩崖石窟中出现了多种形式的补间斗栱，如人字栱、一斗三升、重栱出跳等，补间斗栱和柱头斗栱形式同样丰富，在结构作用上，起着承托屋檐的作用。

(4) 目前看到的巴蜀地区的汉代斗栱形式，最高规格的是出 2 跳的做法。但是唐代摩崖石窟中出现了出 3 跳、4 跳甚至 5 跳的斗栱形式。斗栱与屋身构架的联系作用加强，斗栱做法更加规范化和制度化，出现了处理转角斗栱关系的昂，斗栱之间组合运用，导致斗栱出跳深远，能承托更大、更深远的屋顶形式。

建筑技术与艺术特点：唐代的木构建筑表现出了我国古代建筑经典的艺术造诣。其中一个较为突出的特点是建筑技术和建筑艺术的高度统一。建筑形态的处理既是建筑技术的需求，又满足了建筑艺术的审美要求。唐代的建筑技术或艺术特征，几乎在巴蜀摩崖石窟的建筑形式表达中都能找到。

梭柱：是唐宋建筑典型的构架特征，我国保留的唐宋木构建筑几乎都有这样的做法。宋《营造法式》对梭柱的做法有更详细的描述。其特点是柱子上端三分之一处开始卷刹，使柱头和栌斗底部相吻合，既有立柱受力的力量感，又有端庄秀丽的外部造型，具有良好的艺术效果。巴蜀的唐代摩崖石窟大都反映梭柱的梁柱形式，在巴中、邛崃、夹江、乐山、丹棱等地的摩崖石窟的建筑形象中皆可看到，可以判断，在巴蜀地区唐代建筑中，梭柱是一种普遍的建筑艺术处理手法(图 5.57)。

侧脚和升起：是唐宋建筑突出的营造方法。宋《营造法式》对侧脚或升起有较详细的描述，侧脚及外檐柱由下往上有一定角度的内收，且前后檐和两端山墙的内倾角度有所不同，唐宋时期的建筑实例均有侧脚的做法。这种做法既有结构稳定性的需求，又有稳重的建筑视觉外观审美感受。

升起的做法在宋《营造法式》中也有详细的总结，即建筑外檐柱由当心间向角柱逐渐升高，再与斗栱配合，使屋檐呈现明显的由中心向两端逐渐升高的曲线，从而体现出一种轻盈向上的风格特征，打破了大屋顶呆板的感觉，在视觉上也是一种柔和的美感，这是唐宋时期大屋顶处理的一大特色。在巴蜀摩崖石窟中，能找到与之对应的营造技术形态，如夹江千佛崖殿阁和安岳华严洞殿阁的升起和侧脚处理(图 5.58)。

1. 乐山青神中岩寺唐代斗栱 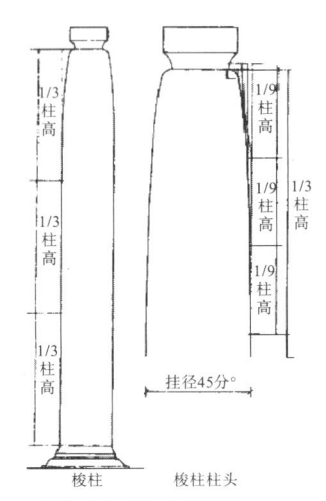　　2.《营造法式》中的梭柱

3. 佛光寺大殿梭柱 　　4. 巴中西龛梭柱

图 5.57　梭柱

（自摄）

1. 夹江千佛崖 　　2. 安岳华严洞

图 5.58　升起和侧脚

（自摄）

卷刹：从构件的艺术处理来看，巴蜀地区摩崖石窟内的建筑构件如梁、斗栱、枋等有卷刹的做法，部分梁枋构件有内（颇）的做法（图5.59）。

结构技术和建筑艺术和谐表达的斗栱：从摩崖石窟中反映的一系列唐宋斗栱形制来看，说明了巴蜀地区唐宋时期斗栱技术和艺术的高度成熟。

大足北山第245号龛属于晚唐之物，之中斗栱形式较盛唐之通江塔、中唐之邛崃楼阁皆简单，正如辜其一先生在《四川唐代摩崖中反映的建筑形式》中所云："（北山）只用于上层楼阁的檐下。中央楼阁上层的柱头铺作，也采用简化的斗栱，与通江千佛崖第36号龛浮雕七重塔上的相同。系于栌斗上面置十字替木，以承檐端，

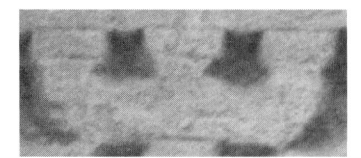

1. 斗栱卷刹
2. 卷刹
3. 柱头卷刹

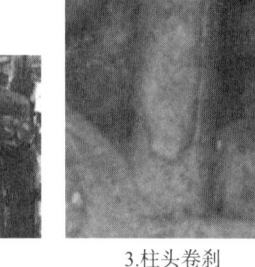

图5.59　卷刹
（自摄）

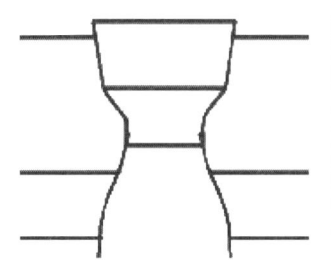

并未雕出撩风槫之类……下层的柱头铺作更为简单，仅在檐斗上面伸出挑梁，上置替木，补间铺作也只做直斗两个。"（辜其一，1961）从以上的斗栱形式可以看出，在唐代的巴蜀地区已经有非常成熟的斗栱做法，其中出两跳以上的做法应用较为广泛，部分建筑中保留了唐代木构建筑实物——佛光寺大殿中表现的双抄双下昂的做法。图5.60为摩崖石窟中反映的唐代斗栱。

1. 单斗：乐山凌云寺摩崖 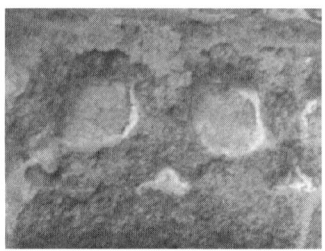
2. 人字栱：青神中岩寺 
3. 一斗三升：阆中东山园林摩崖

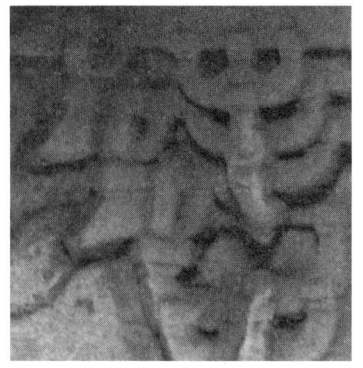

4. 昂：巴中西龛
5. 重栱出跳：邛崃磐陀寺 
6. 安岳木鱼山

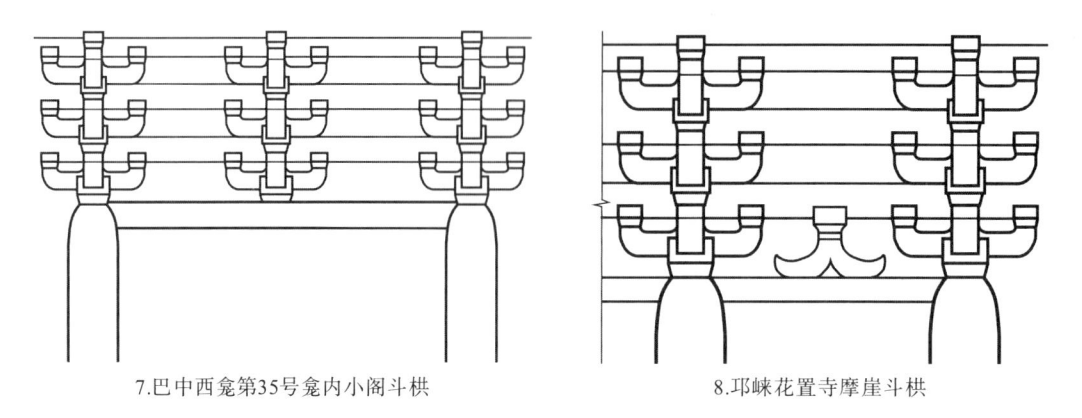

7.巴中西龛第35号龛内小阁斗栱　　　　　8.邛崃花置寺摩崖斗栱

图 5.60　摩崖石窟中反映的唐代斗栱

(自摄、自绘)

《营造法式》卷 4"总铺作次序"条中规定："出一跳谓之四铺作，出两跳谓之五铺作，出三跳谓之六铺作，出四跳谓之七铺作，出五跳谓之八铺作。"但是目前保留的唐代建筑实物中，没有看到八铺作的斗栱形式。五代榆林窟第 16 号窟壁画中有一朵八铺作双抄单下昂再出单抄单下昂，隔跳计心造的斗栱，是唐风斗栱的最高形制(李百进，2001)。在巴蜀地区的摩崖石窟中也可以看到类似的最高形制的斗栱形式，如巴中西龛内就保存有八铺作的做法，此龛中的楼阁式建筑，其柱头铺作、补间铺作和转角铺作都用八铺作斗栱形式。

在巴蜀摩崖石窟中佛教寺院的屋顶形式，最常见的有四阿顶、九脊殿式、攒尖顶和挑山等几种形式，硬山屋顶和其他类型的屋顶比较少见。出现频率最高的是四阿顶、九脊殿式、攒尖顶这三种形式，几乎有组群建筑出现的摩崖雕刻都有这三种屋顶形式出现。这几种屋顶形式在我国古代的宫殿建筑、佛教寺院中，无论是南方还是北方，无论是唐宋还是明清，都是主要的屋顶形象，表达形式可能各有差异，但大的形态特征是一致的。

屋顶方面，巴蜀屋顶舒展，出檐较为深远。几乎每一处巴蜀摩崖建筑的屋面都有反宇向阳的做法。鸱吻造型刚劲有力，屋脊装饰除了鸱尾或鸱吻以及中花外基本无其他装饰，这也是唐时的建筑风格特征。唐代四阿顶的正脊较之宋代屋脊较短，四面屋顶坡度较深远。九脊殿式屋顶的垂脊较长，和北方做法有别，呈现出一定的地域特征。

在巴蜀摩崖石窟中，无论是四阿顶还是九脊殿式，都有单檐和重檐之分。屋面均有"升起"的建筑处理手法，从屋面的曲线分析也应该有举折的屋顶构筑技术方法。多种屋顶形式组合使用，形成丰富的建筑组群风貌。从目前了解到的巴蜀摩崖石窟所反映的屋顶形式来看，九脊殿式和四阿顶是同样受到重视的屋顶形式。丹棱郑山摩崖内的主体建筑群都采用九脊殿式，夹江千佛崖内最重要的建筑也是采用九脊殿式。

虽然同属于巴蜀地区，都用同样的方式反映着同样的主题，但各个地区的摩崖石窟内反映的建筑形式却有一定的差异。其中川北的摩崖石窟由于靠汉中、西安较近，受到中原北方的影响较大，处理建筑细部方面和川中、川东有所不同。例如，川北摩崖石窟中保留着梭柱的做法，柱子比较粗短，柱之长，未越间之广。而在川东，不仅没有梭柱的做法，而且柱子变得修长，除了明间外，其余各间都是柱越间广，一改平实的风格，开始变得高敞灵活。川东很多大殿或配殿，有出抱厦的做法，而川北却极为罕见。屋脊方面，川北的鸱尾还没有以吻衔脊的现象，但是在川南摩崖石窟中，却已经出现明显的以吻衔脊的鸱吻。在川北的屋脊装饰中，没有发现鸱尾以外的装饰，但在川东，却出现了火焰形中花装饰屋脊，此种装饰至今仍盛行于川东民间一带。此外，翼角的做法，川北一直遵循北方的放射式布椽方式，而川东一带却用平行椽。这种做法也见于《营造法式》中记载的汉代建筑，用老角梁承托，仔角梁向上起翘，两旁做虾须，下做角梁。相对于川北摩崖石窟中雕刻的建筑来说，川东的摩崖石窟建筑中反映的建筑手法更多地继承和吸收了本土的建筑处理技术和艺术。

巴蜀地区唐宋摩崖石窟中反映的建筑类型及其构件做法，很大程度地保存了唐宋时期建筑结构构件的做法，反映了当时建筑的时代特征，在唐代建筑实例保存不多的状况下，为我们研究唐代建筑提供了丰富的研究资料，同时，参照《营造法式》的工程构件做法，结合摩崖石窟中提供的实证，可以更全面地推论和佐证唐代建筑更多的建筑构件特征和做法。

三、唐宋建筑地域风格演变

唐代建筑的特色是建筑规模宏大，建筑的结构技术与建筑艺术有机统一，建筑风格朴实厚重。巴蜀地区地处西南一隅，但其唐代时期的建筑形式亦具有北方建筑的典型特征。从唐代雕刻的摩崖石窟与敦煌石刻壁画以及建筑实例反映的形态特征中，可以看出南北方的融合关系。这种南北合流的局面在宋代开始分流，中原北方的宋代建筑继续沿着官式建筑的做法发展，而西南地区的宋代建筑开始从唐大气开朗的气势转而走向秀美轻巧的地域风格。宋代巴蜀摩崖石窟中的建筑形式与《营造法式》记载的工程做法及北方实例都有较大的区别。以此涉及巴蜀地区保留下来的明清建筑实例，无论是佛教寺院，还是文庙书院、祠庙会馆等建筑，都表现出浓郁的地方特色。这种地方化的过程，应该能在宋代的摩崖石窟中找到一定的线索。

从官式化到地域化的演变特色：以唐宋摩崖石窟中反映的建筑形态为证，可以推测出巴蜀地区的建筑风格从唐代到宋代的变化，主要表现为从唐代的官式化到宋代地域民间化的演变。

在唐代单体建筑中底层外圈柱子环绕形成的副阶，在宋代摩崖石窟雕刻的建筑中罕有出现。从开间比例上讲，宋代的建筑开间比例较唐偏高，柱子较为细长。宋代明间开间处理手法比唐灵活。唐代重檐建筑普遍有平座的做法。宋代建筑里的重檐建筑出现了弃平坐出挑的做法，直接在首层腰檐上方承接上层建筑柱子，建筑当心间位置无栏杆，但其次间以及转折至建筑两侧立面，有直棂式栏杆或华版栏杆

图 5.61 宋代建筑中出现的美人靠
（自摄）

转折相连,形成巴蜀民居中的"走马转角楼"形式。如大足宝顶山摩崖石窟内的"珠楼"和"广大宝楼阁",大殿的一层和二层左右转角处皆设直棂式栏杆;安岳华严洞内的建筑也有在首层左右转角处处理栏杆的做法。立面上出挑转角廊应该是宋代巴蜀地区一种普遍的处理手法。在宋代的摩崖石窟中,还出现了类似于"美人靠"的栏杆式样(图5.61),这是巴蜀地区民间建筑的常见立面特征。多种民间建筑处理手法出现在宋代摩崖石窟的建筑形式中,说明巴蜀地区宋代佛教建筑受到民间建筑风格的影响,逐渐形成与北方官式做法完全不同的地域建筑风格。

从屋顶形式来看,宋代摩崖石窟中雕刻的屋顶形式承接了唐代的屋顶做法。不同之处在于,唐代的屋顶起翘相对平缓,在巴蜀地区宋代摩崖石窟中所见到的建筑,部分屋顶翼角部分起翘幅度较大。宋代巴蜀摩崖石窟中的屋面少用飞檐椽,而用飞檐椽是官式建筑中屋面椽子的典型做法。

和唐代建筑屋顶形式相比,宋代九脊殿式及明清时期歇山式屋顶的垂脊和戗脊的交接处理非常有特点:其一是垂脊与戗脊交会后明显地往下延长;其次是垂脊两端的排山滴水明显较之宽大,与巴蜀明清歇山屋顶的实例有很多相似之处。

宋代的脊饰在唐代的基础上继续发展,出现了造型丰富的脊饰,屋脊正中出现了样式丰富的中花装饰,有宝瓶装饰中花(巴中恩阳千佛崖)和防火珠装饰中花(安岳华严洞)等做法。宋代的瓦有琉璃瓦、素筒瓦和小青瓦三种做法。

从大木大式到简朴的大木小式的变化:从唐宋摩崖石窟的建筑形象也可以看出明显的大木构架的简化处理,典型的特征是唐代建筑多用斗栱,而在宋代摩崖石窟反映的仿木构建筑中几乎没有雕刻斗栱的现象(图5.62),基本用柱梁直交,即柱与梁直接结合的构架方式,或者是采用柱子上安装栌斗和替木的"单斗只替"的做法,这种不用斗栱而直接使用柱梁结合的构架方式或许是巴蜀地区宋代建筑的主流。宋代的檐柱较少使用唐代梭柱的做法,多用方柱,从材料表达形式上好像是采用了石柱,这在目前大足安岳一带的民间建筑大量采用石材柱头中能看出一定的联系。

宋代摩崖石窟中的建筑仍有保留斗栱的做法,与唐代雄伟舒展的斗栱风格不同。斗栱由结构功能向装饰功能发展,其构件加工细致精美,如南宋大足南山石窟中的殿阁形式就采用了类似如意斗栱的做法(图5.63)。

1.夹江千佛崖　　　　　　　　　　2.大足宝顶山摩崖大宝珠楼

第五章　摩崖石窟中反映的唐宋建筑　　211

3.大足北山第176号龛殿阁　　4.大足毗卢道场殿阁

图 5.62　摩崖中的殿宇

(自摄、自绘)

1.宋代殿宇：大足南山石窟　　2.唐代殿宇：大足北山石窟

图 5.63　摩崖中的唐宋建筑形象

(1.王庆瑜：《大足石刻艺术》, 第 75 页; 2.自摄)

装饰由简到繁的地域化特色变化：从雕刻中反映的唐宋建筑的屋顶到大木构架都能明显地看出由繁到简的现象，而唯独门窗装饰构件却由简朴向繁复变化，直棂门窗与卧棂门窗这种唐代朴实的装饰风格，在宋代的建筑雕刻中几乎不再出现，转而出现钱纹窗、米字窗等具有地方特色的装饰手法。佛教题材、建筑形态和装饰雕刻，反映出宋代的建筑艺术已经逐渐吸纳地方工匠的做法。

巴蜀地区宋代摩崖石窟中反映的栏杆形式做法在唐代的基础上有一定的改变。简单的栏杆主要沿用唐代的直棂式栏杆，但做法相当简朴。唐代流行的卧棂式栏杆，在宋代比较少见。宋代摩崖石窟的华版栏杆形式，除了继续保持唐代摩崖石窟中的勾片华版栏杆外，还发展了花纹繁复的斜毯纹栏杆。另外在宋代楼阁式建筑的二层或二层以上，除了当心间不施栏杆外，两次间以及转角贯通施以转角栏杆，这种栏杆多以直棂式栏杆为主，望柱出头，施以莲花装饰。

在色彩装饰上，巴蜀摩崖石窟中的唐宋建筑也体现出了一定的差异。唐建筑柱子多为红色，椽子为青绿色。宋代建筑转为民居风格，柱子和裸露的梁架多采用黑色或黑色中掺杂点赭石的大漆漆面，墙体土红色，屋顶多用小青瓦一般的深灰黑色(也有用绿色琉璃瓦的)，一如当地流传至今的民居色彩。门窗颜色为青绿之色，勾栏主体背部为红色。在宋代建筑外观上，还出现了类似织物做成的结彩、用布幔结成的彩球和灯笼等。物质的日益丰富推动了人们对世俗生活的热爱和追求。

目前保留的巴蜀摩崖石窟中反映的唐、宋建筑形态风格存在着一定的分水岭特征。即几乎唐代建筑皆保存着北方官式建筑的做法，显示出大气稳重又精美的特点，而摩崖石窟中表现的部分宋代建筑则体现出浓郁的地方建筑色彩，有着清新秀美的特质。

摩崖石窟中反映了丰富的建筑类型，如殿堂、楼阁、塔、经幢、台、桥梁等。这些建筑部分以单体建筑的形式出现，而更多的是以建筑组群的形式出现。根据目前所掌握的基础资料，可将其建筑群体组合方式分为三种：并列式组合、聚合式组合以及围合式组合。从院落布局讲，巴蜀摩崖中表现的院落布局主要有两个特点：其一，以殿堂为主轴的中心式布局；其二，以廊院为特色的院落布局。

从建筑详部及构件类型特征来看，摩崖反映的唐宋建筑台基有素台基和须弥座两种做法。梁柱斗栱方面：柱有圆柱和方柱，圆柱有梭柱的做法，或者柱顶抹圆；方柱转角抹成圆角。柱比较粗壮，柱身朴素，未有其他修饰。梁有直梁和月梁两种做法。斗栱式样丰富，用法也很灵活，多用于殿堂、佛阁、楼阁式塔、台等建筑。斗栱形式有单斗、一斗三升、人字栱、斗栱重叠出跳、昂等。摩崖石窟中出现了出五跳的斗栱做法，这种八铺作的斗栱形式在唐宋的实物和壁画中都较为少见，唐代巴蜀地区建筑技术和艺术的成熟可窥一斑。从屋顶形式来看，主要有四阿顶、九脊殿、悬山顶、攒尖顶等，这些屋顶又有单檐和重檐形式。巴蜀摩崖石窟建筑中反映的门的形式有版门、格子门。目前发现的唐窗形式只有直棂窗，宋窗则除了直棂窗外还有斜纹的格子窗，摩崖中还保留了《营造法式》中提及但无实例的闪电窗形式。

从唐代摩崖石窟与敦煌石窟壁画中的建筑形象与建筑实例的对比可以看出巴蜀地区的建筑与北方建筑的融合关系。这种南北合流的局面在宋代开始分流。从目前巴蜀摩崖石窟中反映的唐宋建筑形式可以看出，与唐代建筑相比，宋建筑在形态、风格、装饰等方面呈现出一定的演变。其演变特点主要体现为：建筑手法从官式化到地域化演变、构架形式从大木大式到简朴的大木小式演变、装饰细节由简到繁的地域化特色演变。

巴蜀地区唐宋摩崖石窟中雕刻的建筑类型及其构件做法，很大程度地保存了唐宋时期建筑结构构件的做法，反映了当时建筑的技术和艺术特点，在唐代建筑实例保存不多的状况下，为我们研究唐代建筑提供了丰富的研究资料。同时，参照《营造法式》的工程构件做法，结合摩崖石窟中提供的实证，可以更全面地推论和佐证唐宋时期巴蜀地区建筑更多的构件特征和工程做法。

主要参考文献

(东汉)班固撰，(唐)颜师古注.1962.汉书.北京：中华书局.
(西汉)司马迁.1962.史记·货殖列传.北京：中华书局.
(北魏)杨衒之著，周祖谟校释.2000.洛阳伽蓝记校释.上海：上海书店出版社.
(东晋)常璩.1958.华阳国志·蜀志.上海：商务印书馆.
(东晋)常璩撰，刘琳校注.1984.华阳国志校注.成都：巴蜀书社.
(南朝)范晔.1965.后汉书·西南夷列传.北京：中华书局.
(南北朝)郦道元注.1989.水经注疏.杨守敬，熊会贞疏.南京：江苏古籍出版社.
(北宋)李诫.2006.营造法式.北京：人民出版社.
(北宋)欧阳修，宋祁.1975.新唐书.北京：中华书局.
(南宋)王象之.2003.舆地纪胜.北京：中华书局.
(南宋)祝穆.2003.方舆胜览.北京：中华书局.
(宋)邓椿.2004.画继.北京：人民美术出版社.
(五代)刘昫.1975.旧唐书.北京：中华书局.
(唐)杜佑.1984.通典(影印本).北京：中华书局.
(唐)段成式.1981.酉阳杂俎.北京：中华书局.
(明)曹学佺.1986.蜀中广记//(清)纪昀.景印文渊阁四库全书本.台北：台湾商务印书馆.
(清)董诰.1990.全唐文.上海：上海古籍出版社.
(清)黄廷桂，张晋生.1986.雍正四川通志//(清)纪昀.景印文渊阁四库全书本.台北：台湾商务印书馆.
(清)李南晖修，张翼儒纂.乾隆《威远县志》，乾隆四十年刻本.
(清)张曾敏修，陈琦纂.乾隆《屏山县志》，嘉庆五年增刻本.
(清)刘元熙修，李世芳纂.嘉庆《宜宾县志》，道光十二年增刻本.
(清)马百龄修，魏崧，郑宗垣纂.道光《仁寿县新志》，道光十八年刻本.
(清)李钟峨纂修，锡檀续修，陈瑞生，邓范之续纂.道光《通江县志》，道光二十八年刻本.
(清)裴显忠修.道光《乐至县志》，道光二十年刻本.
(清)吴章祁，杨文保修，顾士英纂.道光《蓬溪县志》，道光二十五年刻本.
(清)徐继镛修，李惺纂.咸丰《阆中县志》，咸丰元年刻本.
(清)文良修，陈尧采纂，同治《嘉定府志》，同治三年刻本.
(清)郭世棻修，文笔超等纂.光绪《青神县志》，光绪三年刻本.
(清)孙清士修，解璜，徐元善纂.光绪《蒲江县志》，光绪四年刻本.
(清)陈其宽修，邹宗垣等纂.光绪《续修安岳县志》，光绪二十三年刻本.
(清)顾怀壬等修，周克坤纂.宣统《广安州新志》，民国十六年重印本.

王安镇修, 夏璜纂. 民国《潼南县志》, 民国四年刻本.
郑贤书等修, 张森楷纂. 民国《新修合川县志》, 民国十一年刻本.
刘夐修纂. 民国《邛崃县志》, 民国十一年排印本.
王铭新等修, 郭庆琳等纂. 民国《眉山县志》, 民国十二年石印本.
刘良模等修, 罗春霖等纂. 民国《丹陵县志》, 民国十二年石印本.
严希愼修, 陈天锡等纂. 民国《江安县志》, 民国十二年排印本.
曾庆昌原本, 易元明修, 朱寿朋, 伍应奎纂. 民国《内江县志》, 民国十四年石印本.
熊道琛, 钟俊等修, 李灵椿等纂. 民国《苍溪县志》, 民国十六年排印本.
王铭新, 解汝襄等修, 钟毓灵, 龚维锜等纂. 民国《大邑县志》, 民国十八年排印本.
李良俊修, 王荃善等纂. 民国《新修南充县志》, 民国十八年排刻本.
廖世英修, 赵熙, 虞兆清等纂. 民国《荣县志》, 民国十八年排刻本.
鲍鼎, 刘敦桢, 梁思成. 1934. 汉代的建筑式样与装饰. 中国营造学社汇刊, 5(2): 1-27.
王禄昌修, 高觐光等纂. 民国《泸县志》, 民国二十七年排印本.
朱之洪等修, 向楚等纂. 民国《巴县志》, 民国二十八年刻本.
谢开来等修, 王克礼, 罗映湘纂. 民国《重修广元县志稿》, 民国二十九年排印本.
张仲孝等修, 马文灿等纂, 余震等续纂. 民国《巴中县志》, 民国二十九年石印本.
周翔修, 刘锡纯纂. 民国《重修彭山县志》, 民国三十三年排印本.
郭鸿厚修, 陈习删等纂. 民国《重修大足县志》, 民国三十四年排印本.

《中国地方志集成》编委会. 1992. 中国地方志集成. 四川府县志辑. 成都: 巴蜀书社, 南京: 江苏古籍出版社, 上海: 上海书店.
白化文. 2005. 汉化佛教参访录. 北京: 中华书局.
常青. 1992. 西域文明与华夏建筑的变迁(博士论丛). 长沙: 湖南教育出版社.
常青. 1996. 佛祖真容·中国石窟寺探秘. 成都: 四川教育出版社.
晁华山. 2001. 佛陀之光: 印度与中亚佛教胜迹. 北京: 文物出版社.
陈从周. 2007. 惟有园林. 天津: 百花文艺出版社.
陈凯峰. 1996. 建筑文化学. 上海: 同济大学出版社.
陈明达. 1998. 古建筑与雕塑史论. 北京: 文物出版社.
陈世松. 1986. 四川简史. 成都: 四川省社会科学院出版社.
陈扬炯. 2008. 中国净土宗通史. 江苏: 凤凰出版社.
陈聿东. 1992. 佛教与雕塑艺术. 天津: 天津人民出版社.
成都文物考古研究所, 四川省文物管理局, 北京大学中国考古学研究中心, 等. 2006. 巴中石窟内容总录——西龛. 成都: 四川出版集团, 巴蜀书社.
丁明夷. 1988. 四川石窟杂识. 文物, (8): 46-58.
杜继文. 1991. 佛教史. 北京: 中国社会科学出版社.
段玉明. 1994. 中国寺庙文化. 上海: 上海人民出版社.
敦煌研究院. 1996. 敦煌石窟内容总录. 北京: 文物出版社.
范文澜. 1978. 中国通史. 北京: 人民出版社.
范小平. 2006. 四川崖墓石刻建筑研究//段渝. 巴蜀文化研究(第三辑). 成都: 四川出版集团,

巴蜀书社：271.
冯汉骥. 1954. 成都万佛寺石刻造像——全国基建出土文物展览会西南区展览品之一. 文物参考资料, (9).
冯友兰. 1996. 中国哲学简史. 北京：北京大学出版社.
傅熹年. 1998. 傅熹年建筑史论文集. 北京：文物出版社.
傅熹年. 1999. 试论唐至明代官式建筑发展脉络及其与地方传统的关系. 文物, (10)：81-93.
傅熹年. 2001. 中国古代建筑史. 北京：中国建筑工业出版社.
高文. 1998. 四川汉代石棺画像集. 北京：人民美术出版社.
葛兆光. 1995. 中国禅思想史——从6世纪到9世纪. 北京：北京大学出版社.
葛兆光. 1996. 道教与中国文化. 上海：上海人民出版社.
辜其一. 1961. 四门唐代摩崖中反映的建筑形式. 文物, (11).
顾颉刚. 1981. 论巴蜀与中原的关系. 成都：四川人民出版社.
广州文物管理处, 中山大学, 考古专业75届工农学员. 1977. 广州秦汉造船工场遗址试掘. 文物, (4)：1-17, 82-85.
郭朋. 1980. 隋唐佛教. 山东：齐鲁书社.
郭相颖. 2000. 大足石刻研究. 重庆：重庆出版社.
郭璇. 2001. 巴蜀摩崖佛寺研究. 重庆：重庆大学硕士学位论文.
韩一城. 2000. 斗栱的结构、起源、与《营造法式》——"铺作"与"跳、铺之作"辨析. 古建园林技术, (1)：14-17, 13.
何建中. 2001. 疑义相与析——读《斗栱的结构、起源与〈营造法式〉》. 古建园林技术, (1)：27-30.
何建中. 2008. 唐宋木结构建筑实例的基本尺度与《营造法式大木作研究》. 古建园林技术, (4)：14-16.
何志国. 1991. 试谈绵阳出土东汉佛像及其相关问题. 四川文物, (5)：23-30.
何志明, 潘运告. 1997. 唐五代画论(历代名画录). 长沙：湖南美术出版社.
洪再新. 2000. 中国美术史. 北京：中国美术学院出版社.
侯幼彬. 1997. 中国建筑美学. 哈尔滨：黑龙江科学技术出版社.
胡文和. 1994. 四川道教佛教石窟艺术. 成都：四川人民出版社.
胡文和. 1997. 四川佛教石窟中立体表现的唐代建筑. 西北美术, (2)：40-45.
胡文和. 1997. 四川和敦煌石窟中的"西方净土变"的比较研究. 考古与文物, (6)：14.
胡文和. 2001. 大足石篆山石门山妙高山宋代石窟与文氏镌匠世家的关系研究. 中华佛学学报, (14)：55-90.
黄河涛. 1994. 禅与中国艺术精神的嬗变. 北京：商务印书馆.
黄尚军. 1996. . 四川方言与民俗. 成都：四川人民出版社.
黄夏年. 2000. 佛教三百题. 上海：上海古籍出版社.
黄心川. 1998. "三教合一"在我国发展的过程、特点及其对周边国家的影响. 哲学研究, (8)：25-31.
黄休复. 2002. 益州名画录(卷上). 成都：四川人民出版社.
黄阳兴. 2005. 唐代密宗曼荼罗信仰及其传播. 复旦大学硕士学位论文.

计成原. 2004. 园冶注释. 陈植注释. 北京: 中国建筑工业出版社.
蒋剑云. 1991. 浅谈殿堂与厅堂. 古建园林技术, (2): 38-42.
[美]康拉德·希诺考尔, 米兰达·布朗. 2008. 中国文明史. 袁德良译, 北京: 群言出版社.
孔令纪. 1993. 中国历代官制. 济南: 齐鲁书社.
蓝勇. 1989. 四川古代交通路线史. 重庆: 西南师范大学出版社.
蓝勇. 1990. 唐宋四川馆驿汇考. 成都大学学报(社会科学版), (4): 64-69.
蓝勇. 1997. 西南历史文化地理. 重庆: 西南师范大学出版社.
雷玉华, 程崇勋. 2003. 巴中石窟. 成都: 巴蜀书社.
雷玉华, 王剑平. 2002. 广元石窟. 成都: 巴蜀书社.
黎方银, 王熙祥. 1988. 大足北山佛湾石窟的分期. 文物, (8): 31-45.
黎方银. 1990. 大足石窟艺术. 重庆: 重庆出版社.
黎方银. 2004. 大足石刻. 西安: 三秦出版社.
李百进. 2000. 唐风建筑斗栱初探(上). 古建园林技术, (4): 24-29.
李百进. 2001. 唐风建筑斗栱初探(下). 古建园林技术, (1): 17.
李百进. 2003. 唐风建筑体系浅谈. 古建园林技术, (4): 32-37.
李崇峰. 2003. 中印佛教石窟寺比较研究: 以塔庙窟为中心. 北京: 北京大学出版社.
李复华. 陶鸣宽. 1957. 东汉岩墓内的一尊石刻佛像. 文物参考资料, (6): 89-90.
李敬洵. 1988. 唐代四川经济. 成都: 四川省社会科学院出版社.
李良. 2001. 四川石窟、摩崖造像综述. 四川文物, (4): 49-55.
李巳生. 1993. 中国美术全集——雕塑篇(12)四川石窟雕塑. 北京: 人民美术出版社.
李巳生. 2006. 川密造像艺术初探. 中华佛学学报. (19): 436-480.
李松等. 2003. 中国古代雕塑. 北京: 外文出版社, 纽黑文/伦敦: 耶鲁大学出版社.
李先逵. 1994. 古代巴蜀建筑的文化品格//建筑历史与理论(第五辑). 北京: 中国建筑工业出版社. 31-37.
李映涛. 2009. 唐代巴蜀地区城市等级结构与空间分布特征研究. 社会科学研究, (3): 159-162.
李裕群. 2003. 北朝晚期石窟寺研究. 北京: 文物出版社.
李裕群. 2003. 古代石窟. 北京: 文物出版社.
李裕群. 2004. 山野佛光——中国石窟寺艺术. 成都: 四川人民出版社.
李远国. 1985. 四川道教史话. 成都: 四川人民出版社.
李允鉌. 2005. 华夏意匠. 天津: 天津大学出版社.
李泽厚. 1981. 美的历程. 北京: 文物出版社.
[韩]李正晓. 2005. 中国早期佛教造像研究. 北京: 文物出版社.
李最雄. 2002. 丝绸之路石窟的岩石特征及加固. 敦煌研究, (4):73-83, 112.
梁漱溟. 2005. 印度哲学概论. 上海: 上海人民出版社.
梁思成. 1981. 清式营造则例. 北京: 中国建筑工业出版社.
梁思成. 1997. 中国雕塑史. 天津: 百花文艺出版社.
梁思成. 1998. 中国建筑史. 天津: 百花文艺出版社.
梁思成. 1999. 中国建筑艺术图集. 天津: 百花文艺出版社.

林建民. 1995. 中国历代帝王世系年表. 济南: 齐鲁书社.

林向. 1986. 蒲江龙拖湾北朝题名碑、石刻造像考察初记. 成都文物, (2).

林向. 2006年. "巴蜀文化"辩证//段渝. 巴蜀文化研究(第三辑). 成都: 四川出版集团、巴蜀书社.

刘德仁, 沈庆生, 王家楼. 1980. 四川古代科技人物. 成都: 四川人民出版社.

刘敦桢. 1937. 河南省北部古建筑调查记. 中国营造学社汇刊, 6(4): 30-129.

刘敦桢. 1984. 中国古代建筑史(第二版). 北京: 中国建筑工业出版社.

刘临安, 曹云钢, 张旖旎. 2008. 从汉代明器看建筑斗栱的特征. 建筑师, (1): 81-85.

刘临安. 1997. 中国古代建筑的纵向构架. 文物, (6): 68-73.

刘长久. 1997. 安岳石窟艺术. 成都: 四川人民出版社.

刘长久. 1998. 中国西南石窟艺术. 成都: 四川人民出版社.

刘志远, 刘廷壁. 1958. 成都万佛寺石刻艺术. 北京: 中国古典艺术出版社.

龙显昭. 2004. 巴蜀佛教碑文集成. 成都: 巴蜀书社.

罗二虎. 1987. 四川崖墓开凿技术探索. 四川文物, (2): 33-38.

罗二虎. 2000. 汉晋时期的中国"西南丝绸之路". 四川大学学报(哲学社会科学版), (1): 84-105.

罗娅玲. 1990. 乐山市中区东汉崖墓的调查收获. 四川文物, (6): 35-40.

罗哲文. 2005. 中国名窟——石窟寺、摩崖石刻与造像. 天津: 百花文艺出版社.

吕建福. 1995. 中国密教史. 北京: 中国社会科学出版社.

吕江. 1988. 唐宋楼阁建筑研究//清华大学建筑系. 建筑史论文集(第十辑). 北京: 清华大学出版社: 22-56.

吕林. 1988. 四川汉代画象艺术选. 成都: 四川美术出版社.

马炳坚. 2000. 铺作·出跳·枓科及其它——《营造法式》学习扎记[1]. 古建园林技术, (2): 15-18.

[意]马里奥·布萨利. 2010. 东方建筑. 单军, 赵焱译. 北京: 中国建筑工业出版社.

蒙默, 刘琳, 唐光沛等. 1989. 四川古代史稿. 成都: 四川人民出版社.

南怀瑾. 1996. 中国佛教发展史略. 上海: 复旦大学出版社.

倪建林. 2000. 中国佛教装饰. 南宁: 广西美术出版社.

潘谷西, 何建中. 2005. 营造法式解读. 南京: 东南大学出版社.

潘谷西. 2004. 中国建筑史. 北京: 中国建筑工业出版社.

米田水译注. 2000. 图画见闻志·画继. 长沙: 湖南美术出版社.

彭一刚. 2005. 中国古典园林分析. 北京: 中国建筑工业出版社.

祁英涛. 1986. 中国古代建筑的保护与维修. 北京: 文物出版社.

祁志祥. 1997. 佛教美学. 上海: 上海人民出版社.

乔迅翔. 2004. 中国古代木构楼阁的建筑构成探析. 华中建筑, (1): 111-117.

清华大学建筑系. 2000. 建筑史论文集. 北京: 清华大学出版社.

任继愈. 1988. 中国佛教史. 北京: 中国社会科学出版社.

---

[1] 原文"扎记",应为"札记"。

任晓红. 1994. 禅与中国园林. 北京: 商务印书馆国际有限公司.
阮荣春. 2000. 佛教南传之路. 长沙: 湖南美术出版社.
[法]色伽兰. 1930. 中国西部考古记. 冯承钧译. 上海: 上海商务印书馆.
申再望. 1992. 西南丝绸之路. 成都: 四川人民出版社.
四川省佛教协会, 四川省宗教志办公室. 1992. 巴蜀禅灯录. 成都: 成都出版社.
四川省建设委员会, 四川省勘察设计协会, 四川省土木建筑学会. 1992. 四川古建筑. 成都: 四川科技出版社.
苏渊雷. 1988. 佛教与中国传统文化. 长沙: 湖南教育出版社.
孙机. 1990. 汉代物质文化资料图说. 北京: 文物出版社.
谭洛非. 1986 年. 四川石刻——尚待开发的艺术宝库. 四川文物, (S1): 2-3.
汤一介. 2000. 佛教与中国文化. 北京: 宗教文化出版社.
汤用彤. 1975. 隋唐及五代佛教史. 台北: 慧炬出版社.
童登金. 2003. 大足石刻保护与研究文集. 北京: 文物出版社.
童寯. 2006. 园论. 天津: 百花文艺出版社.
王贵祥. 1985. 略论中国古代高层木构建筑的发展(一). 古建园林技术, (1): 2-9.
王贵祥. 1986. 关于唐宋建筑外檐铺作的几点初步探讨(一). 古建园林技术, (4): 8-12.
王贵祥. 1989. 唐宋单檐木构建筑平面与立面比例规律的探讨. 北京建筑工程学院学报, (2): 49-70.
王家祐. 1987. 四川道教摩崖造像概况. 中国道教, (1).
王剑平. 2000. 皇泽寺及石窟艺术. 伊犁: 伊犁人民出版社.
王金华, 田兴玲. 2006. 西部石窟保存状况及综合保护防治对策之一——西部石窟特征发现. 中国文物报.
王其钧, 谢燕. 2005. 宗教建筑. 北京: 中国水利水电出版社.
王振复. 1989. 中华古代文化中的建筑美. 上海: 学林出版社.
韦克威, 林家奕, 许吉航. 2003. 楼阁建筑群体组合中的视觉控制浅析. 华中建筑, (6): 88-91.
韦克威. 2001. 中国古代楼阁建筑的发展特征浅探. 华中建筑, (2): 102.
温玉成. 1993. 中国石窟与文化艺术. 上海: 上海人民美术出版社.
文物编辑委员会. 1979. 文物考古工作三十年(1949—1979). 北京: 文物出版社.
巫鸿. 2000. 汉唐之间的宗教艺术与考古. 北京: 文物出版社.
巫鸿. 2003. 汉唐之间的视觉文化与物质文化. 北京: 文物出版社.
巫鸿. 2006. 武梁祠. 北京: 生活·读书·新知三联书店.
[德]A. 格伦威德尔. 2007. 新疆古佛寺. 赵崇民, 巫新华译, 北京: 中国人民大学出版社.
吴焯. 1992. 四川早期佛教遗物及其年代与传播途径的考察. 文物, (11): 40-50, 67.
吴焯. 1994. 佛教东传与中国佛教艺术. 杭州: 浙江人民出版社.
吴格言. 2004. 文化传播学. 北京: 中国物资出版社.
吴庆洲. 2005. 建筑哲理意匠与文化. 北京: 中国建筑工业出版社.
肖楚宇. 2002. 中国汉地佛教建筑室内空间探析. 哈尔滨工业大学硕士学位论文.
肖旻, 吴庆洲. 2003. 唐宋古建筑尺度规律研究. 新建筑, (3): 80.

肖卫东, 蔡光洁. 2007. 昨日佛光——青神中岩寺摩崖造像白描集. 成都: 四川出版集团, 四川美术出版社.
萧登福. 2003. 道家道教与中土佛教初期经义发展. 上海: 上海古籍出版社.
萧默. 1989. 敦煌建筑研究. 北京: 文物出版社.
谢志成. 1987. 四川汉代画像砖上的佛塔图像. 四川文物, (4): 62-64.
宿白. 1996. 中国石窟寺研究. 北京: 文物出版社.
宿白. 2006. 汉地佛寺布局初探//周绍良. 梵宫: 中国佛教建筑艺术. 上海: 上海辞书出版社.
徐中舒. 1982. 论巴蜀文化. 成都: 四川人民出版社.
薛克翘. 1994. 佛教与中国文化. 北京: 中国华侨出版社.
阎文儒. 2003. 中国石窟艺术总论. 桂林: 广西师范大学出版社.
杨明芬. 2007. 唐代西方净土礼忏法研究. 北京: 民族出版社.
杨宇振. 2002. 中国西南地域建筑文化的研究. 重庆大学博士学位论文.
姚承祖. 1986. 营造法原. 北京: 中国建筑工业出版社.
姚崇新. 2004. 试论广元、巴中两地石窟造像的关系——兼论巴中与敦煌之间的古代交通. 四川文物, (4): 63-70.
姚乐野. 2005. 汉唐间巴蜀地区开发研究. 四川大学博士学位论文.
[日]羽溪了谛. 1999. 西域之佛教. 北京: 商务印书馆.
负安志. 1986. 试论大足宝顶山密宗造像的渊源. 考古与文物, (2).
袁庭栋. 1991. 巴蜀文化. 沈阳: 辽宁教育出版社.
张伯元. 1995. 安西榆林窟. 成都: 四川教育出版社.
张才俊. 1985. 四川忠县涂井蜀汉崖墓. 文物, (7): 49-95.
张道一. 1980. 中国古代图案选. 南京: 江苏美术出版社.
张弓. 1997. 汉唐佛寺文化史(上、下). 北京: 中国社会科学出版社.
张家骥. 1980. 太和殿的空间艺术//王伯扬. 建筑师. 北京: 中国建筑工业出版社.
张静娴. 1979. 斗栱的运用、安装及榫卯//清华大学建筑工程系. 建筑史论文集(第二辑). 北京: 清华大学出版社.
张家骥. 1985. 独乐寺观音阁的空间艺术//王伯扬. 建筑师, 北京: 中国建筑工业出版社.
张荣明. 1994. 道佛儒思想与中国传统文化. 上海: 上海人民出版社.
张十庆. 2007. 从建构思维看古代建筑结构的类型与演化. 建筑师, (2): 168-171.
张十庆. 2015. 古代楼阁式建筑结构的形式与特点——缠柱造辨析. 美术大观, (9): 91-97.
张兴国, 郭璇. 2015. 中国西南古建筑典例图文史料·大足石刻与古建筑群. 重庆: 重庆大学出版社.
张兴国, 廖屿荻. 2017. 中国西南古建筑典例图文史料·贵州镇远青龙洞古建筑群. 重庆: 重庆大学出版社.
张兴国. 1995. 潼南大佛寺建筑与环境. 四川建筑, (1): 23-24.
张驭寰. 2007. 佛教寺塔. 北京: 宗教文化出版社.
张泽咸. 1986. 唐五代赋役史草. 北京: 中华书局.
张总. 1999. 永恒的寺庙——石窟艺术. 长春: 吉林美术出版社.
赵策. 1996. 土石之魂: 中国古代雕塑发现. 成都: 四川教育出版社.

赵殿增. 1987. 巴蜀文化几个问题的探讨. 文物, (10): 18-21.
赵一德. 1998. 云冈石窟文化. 太原: 北岳文艺出版社.
中国科学院自然科学史研究所. 2016. 中国古代建筑技术史. 北京: 科学出版社.
重庆出版社. 1996. 中国石窟雕塑精华·四川观音·菩萨造像. 重庆: 重庆出版社.
重庆出版社. 1998. 中国石窟雕塑精华·四川巴中石窟. 重庆: 重庆出版社.
周绍良. 2006. 梵宫: 中国佛教建筑艺术. 上海: 上海辞书出版社.
朱晓丽. 2005. 蒲江邛崃唐代佛教摩崖造像的题材和编年. 四川大学硕士学位论文.
[美]H. 因伐尔特. 1991. 犍陀罗艺术. 上海: 上海人民美术出版社.
Jing Anning. 1994. Yongle palace: the transfirmation of Daoist pantheon during the Yuan dynasty. 普林斯顿大学博士论文.

附　　录

附表1　巴蜀摩崖造像大事纪年年表

年代	地点	实证	内容	备注
东汉汉安元年(142年)	简阳市逍遥洞三国崖壁上	石窟题刻	道教	毁于"文化大革命"中
东汉晚期—三国蜀汉时期(196~263年)	乐山麻浩崖墓、乐山柿子湾崖墓、彭山江口崖墓	坐佛或一坐佛两侍佛	早期佛教造像	现存相关博物馆内
东晋大兴二年(319年)	剑阁碗泉山	造像	道教	现存于原址
西凉嘉兴元年(417年)	蒲江县南6公里龙拖湾	摩崖造像第4号龛	佛教造像题记碑	现存于原址
南朝宋元嘉二年(425年)	清末成都万佛寺废址出土	造像碑	佛教净土变	流入法国
北魏延昌三年(514年)	广元	造像	释迦佛造像	现存广元市文物管理所
隋开皇十一年(591年)	重庆潼南定名山大佛寺崖壁	造像	道教天尊	现存于原址
隋大业五年(609年)	巴中西2公里风骨山西龛	造像，主像毁，左侧有题记	佛教造像题刻	现巴中西龛第21号龛(原编号6)
隋大业六年(610年)	绵阳西山观	造像、题刻	道教天尊造像	现存于原址
隋大业十四年(618年)	蒲江县鸡公树山	龛门左侧有题记	佛教	鸡公树山摩崖造像第1号龛
唐贞观二年(628年)	广元皇泽寺	武则天的父亲和杨夫人在皇泽寺造像	佛教	现存于原址
唐贞观四年(630年)	茂县较场坝点将台	官员所建，释迦牟尼造像等，龛有题记	佛教	现存于原址
唐贞观八年(634年)	梓潼县卧龙山	僧道密建摩崖造像4龛	佛教	现存第4号龛风化，其他3龛尚好
唐贞观九年(635年)	阆中佛尔岩	摩崖造像	佛教	现存，即佛尔岩第13号龛
唐贞观十六年(642年)	绵阳开元寺	释迦多宝说法龛，有题记	佛教	现存于原址
唐贞观二十一年(647年)	剑阁县武连镇新桥村横梁子	释迦佛，有题记	佛教	现存武连镇新桥村横梁子第2号龛
唐永徽年间(650~655年)	重庆大足西南20公里宝山乡建角村尖山子	弥勒说法龛，有题记	佛教	现存大足尖山子摩崖第7号龛
唐龙朔三年(663年)	通江千佛崖	阿弥陀变相，有题记	佛教	现存通江千佛崖第6号龛
唐永昌元年(689年)	蒲江飞仙阁	弥勒1龛	佛教	现存蒲江飞仙阁第60号龛
唐武周万岁通天元年(696年)	广元千佛崖	观音	佛教	现存广元千佛崖第13号莲花洞

续表

年代	地点	实证	内容	备注
唐开元元年(713年)	乐山凌云寺	海通禅师主持凿弥勒大佛	佛教	现存
唐开元元年(713年)	营山县太蓬山	弥勒佛龛,有题记	佛教	现存
唐开元六年(718年)	安岳玄妙观	法师李玄则开始营造道教造像,碑记	道教	现存碑记于玄妙观第6号龛
唐开元六年(718年)	南充青居山尾峰东岩左侧	凿大佛洞,造大像3尊	佛教	现大像已毁,唯存背光与窟顶图案
唐开元九年(721年)	蒲江县白岩寺	大佛	佛教	现存
唐开元十年(722年)	安岳千佛寨	刺史韦忠撰并建碑记	佛教	现存安岳千佛寨摩崖第54号龛
唐开元十一年(723年)	青城山天师洞	三皇像	道教	现存都江堰市青城山天师洞
唐开元十一年(723年)	安岳卧佛院	千佛百身,有题记	佛教	现存安岳卧佛院摩崖第50号龛
唐开元二十年(732年)	安岳圆觉洞	地方官员造像,有题记	道教	现存安岳县圆觉洞第96号龛
唐开元二十三年(735年)	重庆合川濮岩寺	地方官员造阿弥陀像	佛教	"文化大革命"中被破坏
唐开元二十三年(735年)	巴中南龛	释迦牟尼说法龛	佛教	现存巴中南龛第69号龛
唐开元二十七年(739年)	四川夹江县	千佛崖造像	佛教	现存夹江千佛崖第151、152、154号龛
唐天宝六年(747年)	四川旺苍县东北佛子崖	释迦牟尼像	佛教	现存旺苍县佛子崖第2号龛
唐天宝八年(749年)	仁寿县牛角寨坛神岩	道士杨正观造三清像并刻《南竺观记》碑	道教	现存仁寿县牛角寨第53号三宝窟
唐天宝九年(750年)	丹棱县龙鹄山	造像,有碑记	道教	现存,但风化过甚
唐天宝十年(751年)	重庆合川龙多山	造像,有题记	佛教	现存重庆合川龙多山摩崖第5号龛
唐天宝十年(751年)	资阳半月山、广元观音岩、巴中南龛	造像、经幢,另有题记	佛教	现存资阳半月山、广元观音岩、巴中南龛
唐天宝十二年(753年)	丹棱县刘嘴	造像,有题记	佛教	现存丹棱县刘嘴摩崖造像第8号龛
唐乾元二年(759年)	巴中	大理评事兼巴州长史韩济为巴州刺史严武造观音像并撰铭碑	佛教	现存巴中南龛第1号龛
唐大历元年(766年)	广安冲相寺	僧征海造像并纪年署"永泰二年",实为大历元年	佛教	现存广安冲相寺
唐大历二年(767年)	邛崃石笋山	造像,有题记	佛教	现存
唐大历二年(767年)	成都龙泉驿山泉乡	合龛像	三教合一	风化毁损严重
唐建中四年(783年)	资中重龙山	北崖造像	佛教	现存
唐贞元三年(787年)	夹江县吴场	造像	佛教	现存
唐贞元六年(790年)	仁寿望峨台	寺主主持造像	佛教	现存仁寿望峨台后面造像

续表

年代	地点	实证	内容	备注
唐贞元九年(793年)	资阳市半月山	《资阳县志》记载,无名氏凿巨佛……	佛教	现存资阳市半月山
唐贞元十四年(798年)	邛崃花置寺	释僧采造阿弥陀与千佛像。其侄撰碑《大唐嘉定州邛县花置寺新造无量诸佛右龛像记》	佛教	现存邛崃花置寺第4、5号龛
唐贞元十九年(803年)	乐山凌云寺	唐德宗下诏郡国修旧起废,嘉州刺史韦皋奉命完成凌云寺大佛	佛教	现存
唐元和十五年(820年)	邛崃磐陀寺	无量寿佛经变龛	佛教	现存邛崃磐陀寺第1号龛
唐大中元年(847年)	荣县	李栖辰造弥勒像	佛教	现存荣县罗汉洞
唐景福元年(892年)	重庆大足北山	昌州(大足)刺史韦君靖首创北山摩崖造像	佛教	现存
唐天复元年(901年)	资中西岩	造像,有题记	佛教	现存
北宋庆历四年(1044年)	安岳圆觉洞	十二圆觉菩萨像	佛教	现存
北宋元丰五年(1082年)	大足石篆山	安岳工匠释迦牟尼像,后元丰六年又造老君像	佛教、道教	现存
北宋元祐七年(1092年)	荣县	荣县弥勒大像完工	佛教	现存
北宋绍圣元年(1094年)	大足石门山	安岳工匠造龙王像,有题记	道教	现存大足石门山第13号龛
南宋绍兴二十一年(1151年)	潼南	潼南大佛竣工	佛教	现存潼南大佛寺
南宋绍兴年间(1131~1162年)	大足南山	何正言夫妇在大足南山造三清窟	道教	现存大足南山第5号龛三清窟
南宋淳熙三年(1176年)	重庆合川涞滩	弥勒造像,后淳熙十三年造释迦牟尼与禅宗六祖像	佛教	现存合川涞滩二佛寺
南宋绍定四年(1231年)	重庆大足宝顶山	赵智凤翻刻《释迦舍利宝塔禁中应现之图》	佛教	现存宝顶山小佛湾第9号窟
元至正二十三年至二十五年(1363~1365年)	重庆南岸弹子石	弥勒大佛	佛教	现存重庆南岸弹子石第1号龛
明永乐二十二年(1424年)	泸县玉蟾山	摩崖造像	道教	现存泸县玉蟾山山顶岩石上

注:1. 此表只是记录了有准确纪念的造像题刻或碑记记载,有些规模较大但是没有准确纪年和开龛碑记的摩崖或大像窟不在此表中。

2. 此表参考了刘永久《中国西南石窟艺术》之《四川及重庆石窟造像纪年与重要碑刻》。

附表 2　巴蜀摩崖造像的地理分布

摩崖石窟名	年代	崖面	造像规模	题材	备注
广元千佛崖造像	开凿于北魏晚期，经隋、唐、宋、元，明仍有开凿	广元市北4公里的嘉陵江东岸，在南北长约420米、高约40米的崖面上开窟龛。多可达13层	窟龛400多个，造像7000余尊。据《广元县志》的统计，有唐刻27段、五代刻5段、宋刻26段、元刻26段、明刻8段、无年号者41段	千佛、睡佛、多宝佛、三世佛、飞天等	
广元皇泽寺造像	始凿于北魏晚期，北周、隋、唐、宋都有开凿	嘉陵江西岸乌龙山麓，与广元市及广元千佛崖隔江相望。开凿在皇泽寺寺庙周围的崖壁上	窟龛50个，大窟6个，造像1203尊	释迦牟尼、菩萨等	
苍溪阳岳寺摩崖石窟	唐	造像位于苍溪县三川镇阳岳一组望天观，造像刻于山崖西北面	共计7龛，题材主要有西方净土变、五十三佛、二十五佛、三世佛等，其中五十三佛、二十五佛等题材可能与三阶教有关。是四川地区首次发现的有关三阶教的造像		
巴中南龛造像	最早造像于南北朝，大多窟龛开凿于盛唐前后，宋也有少量窟龛	由南龛山神仙坡东面崖壁、云屏石西面崖壁、山门石和观音岩几处组成。高十余丈，长数百尺，方正如削	造像137龛，2000余尊，有经幢14座，造像碑10则，新建碑4则，严武（唐巴州牧）"奏表"碑1幅，题记50条，诗文52首	释迦牟尼、鬼子母佛、双头瑞像、双背佛、菩萨等	
旺苍木门寺摩崖石窟	隋末唐初	造像位于木门寺前的两块大石上，一块大石俗称晒经石，另一块大石称佛爷石	造像20余龛	释迦牟尼等	
旺苍佛子崖摩崖造像	盛唐	位于旺苍县普济镇五星村东南150米处的一座山崖上	现存编号的龛像共41个	造像的题材、风格以及龛窟形制都与巴中石窟接近	
旺苍佛爷洞	约凿于初唐贞观时期	位于普济镇外古田坝广巴公路南侧山崖上	现存两龛唐代造像，其中1号龛造像较为重要		
巴中西龛造像	有很大一部分是晚唐、五代十国以及宋代的作品，但也有少数是唐代早期的	巴中市西2公里之西华山中，分布在西龛寺、流怀池和龙日寺三地	现存造像59龛，造像1900余躯	西方净土变、"释迦牟尼佛""阿弥陀佛""千佛本身故事"等	
巴中水宁寺造像	唐	于巴中市区东约45公里龙骨山岩上，崖面约长45米	共11龛、126尊	地藏和菩萨、飞天等	
巴中北龛造像	唐	巴中市北1公里巴河北岸的苏山南麓	34龛，造像348躯	七佛、释迦菩提瑞像、乐伎飞天等	
巴中沙溪造像	唐	巴中市兴文镇沙溪村田边带状崖面	17龛，造像100多躯	基本全是一坐佛二弟子二菩萨二力士	
大足北山佛湾造像	唐昭宗景福元年（892年），历经五代、两宋	崖面长约1公里、高7米，分为数段。中有巨石，亦开龛摩崖	共编为290号龛窟。其中有碑碣6通，题记和造像55处，经幢6座，银刻线画1幅，石窟造像364龛窟	文殊师利问疾图、地藏变相、数珠观音、普贤菩萨等	

续表

摩崖石窟名	年代	崖面	造像规模	题材	备注
大足宝顶山大佛湾造像	建于南宋淳熙六年至淳祐九年(1179~1249年)，历时70多年	大佛湾为幽深的马蹄形山湾，雕刻分布在东、南、北三面。以叙事模式摩崖，而不以龛计	碑刻题记14处，分成19组佛经故事组成的大型群雕，造像15000多尊	圆觉、密宗、佛教经变等	
梓潼县卧龙山千佛岩造像	西龛石窟造像于唐贞观八年(634年)	造像刻于卧龙山顶上一巨石之四面壁上，巨石为长方体，东西长5.5米、南北宽5.2米、高3.2米	3窟40余龛，造像1000多尊	释迦牟尼、菩萨、力士等	
广元观音崖造像	唐代天宝十年(751年)至元和十三年(818年)所造	广元观音崖在市南郊9公里的嘉陵江东岸崖壁上，崖面南北长约500米。北段、中段和南段	窟龛130个，造像442尊	造像以观音为主，又有普贤文殊等	
乐山凌云寺造像	大佛为唐开元元年(713年)名僧海通创建，后剑南西川节度使韦皋于贞元十九年(803年)完成，前后工程进行了约90年	凌云山西壁，岷江、青衣江、大渡河三江合流处。大佛为依凌云山栖鸾峰断崖凿成的一尊弥勒坐像，故又名凌云大佛	大像高71米，头高14.7米，头宽10米，肩宽24米，眼长3.3米，耳长7米。栈道旁有西方净土经变	释迦牟尼，西方净土经变	
乐山市龙泓寺造像	开凿于8世纪末9世纪初	龙泓寺位于乐山岷江下游，离九龙山约0.5公里，位于山之南麓。在北向崖上开龛	有数十余龛造像	罗汉、观音、阿弥陀佛以及西方净土变	现已损毁
眉山青神中岩寺摩崖	开凿于唐、宋、明、清亦陆续有开窟造像	青神中岩寺位于青神县南9公里处的岷江东岸	共48龛，造像2492尊	禅宗造像如达摩渡江等。其他西方三圣、净土变等	
安岳华岩洞造像	宋	位于安岳县石羊镇箱盖山上，距石羊镇6公里	分为两窟，造像159躯，碑刻题记24处	华严三圣、大乘十地菩萨、善财五十三构成圆觉道场	
安岳孔雀洞造像	开创于北宋，明代造像居多	位于安岳县双龙街乡孔雀村孔雀寺岩壁间	其洞依岩而凿，高4.7米，宽4.3米，进深2.7米。有大小龛窟8个，造像75尊，碑刻题记6处	孔雀明王、三佛阿弥陀、观音经变等	
安岳千佛寨造像	始于隋开皇十三年(593年)，最晚题记为南宋庆元元年(1195年)，亦有明清作品	位于安岳县城西郊2.5公里的大云山上，造像分布于南北两段崖壁上	造像105龛，佛像3061躯，唐碑30块，题记26处	释迦牟尼、观音、药师变	
安岳毗卢洞造像	创于五代后蜀，下至北宋	位于安岳县城东南5公里的石羊镇。毗卢洞造像由毗卢洞、幽居洞、千佛洞和观音堂组成	摩崖造像446躯，碑记题刻32处	紫竹观音、柳本尊十炼图	
安岳圆觉洞造像	经前蜀、后蜀，北宋时期造像最多	圆觉洞位于安岳县城东南角1.5公里的云居山，因山上刻有十二圆觉而得名。石窟造像分布于南、北两岩	窟龛103个，造像1900多尊，碑记题刻25处	释迦牟尼、观音、西方三圣、地狱变、三教合一	
安岳卧佛院	主要为盛唐作品	位于安岳县城北面25公里的八庙乡卧佛沟。造像分布于呈"几"字形沟内的南北两岩崖壁，造像崖壁长达0.5公里	窟龛139个，造像1613躯，40余万字石窟经文	大型佛涅槃、佛教经文	
安岳茗山寺造像	宋	距安岳县城63公里的顶新乡民乐村虎头山巅	窟龛20个，造像63躯，碑刻题记23处	毗卢佛、观音、大势至、文殊等	
荣县大佛寺造像	宋	距自贡34公里，刻在高约40米、宽约16米、深14米的敞口敞顶大龛上	高36.7米，大像旁有小龛无数	大像为弥勒坐像，旁边小龛有罗汉、西方净土变等	

续表

摩崖石窟名	年代	崖面	造像规模	题材	备注
合川钓鱼城造像	宋	位于合川钓鱼城山腰崖壁上	龛窟42个，全部造像共计1700余尊	千佛、佛涅槃经变	
合川涞滩二佛寺	宋	位于合川城东北约40公里的涞滩镇渠江西岸鹫峰山上，造像集中在两段崖壁上	主像释迦牟尼高12.5米，石窟总面积700余平方米，共计218龛，造像1670余尊	佛祖说法经变，罗汉、地狱经变	
荣县二佛寺造像	始建于唐开元元年(713年)	位于荣县城郊南山浮屠。沿壁开龛造像	造像上千尊	西方净土经变	
资阳半月山造像	始凿于唐德宗贞元九年(793年)，开眉目于南宋绍兴元年(1131年)	位于资阳市城南的大佛乡。造像凿于半月山西坡的半弧形环抱之中，坐东面西	坐南朝北，身高22.24米，胸宽11.2米	弥勒佛倚坐像，属净土宗造像	
潼南大佛寺造像	隋、唐、宋	位于潼南县城西北1.5公里的定明山下，横向崖壁刻主像，一旁崖壁上开有小龛	题记、诗咏、碑碣、造像等83则；镏金楹联镌刻20则；水文题刻5则；龛窟104个，佛像700余躯。释迦牟尼佛坐像，高18.43米	释迦牟尼	
江津大佛寺造像	明	重庆城南90公里处江津市石门场处崖壁，大像坐北向南	寺内正殿为观音菩萨摩崖造像，通高13.5米、肩宽5.9米、胸厚5.2米	观音	
南部禹迹山造像	宋，明嘉靖八年重修	位于距南部县15公里处的碑院镇	佛高17.5米，腰宽6.13米，下摆宽5.2米，肢掌长、宽均为1.3米	释迦牟尼	
泸县玉蟾山造像	明、清	位于泸州市区以北35公里的泸县。由多段崖壁组成	摩崖造像400余尊	观音、释迦牟尼等	
潼南县马龙山造像	民国十九年春(1930年)开凿，民国二十年(1931年)完成	摩岩凿造在马龙山太阳坡的北面岩壁上以及马龙山木鱼坡北面岩壁上	存有雕刻186龛，631尊，圆雕石像92尊，共计造像723尊	罗汉、卧佛等	
重庆弹子石造像	开凿于元末明初	位于重庆南岸区弹子石长江边上，长方形龛高13.75米、宽10.45米、深2.55米。旁有五佛殿	共8尊造像	一弥勒佛二胁侍弟子	
屏山丹霞洞造像	为道光二十一年(1841年)所建	位于宾市城区西南117公里处的屏山县龙华镇八仙山，由8个石窟组成	佛高32米，肩宽10米、头长8米、耳长3.2米	释迦牟尼	
乐至睡佛寺造像	唐、宋	位于回澜镇马锣杨家沟	卧像长10.5米、头长2.1米，其余造像24龛	佛涅槃经变	
青神中岩寺造像	唐	位于青神县城南沟9公里的岷江东岸	共48龛，2492尊造像	释迦牟尼、经幢等	
仁寿牛角寨造像	唐	位于县城北35公里的高家镇鹰头村牛角寨山上，龙泉山脉中段东侧边缘	除大佛外，共有101龛，刻有佛、道教造像1519尊	净土经变、三教合一等	
蒲江飞仙阁造像	唐、宋	坐落在蒲江县西南10公里处的朝阳湖山崖上和鹤山镇蒲砚村	共92龛，造像777尊	胡人像、菩提瑞像等	
邛崃花置寺造像	唐	在邛崃城西北7公里的花石山	共9龛，1475尊造像	千佛、净土经变等	
邛崃磐陀寺造像	唐	城西5公里西河乡磐陀村	共3龛	净土经变、千佛等	

续表

摩崖石窟名	年代	崖面	造像规模	题材	备注
邛崃石笋山造像	唐	大同景沟村石笋山，分为上下崖壁，列一派龛。崖面长100多米	共27龛	塔、释迦牟尼等	
资中重龙山造像	唐、五代、宋	位于资中城东北0.5公里处，由君子泉和古北岩上下两段崖壁组成	摩崖造像达160龛、1648尊	净土经变、释迦牟尼等	
夹江千佛寨造像	凿于隋，兴盛于唐，延及明。	位于城西偏南4公里处青衣江北岸崖壁上	原270龛，现存62龛，约2500尊	释迦牟尼、净土经变、天王等	
丹棱摩崖石窟造像	始建于隋文帝开皇十三年（593年），盛于唐，延续到明、清	分布在县城5个地方	已做勘测登记的龛窟有477个、造像1.2万余尊	观音、佛道合一等	
夹江牛仙寺造像	唐	在夹江县牛仙山崖壁上	龛窟254个，像2670余尊	宝瓶观音、观经变、说法图、宝塔等	
成都龙泉驿大佛寺造像	唐	山泉乡大佛村	造像50余龛，共计160余尊	三教合一、西方三圣	
阆中大像山造像	唐	位于阆中嘉陵江东岸大像山上	释迦坐佛1座，石窟造像5尊，石窟经幢1处，石窟墓亭1处	释迦牟尼、墓亭、经幢等	
绵阳碧水寺造像	唐	位于绵阳城区涪江东岸	摩崖佛教造18龛、石窟金刚经32品	观音、石窟金刚经	

附表 3 摩崖中反映殿阁的窟龛

经变龛所在地	年代	主殿	配殿	廊
夹江千佛崖第 99 号龛	唐	面阔三间，重檐四阿顶	无配殿	两层廊，联系主殿并通向两龛侧楼阁
夹江千佛崖第 137 号龛	唐	面阔三间，重檐九脊殿具平座	重檐九脊殿具平座	有阁道联系主殿、配殿的二楼并通向两龛侧楼阁
夹江千佛崖第 128 号龛	唐	面阔三间，重檐九脊殿具平座	重檐九脊殿具平座	有阁道联系主殿、配殿的二楼并通向两龛侧楼阁。两侧廊道上无屋顶
乐山青神中岩寺	唐	面阔三间，重檐四阿顶	重檐九脊殿	有阁道联系主殿、配殿的二楼并通向两龛侧楼阁
大足宝顶山净土经变崖	唐	面阔三间，重檐九脊殿具平座	重檐楼阁式塔具平座	有无顶廊道通过主殿、配殿的二楼并联系两龛侧高台建筑
安岳华严洞左壁	宋	不规则布局，有重檐庑殿	多为单层歇山小殿，有正立面出山墙面的做法	无
安岳华严洞右壁	宋	不规则布局，有三重檐庑殿，立面开圆形窗洞	多为单层歇山小殿，有正立面出山墙面的做法	无
大足北山第 245 号龛	唐	重檐四阿顶具平座，首层立面出龟头屋	重檐楼阁，具平座	两层廊，联系主殿并通向两龛侧楼阁，并不与两塔楼式配殿相连
阆中东山园林(摩崖，非龛)	宋	五开间	无	无
邛崃石笋山第 5 号龛	中唐	三开间	重檐楼阁，具平座	有无顶廊道通过主殿、配殿的二楼并联系两龛侧高台建筑
邛崃石笋山第 4 号龛	中唐	三开间	重檐楼阁，具平座	有无顶廊道通过主殿、配殿的二楼并联系两龛侧高台建筑
乐山龙泓寺经变龛	唐	重檐四阿顶具平座，首层立面出龟头屋	无	廊联系主殿和配殿并通向两龛侧楼阁
资中重龙山北岩第 55 号龛	唐	重檐四阿顶	楼阁	廊联系主殿和配殿并通向两龛侧楼阁
资中重龙山北岩第 26 号龛	唐	面阔三间，单檐四阿顶	共四殿排开，无主从概念	无
荣县大佛寺旁经变龛	唐	面阔三间，重檐四阿顶，具平座	比主殿矮小，面阔三间，重檐四阿顶，具平座	有廊道通过主殿、配殿的二楼并联系两龛侧高台建筑
仁寿牛角寨第 22 号龛	唐	无	隐露一角	无
邛崃磐陀寺	唐	三开间	重檐楼阁，具平座	有无顶廊道通过主殿、配殿的二楼并联系两龛侧高台建筑
邛崃花置寺	唐	三开间	重檐楼阁，具平座	有无顶廊道通过主殿、配殿的二楼并联系两龛侧高台建筑

续表

经变龛所在地	年代	主殿	配殿	廊
大足北山第176号窟	宋	无	重檐楼阁，具平座	无
安岳木鱼山第18号龛	唐	面阔五间，重檐四阿顶，具平座	面阔五间，重檐四阿顶，具平座	有廊道联系主殿和两旁配殿
安岳木鱼山第6号龛	唐	面阔三间，重檐四角攒尖顶，具平座	无	无
荣县二佛寺经变龛	唐	风化过甚，难辨认	重檐四阿顶，具平座	有廊道联系主殿和两旁配殿
丹棱郑山	唐	九脊殿，面阔三间，具平座	重檐九脊殿，具平座	无

附表4 巴蜀摩崖内反映塔的窟龛

石窟塔所在地	年代	塔类型	塔基	塔身	塔刹
夹江千佛崖第99号龛	唐	楼阁式塔	圆形	7层	刹杆上串双宝珠
夹江千佛崖第137号龛	唐	楼阁式塔	六边形	两层具平座	刹杆上串双宝珠
夹江千佛崖第128号龛	唐	楼阁式塔	六边形	两层具平座	刹杆上串双宝珠
安岳华严洞	宋	楼阁式塔	四边形	13层	宝珠收顶
安岳圆觉寺塔	宋	楼阁式塔	四边形	13层	刹杆上串三重相轮
巴中南龛单层塔1	唐	单层石塔	四边形	单层立面开拱形龛	三重相轮宝珠收顶
巴中南龛单层塔2	唐	单层石塔	四边形	单层立面开圆形龛	五重相轮上置宝珠收顶
巴中南龛单层塔3	唐	单层石塔	四边形	单层立面开拱形龛，上端叠涩出挑	五重相轮上置宝珠收顶
巴中南龛单层塔4	唐	单层石塔	四边形	单层立面开拱形龛，上端叠涩出挑	叠涩台上置元宝上四重相轮伞盖收拢，上有宝珠收顶
大足北山第245号龛(龛内)	唐	楼阁式塔	六边形	两层具平座	被遮挡，不详
大足宝顶山大佛湾	宋	亭阁式塔	六边形	单层，五面围合，一面开龛，内供佛像	莲花座与刹基，宝珠串于刹杆形成塔刹
大足宝顶山华严三圣手托单塔	宋	亭阁式塔	六边形	单层六个角柱之间收进，内塑像	刹基为仰莲，上四重圆盘，一枚宝珠结顶
夹江千佛崖第135号龛旁	唐	楼阁式塔	六边形	两层具平座	刹杆上串双宝珠
邛崃磐陀寺大像龛龛侧	唐	密檐式砖石	四边形，塔座有束腰，上隐有壶门	13层	宝珠结顶
大足宝顶山华严三圣手托多层塔	宋	楼阁式塔	四边形	7层	三层重盘，宝珠结顶
大足北山第136号窟	唐	单层塔	四边形	单层立面开龛供佛	花纹覆钵为刹基，上宝珠收顶
荣县大佛寺、荣县二佛寺	唐	亭阁式塔	六边形平座为塔基	单层，立面柱间收进开龛	风化过甚，难辨别原貌
仁寿牛角寨第21号龛塔	唐	楼阁式塔	仰莲塔基	7层	模糊未能辨识
大足宝顶山地狱经变旁多层塔	宋	楼阁式塔	四边形	3层	刹基为仰莲，三枚宝珠收顶
广元皇泽寺中心柱窟中心柱上每个立面有双塔，共8塔	唐	单层塔	四边形	单层立面开龛供像，上有两重莲座	六重相轮串于刹杆，其上有宝珠
邛崃石笋山	唐	密檐式砖石塔	四边形	13层	宝珠结顶
安岳木鱼山第6号龛	宋	密檐式塔	四边形	模糊	模糊
资中东岩塔	唐	楼阁式塔	四边形	13层	宝珠结顶
大足北山第99、100号龛	唐	单层石塔	四边形	单层立面开龛，第99号龛立面未完成	一枚宝珠结顶
大足宝顶山华严三圣旁多层塔	宋	楼阁式塔	四边形	3层	七重相轮串于刹杆

续表

石窟塔所在地	年代	塔类型	塔基	塔身	塔刹
夹江千佛崖第54、55号龛	唐	密檐式砖石塔	四边形	单层立面开龛，叠涩出屋顶	覆钵上置圆盘，上用三颗宝珠结顶
通江塔	唐	楼阁式塔	四边形	7层	双重圆盘于刹杆为塔刹
合川涞滩二佛寺旁单塔	宋	单层石塔	圆形	覆钵上置方形屋	莲座为刹基，上置覆钵收顶
夹江千佛崖第137号龛天王手托塔	唐	亭阁式塔	四边形	唯后两柱存，叠涩出屋顶	火焰形塔刹
资中重龙山北泉第55号龛	唐	楼阁式塔	四边形	7层	风化过甚，难以辨识

附表 5　巴蜀摩崖内反映石窟经幢的窟龛

石窟经幢所在地	年代	幢基	幢身	幢刹
夹江千佛崖第 99 号龛	唐	莲座	六边形幢身上有三重圆盘，其上端有平座栏杆上置屋	刹基为一圆盘，上有一宝珠串于刹杆
夹江千佛崖第 137 号龛	唐	莲座	圆形幢身上有多层伞盖	三枚宝珠结顶
夹江千佛崖第 128 号龛	唐	莲座	圆形幢身上有多层伞盖	三枚宝珠结顶
安岳卧佛院第 52 号龛	唐	束腰为缠龙，束腰上下皆为石狮驮莲座	圆形柱身上端有三层伞盖，皆挂角铃	莲座上制一宝珠于刹杆
大足北山第 262 号龛	唐	幢基为八角形，束腰为缠龙，上出挑仍为八角形	八角形幢身，上端缺损	被毁
大足北山第 250 号龛	唐	幢基为八角形，束腰为缠龙，上出挑仍为八角形	八角形幢身，上有两伞盖，上段缺损	被毁
大足北山第 269 号龛	唐	幢基为八角形，束腰为缠龙，上出挑仍为八角形	八角形幢身，上有五重伞盖，第 4 层有八小塔，第 5 层为八角攒尖顶	仰莲座上一枚宝珠串于刹杆
大足北山第 245 号龛	唐	幢基被遮挡	六边形幢身	上虚化为飞天
大足北山第 260 号龛	唐	幢基为八角形，束腰为缠龙，上出挑仍为八角形	八角形幢身，上有五重伞盖，第 4 层置八小塔，第 5 层为八角攒尖顶	仰莲座上一枚宝珠串于刹杆
大足北山第 271 号龛	唐	幢基为八角形须弥座，束腰为缠龙	八边形	被毁
大足北山第 281 号龛	唐	幢基为八角形，束腰为缠龙，上出挑仍为八角形	八角形幢身，上有五重伞盖，伞盖上置有物	仰莲座上一枚宝珠串于刹杆
资中重龙山北泉第 55 号龛	唐	圆形幢基，幢基比例较高，有束腰	圆形，其上段有 5 层圆盘	风化过甚，难以辨识
荣县大佛寺、荣县二佛寺	唐	圆形幢基，幢基比例较高，有束腰	八边形，其上端有三重伞盖	风化过甚，难以辨识
仁寿牛角寨第 4 号龛	唐	莲花座	圆形幢身，上段六重伞盖	模糊未能辩
邛崃花置寺	唐	自然、人为破坏严重，未能辨识	八边形	自然、人为破坏严重，未能辨识
安岳木鱼山第 6 号龛	唐	方形基座，有束腰	圆形，上端有五重圆盘	宝瓶置顶
巴中南龛第 89 号龛	唐	六角形束腰基座，基座隐有壶门	八边形幢身上有两重六边形台，之间有一伞盖	基座：须弥座上山花蕉叶，幢顶有四重相轮，两枚宝珠结顶
青神中岩寺经幢单幢龛	唐	六角形束腰基座	八边形，其上端有三重伞盖	四角为亭，上托一大亭，入龛顶
青神中岩寺经幢双幢龛	唐	六角形束腰基座	其一八角形，其上端有四重伞盖。另一未完工	四角为亭，上托一大亭，亭顶宝珠穿刹杆结尾
南充阆中东山园林	唐	四边形	八边形	三重相轮，一枚宝珠收顶
丹棱鸡公山石笋沟	唐	八边形须弥座	八边形	三层伞盖，宝珠结顶，上有小亭

附表6 巴蜀地区大像窟一览表

编号	名称	造像地点，年代	大像环境	佛像姿势	高度/长度	现有无建筑保护
1	乐山凌云寺大佛(弥勒)	在乐山市凌云山西壁，建于唐(713~803年)	背靠凌云山西壁，面对岷江、青衣江、大渡河三江汇合处	弥勒佛坐像	通高71米，头高14.7米、头宽10米，肩宽24米，颈长3米，眼长3.3米，鼻长5.6米，嘴宽3.3米，耳长7米	无
2	屏山大佛	宜宾龙华八仙山，明朝	面龙溪河立，于山腰海拔891米高处的石崖上	释迦立佛	身高32米，胸宽11米，直立于山崖	无
3	大足宝顶山卧佛	重庆大足，南宋	卧佛为半身像，其下半身隐入宝顶山石岩之中	释迦卧佛	全长31米	无
4	潼南大佛	重庆潼南，唐咸通(861年)至宋靖康元年(1126年)	于定明山下涪江畔	释迦坐佛	高18.43米	有
5	合川涞滩大佛	重庆合川，唐	渠江西岸鹫峰山上	释迦坐佛	通高12.5米，头高2.75米、头围6.32米，面宽1.75米，肩宽3.6米	有
6	合川钓鱼城卧佛	钓鱼城，嘉陵江，宋	嘉陵江南岸钓鱼山	释迦卧佛	11米	无
7	荣县大佛	自贡荣县，北宋(1085~1093年)	荣县城郊大佛山(亦称真如岩)山麓	释迦坐佛	通高36.67米，头长8.76米，肩宽12.67米，膝高12米，脚宽3.5米	有
8	仁寿牛角寨大佛	高家镇鹰头村牛角寨山上，唐	于牛角寨东侧岩壁上，面鹰头水库和三岔湖	胸佛	坐高15.85米，宽11米	有
9	安岳卧佛院大佛	安岳卧佛沟，唐开元年间，开元十一年(723年)以前	卧佛沟八庙乡北岩	释迦卧佛	长23米	无
10	资阳半月山大佛	资阳市雁江区碑记镇，始建年代有两种说法：一为唐太宗贞观十七年(643年)；二为唐德宗贞元九年(793年)	碑记镇半月山	弥勒坐佛	身高22.24米，胸宽11.2米	无
11	南部禹迹山大佛	南部县碑院镇，南宋以前	禹迹山风景区	释迦立佛	佛高17.5米，腰宽6.13米，下摆宽5.2米，肢掌长、宽均为1.3米	有
12	阆中大佛	阆中东山园林，南宋淳熙年间	嘉陵江东岸大像山	弥勒坐佛	高10米	有
13	江津石门场菩萨	明	直面长江而坐	脚踏莲花观音	高13.4米	有
14	威远百胜乡大佛	内江威远，宋	威远百胜乡六合寨佛尔岩	阿弥陀佛立像	高11.82米	有
15	乐至马罗乡卧佛	唐末宋初	回澜镇马锣杨家沟	释迦卧佛	全长10.5米，头长2.1米	无
16	资阳骑龙坳大佛	资阳市，唐	雁江区南30公里的骑龙坳祷尼山	弥勒坐佛	通高10.5、肩宽6.2、头高3.3米	无

续表

编号	名称	造像地点，年代	大像环境	佛像姿势	高度/长度	现有无建筑保护
17	仁寿太乙大佛	仁寿县，明	黑龙滩镇四新村，黑龙滩水库的上游	弥勒坐佛	高15.8米，宽12米	无
18	彭山双佛	彭山区，唐	彭山区东北部仙女山上	一立佛一坐佛。立佛为释迦牟尼，坐佛为多宝如来	立佛高28，坐佛高24米	无